Der Aufkauf von Start-ups im digitalen Bereich – Möglichkeiten und Grenzen der deutschen Fusionskontrolle

Schriften zum Handels- und Wirtschaftsrecht

Herausgegeben von Michael Kling, Herbert Leßmann †
und Constantin Willems

32

Zur Qualitätssicherung und Peer Review der vorliegenden Publikation

Die Qualität der in dieser Reihe erscheinenden Arbeiten wird vor der Publikation durch Herausgeber der Reihe geprüft.

Notes on the quality assurance and peer review of this publication

Prior to publication, the quality of the work published in this series is reviewed by editors of the series.

Charlotte Legerlotz

Der Aufkauf von Start-ups im digitalen Bereich – Möglichkeiten und Grenzen der deutschen Fusionskontrolle

PETER LANG

Bibliografische Information der Deutschen Nationalbibliothek
Die Deutsche Nationalbibliothek verzeichnet diese Publikation in der Deutschen Nationalbibliografie; detaillierte bibliografische Daten sind im Internet über http://dnb.d-nb.de abrufbar.

Zugl.: Halle-Wittenberg, Univ., Diss., 2022

D 3
ISSN 1439-4189
ISBN 978-3-631-88171-2 (Print)
E-ISBN 978-3-631-88264-1 (E-PDF)
E-ISBN 978-3-631-88265-8 (EPUB)
DOI 10.3726/b19937

PL Academic Research ist ein Imprint der Peter Lang GmbH.

Peter Lang – Berlin · Bruxelles · Lausanne · New York · Oxford

Diese Publikation wurde begutachtet.
www.peterlang.com

Vorwort

Die vorliegende Arbeit wurde im Januar 2022 von der Juristischen Fakultät der Martin-Luther-Universität Halle-Wittenberg als Dissertation angenommen.

Mein ganz herzlicher Dank gilt meiner Doktormutter, Frau Prof. Dr. *Daniela Seeliger* LL.M., dass sie mein Promotionsvorhaben von Anfang an unterstützt hat sowie für die unkomplizierte Betreuung der vorliegenden Arbeit und die lehrreiche Zeit als wissenschaftliche Mitarbeiterin bei Linklaters LLP in Düsseldorf, während der ich die praktische Seite des Kartellrechts kennenlernen durfte.

Ebenso gilt mein Dank Herrn Prof. Dr. *Malte Stieper* für seine vielfältige Unterstützung und rasche Erstkorrektur. Für die Übernahme des Prüfungsvorsitzes und das spannende Gespräch im Rahmen der Disputatio danke ich Frau Jun.-Prof. Dr. *Lucia Sommerer*.

Weiterhin gilt mein Dank den Herausgebern der Reihe „Schriften zum Handels- und Wirtschaftsrecht" des Peter Lang Verlages für die Aufnahme in ihre Schriftenreihe.

Danken möchte ich zudem Herrn *Michael Baron*, dessen Anregungen mir eine wertvolle Hilfe waren.

Mein größter Dank gilt schließlich meinen Eltern, Dr. *Martina Legerlotz* und *Christoph Legerlotz*, meinem Bruder *Vincent Legerlotz* und meinem Freund *Henning Hüsch* für ihre unbedingte Unterstützung. Besonders hervorheben möchte ich in diesem Zusammenhang meine Mutter, die mit mir viele inhaltliche Diskussionen geführt hat und mir insbesondere in der Endphase der Dissertation bei der sprachlichen Überarbeitung der vorliegenden Arbeit zur Seite stand. Ihnen ist diese Arbeit gewidmet.

Düsseldorf, im April 2022
Charlotte Legerlotz

Inhaltsverzeichnis

Literaturverzeichnis

ABA: Comments of the American Bar Association's Sections of Antitrust Law and International Law Regarding the French Competition Authority´s Consultation on Modernizing and Simplifying the French Merger Control Law, 30.11.2017 (abrufbar unter: https://www.autoritedelaconcurrence.fr/sites/default/files/aba_ld_concentrations17.pdf, zuletzt abgerufen am 10.03.2021).

ABA: Comments of the American Bar Association's Sections of Antitrust Law and International Law Regarding the French Competition Authority´s Consultation on Modernizing and Simplifying the French Merger Control Law, 28.09.2018 (abrufbar unter: https://www.autoritedelaconcurrence.fr/sites/default/files/aba_expost_sept18.pdf, zuletzt abgerufen am 10.03.2021).

ACCC: Digital Platforms Inquiry, Final Report, Juni 2019.

Anderson, Monica/Jiang, Jingjing: Teens, Social Media & Technology 2018, The Pew Research Center v. 31.03.2018 (abrufbar unter: https://www.pewinternet.org/2018/05/31/teens-social-media-technology-2018/, zuletzt abgerufen am 10.03.2021).

Aranze, Janith: DG Comp chief economist: Reverse burden of proof to catch killer acquisitions, GCR v. 20.11.2018 (abrufbar unter: https://globalcompetitionreview.com/dg-comp-chief-economist-reverse-burden-of-proof-catch-killer-acquisitions, zuletzt abgerufen am 10.03.2020).

ARD/ZDF: ARD/ZDF-Onlinestudie 2017, Kernergebnisse (abrufbar unter: https://www.ard-zdf-onlinestudie.de/files/2017/Artikel/Kern-Ergebnisse_ARDZDF-Onlinestudie_2017.pdf, zuletzt abgerufen am 30.07.2021).

ARD/ZDF: ARD/ZDF-Onlinestudie 2020, Nutzung von Social Media/WhatsApp 2020 (abrufbar unter: https://www.ard-zdf-onlinestudie.de/social-mediawhatsapp/, zuletzt abgerufen am 10.03.2021).

Argentesi, Elena/Buccirossi, Paolo/Calvano, Emilio/Duso, Tomaso/Marrazzo, Alessia/Nava, Salvatore: Ex-post Assessment of Merger Control Decisions in Digital Markets, Final Report, 2019 (zit. Lear-Report).

Arrow, Kenneth J.: Economic Welfare and the Allocation of Resources for Invention in: NBER, The Rate and Direction of Inventive Activity: Economic and social factors, Princeton (NJ) 1962, S. 609-626 (zit. *Bearbeiter* in NBER, The Rate and Direction of Inventive Activity).

Audretsch, B. David/Thurik, Roy: A Model of the Entrepreneurial Economy, Int. J. Entrep. Educ. 2004 Vol. 2 Issue 2, S. 143-166.

Auerback, Marshall: The Coronavirus Pandemic Has Opened the Curtains on the World's Next Economic Model, CounterPunch v. 07.04.2020 (abrufbar unter: https://www.counterpunch.org/2020/04/07/the-coronavirus-pandemic-has-opened-the-curtains-on-the-worlds-next-economic-model/, zuletzt abgerufen am 10.03.2021).

Autorité de la concurrence: Pressemitteilung v. 07.06.2018, Modernization and simplification of merger control (abrufbar unter: https://www.autoritedelaconcurrence.fr/en/communiques-de-presse/07-june-2018-modernization-and-simplification-merger-control, zuletzt abgerufen am 10.03.2021).

Autorité de la concurrence: Pressemitteilung v. 20.04.2021, The European Commission opens a review of Illumina's acquisition of Grail under the procedure of Article 22 of the 2004 Merger Regulation (abrufbar unter: https://www.autoritedelaconcurrence.fr/en/press-release/european-commission-opens-review-illuminas-acquisition-grail-under-procedure-article?utm_source=dlvr.it&utm_medium=facebook, zuletzt abgerufen am 02.06.2021).

Autorité de la concurrence: Réforme du droit des concentrations et contrôle ex post, September 2018 (abrufbar unter: https://www.autoritedelaconcurrence.fr/sites/default/files/note_controle_expost.pdf, zuletzt abgerufen am 10.03.2021).

Autorité de la concurrence/BKartA: Competition Law and Data, 10.05.2016.

Autorité de la concurrence/CMA: The economics of open and closed systems, 16.04.2014.

Baker, Georg: Minimum Viability, Maximum Value: Breaking Into Market With An MVP, Forbes Online v. 22.08.2018 (abrufbar unter: https://www.forbes.com/sites/forbesdallascouncil/2018/08/22/minimum-viability-maximum-value-breaking-into-market-with-an-mvp/?sh=64518cc917fd, zuletzt abgerufen am 10.03.2021).

Baker, Jonathan B.: Taking the Error Out of 'Error Cost' Analysis: What's Wrong with Antitrust's Right, Articles in Law Reviews & Other Academic Journals 1356, 2015, S. 1-38.

Barth, Christoph/Dos Santos Goncalves, David: Die neue Transaktionswert-Schwelle in der deutschen Fusionskontrolle, GWR 2017, S. 289-293.

BCA/ACM/Luxembourg Conseil de la concurrence: Joint memorandum of the Belgian, Dutch and Luxembourg competition authorities on challenges faced by competition authorities in a digital world, 10.10.2019.

Bechtold, Rainer: Zum nunmehr „veröffentlichten“ Referentenentwurf der 10. GWB-Novelle (Fassung v. 24.1.2020), NZKart 2020, S. 47-49.

Bechtold, Rainer/Bosch, Wolfgang (Hrsg.): Gesetz gegen Wettbewerbsbeschränkungen: GWB §§ 1-96, 185, 186, 10. Aufl., München 2021 (zit. *Bearbeiter* in Bechtold/Bosch GWB).

Bechtold, Rainer/Bosch, Wolfgang (Hrsg.): EU-Kartellrecht: Art. 101-106 AEUV, EU-Kartell-VO (1/2003), EU-FusionskontrollVO (139/2004), Gruppenfreistellungsverordnungen, Vertikalvereinbarungen (330/2010), Kraftfahrzeugsektor (461/2010), Technologietransfer (316/2014), Forschung und Entwicklung (1217/2010) und Spezialisierung (1218/2010), 3. Aufl., München 2014 (zit. *Bearbeiter* in Bechtold/Bosch FKVO).

Becker, Ruben: Die Unternehmensbewertung von Start-up Unternehmen in: *Stumpf-Wollersheim, Jutta/Horsch, Andreas* (Hrsg.), Forum Mergers & Acquisitions 2019, Beiträge aus rechts- und wirtschaftswissenschaftlicher Sicht, Wiesbaden 2019, S. 85-102 (zit. *Bearbeiter* in Stumpf-Wollersheim/Horsch, Forum Mergers & Acquisitions 2019).

Biglaiser, Gary/Calvano, Emilio/Crémer, Jacques: Incumbency advantage and its value, JEMS Januar 2019 Vol. 28 Nr. 1, S. 41–48.

Bischke, Alf-Henrik/Brack, Sebastian: Neuere Entwicklungen im Kartellrecht, NZG 2021, S. 638–641.

BKartA: Innovationen – Herausforderungen für die Kartellrechtspraxis, Tagung des Arbeitskreises Kartellrecht, 05.10.2017 (abrufbar unter: https://www.bundeskartellamt.de/SharedDocs/Publikation/DE/Diskussions_Hintergrundpapier/AK_Kartellrecht_2017_Hintergrundpapier.pdf?__blob=publicationFile&v=2, zuletzt abgerufen am 10.03.2021).

BKartA: Leitfaden zur Marktbeherrschung in der Fusionskontrolle, 2012 (abrufbar unter: https://www.bundeskartellamt.de/SharedDocs/Publikation/DE/Leitfaden/Leitfaden%20-%20Marktbeherrschung%20in%20der%20Fusionskontrolle.pdf?__blob=publicationFile&v=12, zuletzt abgerufen am 10.03.2021).

BKartA: Pressemitteilung v. 18.05.2021- *Amazon* (abrufbar unter https://www.bundeskartellamt.de/SharedDocs/Publikation/DE/Pressemitteilungen/2021/18_05_2021_Amazon_19a.pdf?__blob=publicationFile&v=2, zuletzt abgerufen am 13.04.2022).

BKartA: Pressemitteilung v. 21.06.2021 – *Apple* (abrufbar unter: https://www.bundeskartellamt.de/SharedDocs/Publikation/DE/Pressemitteilungen/2021/21_06_2021_Apple.pdf?__blob=publicationFile&v=4, zuletzt abgerufen am 13.04.2022).

BKartA: Pressemitteilung v. 28.01.2021 – *Facebook* (abrufbar unter: https://www.bundeskartellamt.de/SharedDocs/Publikation/DE/Pressemitteilungen/2021/28_01_2021_Facebook_Oculus.pdf?__blob=publicationFile&v=2, zuletzt abgerufen am 13.04.2022).

BKartA: Pressemitteilung v. 07.02.2019 – *Facebook* (abrufbar unter: https://www.bundeskartellamt.de/SharedDocs/Meldung/DE/Pressemitteilungen/2019/07_02_2019_Facebook.html, zuletzt abgerufen am 10.03.2021).

BKartA: Pressemitteilung v. 13.12.2018 – *Remondis/Helene Müntefering-Gockeln* (abrufbar unter: https://www.bundeskartellamt.de/SharedDocs/Meldung/DE/Pressemitteilungen/2018/13_12_2018_Remondis.html, zuletzt abgerufen am 10.03.2021).

BKartA: Tätigkeitsbericht 2017/2018, BT-Drs. 19/10900, 2019.

BKartA/BWB: Leitfaden Transaktionswertschwellen für die Anmeldepflicht von Zusammenschlussvorhaben (§ 35 Abs. 1 a und § 9 Abs. 4 KartG), 2018 (abrufbar unter: https://www.bundeskartellamt.de/SharedDocs/Publikation/DE/Leitfaden/Leitfaden_Transaktionsschwelle.pdf;jsessionid=D4C56DEABC13E9612468898EF0BFA19E.1_cid381?__blob=publicationFile&v=6, zuletzt abgerufen am 10.03.2021).

Blonde, Victor/Catoire, Serge/Mariton, Hervé: La Politique de la Concurrence et les Intérêts Strategiques de L'UE, April 2019 (abrufbar unter: https://g8fip1kplyr33r3krz5b97d1-wpengine.netdna-ssl.com/wp-content/uploads/2019/06/2018-M-105-03-UE.pdf, zuletzt abgerufen am 10.03.2021).

BMWi: Ein neuer Wettbewerbsrahmen für die Digitalwirtschaft, Bericht der Wettbewerbskommission 4.0, Berlin September 2019 (zit. Bericht Wettbewerbskommission 4.0).

BMWi: Überblick zu Förderinstrumenten zur Gründungs- und Wachstumsfinanzierung, November 2020 (abrufbar unter: https://www.bmwi.de/Redaktion/DE/Downloads/U/ueberblick-zu-foerderinstrumenten-zur-gruendungs-und-wachstumsfinanzierung.pdf?__blob=publicationFile&v=17, zuletzt abgerufen am 10.03.2021).

BMWi: Wagniskapital und Unternehmensgründungen, 2021 (abrufbar unter: https://www.bmwi.de/Redaktion/DE/Artikel/Technologie/wagniskapital-und-gruendungen.html, zuletzt abgerufen am 10.03.2021).

BMWi: Zwischenspeicher. Ein Einblick in die Diskussion zum Grünbuch Digitale Plattformen, September 2016.

Böge, Ulf/Jakobi, Wolfgang: Die Berücksichtigung von Effizienzen in der Fusionskontrolle, BB 2005 Heft 3, S. 113-118.

Bongartz, Philipp: § 19a GWB – a keeper?, WuW 2022, S. 72–82.

Bourreau, Marc/De Streel, Alexandre: Big Tech Acquisitions Competition & Innovation Effects and EU Merger Control, Issue Paper, Februar 2020, S. 18 (abrufbar unter: https://www.cerre.eu/sites/cerre/files/cerre_big_tech_acquisitions_2020.pdf, zuletzt abgerufen am 10.03.2021).

Bourreau, Mark/De Streel, Alexandre: Digital Conglomerates and EU Competition Policy, März 2019 (abrufbar unter: https://ssrn.com/abstract=3350512, zuletzt abgerufen am 10.03.2021).

Brokelmann, Helmut: Das neue spanische Wettbewerbsgesetz, WuW 2008, S. 33–44.

Brown, Abram: Instagram Revamps Its App, Doubling Down On Its Competition With TikTok, Forbes Online v. 12.11.2020 (abrufbar unter: https://www.forbes.com/sites/abrambrown/2020/11/12/instagram-revamps-its-app-doubling-down-on-its-competition-with-tiktok/?sh=415ad23d1aa6, zuletzt abgerufen am 10.03.2021).

Bryan, Kevin A./Hovenkamp, Erik: Antitrust Limits on Startup Acquisitions, Rev. Ind. Organ. 2020 Vol. 56 Issue 2, S. 615–636.

Buccirossi, Paolo/Cervone, Roberto/Riviera, Chiara: Optimal Pre-Merger Notification Thresholds: A Contribution to the Italian Debate, Ital. Antitrust Rev. Nr. 3 2014, S. 166–179.

Buchholz, Katharina: The Highest-Valued Startups in the World, Statista v. 05.02.2021 (abrufbar unter: https://www.statista.com/chart/19317/highest-valued-startup-companies-in-the-world/#:~:text=According%20to%20CB%20Insights%2C%20another,is%20valued%20at%20%24140%20billion, zuletzt abgerufen am 10.03.2021).

Bundesverband Deutscher Kapitalgesellschaften (European Data Cooperative): Statistik – Das Jahr in Zahlen 2019 (zit. nach de.statista.com) (abrufbar unter: https://de.statista.com/statistik/daten/studie/156707/umfrage/investitionen-in-deutschland-im-private-equity-markt/, zuletzt abgerufen am 10.03.2021).

Bundesverband Deutsche Startups: DSM 2019 (abrufbar unter: https://deutscherstartupmonitor.de/wp-content/uploads/2020/09/dsm_2019.pdf, zuletzt abgerufen am 10.03.2021).

Bundesverband Deutsche Startups: DSM 2020 (abrufbar unter: https://www.pwc.de/de/branchen-und-markte/start-up-monitor-dsm-2020.pdf, zuletzt abgerufen am 10.03.2021).

Buntscheck, Martin: § 26 Kartellrecht in: *Wachter, Thomas* (Hrsg.), Praxis des Handels- und Gesellschaftsrechts, 5. Aufl., Bonn 2020 (zit. *Bearbeiter* in Wachter, Praxis des Handels- und Gesellschaftsrechts).

Busch, Christoph: Mehr Fairness und Transparenz in der Plattformökonomie?, GRUR 2019, S. 788-796.

BVK e.V./IEF/Roland Berger GmbH (Hrsg.): Treibstoff Venture Capital. Wie wir Innovation und Wachstum befeuern, Juni 2018 (abrufbar unter: https://www.rolandberger.com/de/Publications/Venture-Capital-Treibstoff-f%C3%BCr-Innovationen-Wachstum-und-Wettbewerbsf%C3%A4higkeit.html, zuletzt abgerufen am 10.03.2021).

Caffarra, Cristina/Crawford, Gregory/Valletti, Tommaso: “How Tech Rolls”: Potential Competition and “Reverse” Killer Acquisitions, CPI Antitrust Chronicle Mai 2020 Vol. 2 Nr. 2, S. 13–18.

Cain Miller, Claire: A Photo-Sharing App With Bigger Aspirations, New York Times Online Bits v. 19.10.2010 (abrufbar unter: https://bits.blogs.nytimes.com/2010/10/19/a-photo-sharing-app-with-bigger-aspirations/, zuletzt abgerufen am 10.03.2021).

Campbell, Neil/Halladay, Casey: Re: Public Consultation — Reform of merger law and ex-post control, 28.09.2018 (abrufbar unter: https://www.autoritedelaconcurrence.fr/sites/default/files/msg_expost_sept18.pdf, zuletzt abgerufen am 10.03.2020).

Castedello, Marc/Bertram, Ingo/Schöniger, Stefan/Tschöpel, Andreas: Kapitel A, Methodik der Unternehmensbewertung in: Institut der Wirtschaftsprüfer in Deutschland (Hrsg.), IDW, Bewertung und Transaktionsberatung (WPH Edition): Betriebswirtschaftliche Bewertung, Due Diligence, Fairness Opinions u.a., 1. Aufl., Düsseldorf 2018 (zit. *Bearbeiter* in Institut der Wirtschaftsprüfer in Deutschland, IDW, Bewertung und Transaktionsberatung (WPH Edition)).

CMA: The CMA’s response to the Digital Competition Expert Panel final report, 21.03.2019 (abrufbar unter: https://assets.publishing.service.gov.uk/government/uploads/system/uploads/attachment_data/file/890013/CMA_letter_to_BEIS_-_DCEP_report_and_recommendations__Redacted_.pdf, zuletzt abgerufen am 10.03.2021).

Cohan, Peter: Four Reasons Google Bought Waze, Forbes Online v. 06.11.2013 (abrufbar unter: https://www.forbes.com/sites/petercohan/2013/06/11/four-reasons-for-google-to-buy-waze/?sh=7f172092726f, zuletzt abgerufen am 10.03.2021).

Conrad, Isabell/Tabrizi, Mahdi Daneshzadeh: Digitalisierung und Datenpools – wo geht in Zeiten von Corona die Reise hin?, MMR 2020, S. 205–206.

Constine, Josh: Facebook Launches Snapchat Competitor “Poke”, An iOS App For Sending Expiring Text, Photos, And Videos, Techcrunch v. 21.12.2012 (abrufbar unter: https://techcrunch.com/2012/12/21/facebook-poke-app/, zuletzt abgerufen am 10.03.2021).

Constine, Josh: Instagram hits 1 billion monthly users, up from 800M in September, Techcrunch v. 20.06.2018 (abrufbar unter: https://techcrunch.com/2018/06/20/instagram-1-billion-users/, zuletzt abgerufen am 10.03.2021).

Coyle, John F./Polsky, Gregg D.: Acqui-Hiring, Duke L. J. 2013 Vol. 63, S. 281–346.

Crémer, Jacques/De Montjoye, Yves-Alexandre/Schweitzer, Heike: Competition policy for the digital era, 2019 (zit. Sonderberater-Bericht).

Cunningham, Colleen/Ederer Florian/Ma, Song: Killer Acquisitions, JPE März 2021 Vol. 129 Nr. 3, S. 649–702.

Darby, Joseph B. III.: Practical Guide to Mergers, Acquisitions and Business Sales, Chicago (U.S.) 2006.

De Buhr, Lars: Unternehmensbewertung: Anwendbarkeit von Bewertungsverfahren bei Start-up Unternehmen, Hamburg 2014.

De Guindos, Beatriz: The Spanish Competition Act: an evolution and future perspectives, CPI Antitrust Chronicle Oktober 2019, S. 44–49.

De la Mano, Miguel: For the costumer´s sake: The competitive effects of efficiencies in European merger control, Enterprise Paper Nr. 11, 2002 (abrufbar unter: https://op.europa.eu/en/publication-detail/-/publication/895e57a0-4f81-416b-8f36-b15f67888d60, zuletzt abgerufen am 10.03.2021).

De Silva, Isabelle: The future of competition law, Hauptrede auf der 46. Jahreskonferenz des Fordham Competition Law Institute, 12.09.2019 (abrufbar unter: https://www.autoritedelaconcurrence.fr/sites/default/files/2019-09/keynote_article_fordham.pdf, zuletzt abgerufen am 10.03.2021).

Denicolò, Vincenzo/Polo, Michele: The innovation theory of harm: An appraisal, Antitrust L. J. 2019 Vol. 82, S. 926–953.

Deutscher Bundestag: Die Anwendbarkeit von § 19a GWB im Lichte des europäischen Gesetzgebungsverfahrens zum „Digital Markets Act“, Sachstand, Berlin Januar 2022 (abrufbar unter: https://www.bundestag.de/resource/blob/880748/856d83cb24c61822c508aa47f27e18e7/WD-7-114-21-PE-6-067-21-pdf-data.pdf, zuletzt abgerufen am 13.04.2022).

DiMasi, Joseph A./Grabowski, Henry G./Hansen, Ronald W.: Innovation in the pharmaceutical industry: New estimates of R&D costs, J. Health Econ. 2016 Vol. 47, S. 20–33.

Di Porto, Fabiana/Ghidini, Gustavo: “I Access Your Data, You Access Mine”: Requiring Data Reciprocity in Payment Services, IIC 2020, S. 307–329.

Dittmann, Heidi/Kuchinke, Björn A./Stein, Michael: Die Theorie mehrseitiger Marktplätze in der Beurteilungspraxis im Rahmen der deutschen Zusammenschlusskontrolle, WuW 2018, S. 73-79.

ECA: Grundsätze für die Anwendung von Art. 4 Abs. 5 und Art. 22 der Europäischen Fusionskontrollverordnung durch die nationalen Wettbewerbsbehörden der ECA, Januar 2005 (abrufbar unter: https://www.bundeskartellamt.de/SharedDocs/Publikation/DE/Sonstiges/ECA_Grunds%C3%A4tze_Anwendung_Artikel_Europ%C3%A4ischen%20Fusionskontrollverordnung.pdf?__blob=publicationFile&v=3, zuletzt abgerufen am 02.06.2021).

Edelman, Benjamin: Does Google Leverage Market Power Through Tying and Bundling?, J. Comp. L. & Econ. Juni 2015 Vol. 11 Issue 2, S. 365–400.

Ederer, Florian/Ma, Song: When Corporate Acquisitions Affect Healthcare, Yale Insights v. 02.04.2020 (abrufbar unter: https://insights.som.yale.edu/insights/when-corporate-acquisitions-affect-healthcare, zuletzt abgerufen am 10.03.2021).

EFPIA: The Pharmaceutical Industry in Figures Key Data 2020 (abrufbar unter: https://efpia.eu/media/554521/efpia_pharmafigures_2020_web.pdf, zuletzt abgerufen am 10.03.2021).

EPA: European Patent Applications, Patentindex 2019 (abrufbar unter: https://www.epo.org/about-us/annual-reports-statistics/statistics/2019/statistics/patent-applications.html#tab3, zuletzt abgerufen am 10.03.2021).

Esser, Michael/Höft, Jan Christoph: Fusions- und Missbrauchskontrolle 4.0 – Die 9. GWB-Novelle als Antwort auf die Herausforderungen der Digitalisierung?, NZKart 2017, S. 259–264.

Europäische Kommission: Commission Staff Working Document, Evaluation of procedural and jurisdictional aspects of EU merger control, SWD (2021) 66 final, 26.03.2021 (abrufbar unter: https://ec.europa.eu/competition/consultations/2021_merger_control/SWD_findings_of_evaluation.pdf, zuletzt abgerufen am 02.06.2021).

Europäische Kommission: Das Problem der Unternehmenskonzentration auf dem gemeinsamen Markt, Reihe Wettbewerb 3, Brüssel 1966.

Europäische Kommission: Leitfaden zur Anwendung des Verweisungssystems nach Artikel 22 der Fusionskontrollverordnung auf bestimmte Kategorien von Vorhaben (2021/C 113/01), 31.03.2021 (abrufbar unter: https://eur-lex.europa.eu/legal-content/DE/TXT/PDF/?uri=CELEX:52021XC0331(01)&from=DE, zuletzt abgerufen am 31.05.2021).

Europäische Kommission: Merger Statistics, 2021 (abrufbar unter: https://ec.europa.eu/competition/mergers/statistics.pdf, zuletzt abgerufen am 31.05.2021).

Europäische Kommission: Mitteilung der Kommission über die Verweisung von Fusionssachen (2005/C 56/02), 05.03.2005 (abrufbar unter: https://eur-lex.europa.eu/LexUriServ/LexUriServ.do?uri=OJ:C:2005:056:0002:0023:DE:PDF, zuletzt abgerufen am 31.05.2021).

Europäische Kommission: Pressemitteilung v. 30.10.2010, IP/10/1624 – *Google* (abrufbar unter: https://ec.europa.eu/commission/presscorner/detail/de/IP_10_1624, zuletzt abgerufen am 10.03.2021).

Europäische Kommission: Pressemitteilung v. 17.07.2019, IP/19/4291 – *Amazon* (abrufbar unter: https://ec.europa.eu/commission/presscorner/detail/en/IP_19_4291, zuletzt abgerufen am 10.03.2021).

Europäische Kommission: Pressemitteilung v. 25.03.2020, IP/20/529 – *Tachosil/Johnson & Johnson* (abrufbar unter: https://ec.europa.eu/commission/presscorner/detail/en/ip_20_529, zuletzt abgerufen am 10.03.2021).

Europäische Kommission: Pressemitteilung v. 20.04.2021, Mergers: Commission to assess proposed acquisition of GRAIL by Illumina (abrufbar unter: https://ec.europa.eu/commission/presscorner/detail/en/mex_21_1846, zuletzt abgerufen am 02.06.2021).

Evans David S./Schmalensee, Richard: The Industrial Organization of Markets with Two-sided Platforms, CPI Antitrust Chronicle 2007 Vol. 3, S. 151–179.

Ewald, Christian: Der SIEC-Test im deutschen Recht: Grundansatz, materielle Detailfragen und praktische Auswirkungen aus ökonomischer Sicht, WuW 2014, S. 261–281.

Ewald, Christian: § 7 Grundzüge der Wettbewerbsökonomie in: *Wiedemann, Gerhard* (Hrsg.), Handbuch des Kartellrechts, 4. Aufl., München 2020 (zit. *Bearbeiter* in Wiedemann, Handbuch des Kartellrechts).

Facebook Inc.: Submission to the ACCC Digital Platforms Inquiry Preliminary Report, März 2019 (abrufbar unter: https://www.accc.gov.au/system/files/Facebook%20Australia%20%28March%202019%29.PDF, zuletzt abgerufen am 10.03.2021).

Federico, Giulio/Langus, Gregor/Valletti, Tommaso: Horizontal Mergers and Product Innovation, Int. J. Ind. Org. 2018 Vol. 59, S. 1–23.

Federico, Giulio/Scott Morton, Fiona M./Shapiro, Carl: Antitrust and Innovation: Welcoming and Protecting Disruption, Innov. Policy Econ. 2020 Vol. 20, S. 125–190.

Feuer, William: Mark Zuckerberg just made a bold claim: We're going to get a 'breakthrough' in tech glasses this decade, CNBC Online v. 09.01.2020 (abrufbar unter: https://www.cnbc.com/2020/01/09/zuckerberg-expects-breakthrough-augmented-reality-glasses-this-decade.html, zuletzt abgerufen am 10.03.2021).

Fier, Andreas/Reichert, Thorsten/Rost, Katja/Valte, Katharina: Internationalisierung junger Unternehmen, F.A.Z. Online v. 04.03.2004 (abrufbar unter: https://www.faz.net/aktuell/wirtschaft/start-up-internationalisierung-junger-unternehmen-1148522.html, zuletzt abgerufen am 10.03.2021).

Figueroa, Pablo: Spanish Antitrust – Year in Review, Kluwer Competition Law Blog v. 14.01.2020 (abrufbar unter: http://competitionlawblog.kluwercompetitionlaw.com/2020/01/14/spanish-antitrust-year-in-review/#_ftn6, zuletzt abgerufen am 10.03.2021).

Frier, Sarah/Hoffmann Cynthia: Facebook´s Clones Attack Snapchat, Bloomberg Online v. 22.02.2017 (abrufbar unter: https://www.bloomberg.com/graphics/2017-snapchats-copycats/, zuletzt abgerufen am 10.03.2021).

FTC: Blogpost v. 17.02.2021, HSR threshold adjustments and reportability for 2021 (abrufbar unter: https://www.ftc.gov/news-events/blogs/competition-matters/2021/02/hsr-threshold-adjustments-reportability-2021, zuletzt abgerufen am 10.03.2021).

FTC: Pressemitteilung v. 22.08.2012 – *Facebook* (abrufbar unter: https://www.ftc.gov/news-events/press-releases/2012/08/ftc-closes-its-investigation-facebooks-proposed-acquisition, zuletzt abgerufen am 10.03.2021).

FTC: Pressemitteilung v. 03.01.2013 – *Google* (abrufbar unter: https://www.ftc.gov/news-events/press-releases/2013/01/google-agrees-change-its-business-practices-resolve-ftc, zuletzt abgerufen am 10.03.2021).

FTC: Pressemitteilung v. 11.02.2020, FTC to Examine Past Acquisitions by Large Technology Companies (abrufbar unter: https://www.ftc.gov/news-events/press-releases/2020/02/ftc-examine-past-acquisitions-large-technology-companies, zuletzt abgerufen am 10.03.2021).

FTC: Pressemitteilung v. 30.03.2021, FTC Challenges Illumina's Proposed Acquisition of Cancer Detection Test Maker Grail (abrufbar unter: https://www.ftc.gov/news-events/press-releases/2021/03/ftc-challenges-illuminas-proposed-acquisition-cancer-detection, zuletzt abgerufen am 06.02.2021).

FTC: Statement v. 16.12.2019, Matter Nr. 1910086 – *Roche Holding/Spark Therapeutics* (abrufbar unter: https://www.ftc.gov/system/files/documents/public_statements/1558049/1910086_roche-spark_commission_statement_12-16-19.pdf, zuletzt abgerufen am 10.03.2021).

Furman, Jason/Coyle, Diane/Fletcher, Amelia/McAuley, Derek/Marsden, Philip: Unlocking Competition: Report of the Digital Competition Expert Panel, März 2019 (zit. Furman-Report).

Gabrysch, Nicolas: Teil 1. C § 1 Gründungsfinanzierung in: *Breithaupt, Joachim/Ottersbach, Jörg H.* (Hrsg.), Kompendium Gesellschaftsrecht: Formwahl, Gestaltung, Muster für die Praxis, 1. Aufl., München 2010 (zit. *Bearbeiter* in Breithaupt/Ottersbach, Kompendium Gesellschaftsrecht).

Gilbert, Richard J./Sunshine, Steven C.: Incorporating Dynamic Efficiency Concerns in Merger Analysis: The Use of Innovation Markets, Antitrust L. J. 1995 Vol. 63, S. 569–601.

Gleißner, Werner: Wertorientierte strategische Steuerung, S. 63–100 in: *Gleißner, Werner/Meier, Günter* (Hrsg.), Wertorientiertes Risiko-Management für Industrie und Handel: Methoden, Fallbeispiele, Checklisten, Wiesbaden 2001 (zit. *Bearbeiter* in Gleißner/Meier, Wertorientiertes Risiko-Management für Industrie und Handel).

Glick, Mark/Ruetschlin, Catherine/Bush, Darren: Big Tech's Buying Spree and the Failed Ideology of Competition Law, Hastings L.J. 2021 Vol. 72 Issue 3, S. 465–516.

Goel, Vindu: Maps That Live and Breathe With Data, New York Times Online v. 10.06.2013 (abrufbar unter: https://www.nytimes.com/2013/06/11/technology/mobile-companies-crave-maps-that-live-and-breathe.html?ref=business&_r=0, zuletzt abgerufen am 10.03.2021).

Grabitz, Eberhard/Hilf, Meinhard/Nettesheim, Martin (Hrsg.): Das Recht der Europäischen Union: EUV/AEUV, 73. EL 2020, München, Stand: Mai 2021 (zit. *Bearbeiter* in Grabitz et al. AEUV).

Graham, Jefferson: How do you navigate: Google Maps or Waze?, USA Today Online v. 22.10.2019 (abrufbar unter: https://eu.usatoday.com/story/tech/2019/10/22/google-maps-starting-look-like-waze-which-nav-app-better/4057831002/, zuletzt abgerufen am 10.03.2021).

Grave, Carsten: Kapitel 2, Marktbeherrschung bei mehrseitigen Märkten und Netzwerken in: *Kersting, Christian/Podszun, Rupprecht* (Hrsg.), Die 9. GWB-Novelle: Kartellschadensersatz, Digitale Ökonomie, Fusionskontrolle, Bußgeldrecht, Verbraucherschutz, München 2017 (zit. *Bearbeiter* in Kersting/Podszun, Die 9. GWB-Novelle).

Groeben, Hans/Schwarze, Jürgen/Hatje, Armin (Hrsg.): Europäisches Unionsrecht. Vertrag über die Europäische Union – Vertrag über die Arbeitsweise der Europäischen Union – Charta der Grundrechte der Europäischen Union, 7. Aufl., Baden-Baden 2015 (zitiert als *Bearbeiter* in Groeben et al. VO (EG) 139/2004).

Gröss, Sebastian/Mersch, Maximilian: Fokussiert, proaktiv und digital? – Die Fusionskontrolle des Referentenentwurfs zwischen Anspruch und Wirklichkeit, NZKart 2020, S. 119–124.

Hachmeister, Dirk/Ruthardt, Frederik: DStR 2015, Unternehmensbewertung mit Multiplikatoren: Idee und Umsetzung (Teil I), S. 1702-1708.

Hayn, Marc/Bassemir, Moritz: Neue Plattformen und Apps als Bewertungsproblem, S. 35–59 in: *Ballwieser, Wolfgang/Hachmeister, Dirk* (Hrsg.) Digitalisierung und Unternehmensbewertung: Neue Objekte, Prozesse, Parametergewinnung, Stuttgart 2019 (zit. *Bearbeiter* in Ballwieser/Hachmeister, Digitalisierung und Unternehmensbewertung).

Heath, Alex: Facebook Quietly Releases New Meme-Making App, The Information v. 18.11.2019 (abrufbar unter: https://www.theinformation.com/briefings/12ecc6, zuletzt abgerufen am 10.03.2021).

Heider, Matthias/Kutscher, Konstantin: Die 10. GWB-Novelle und die Missbrauchsaufsicht digitaler Plattformunternehmen WuW 2022, S. 134–142.

Heinrichs, Nicolas: Bewertung von Wachstums- und Startup-Unternehmen: Analyse traditioneller Bewertungsverfahren und des stochastischen Modells von Schwartz und Moon, Hamburg 2008.

Heister, Peter: Finanzierung von Social Entrepreneurship durch Venture Philanthropy und Social Venture Capital: Auswahlprozess und -kriterien der Finanzintermediäre, Wiesbaden 2010.

Hilgard, Mark C.: Earn-Out-Klauseln beim Unternehmenskauf, BB 2010, S. 2912–2919.

Hoffer, Raoul/Lehr, Leo Alexander: Onlineplattformen und Big Data auf dem Prüfstand – Gemeinsame Betrachtung der Fälle *Amazon, Google und Facebook*, NZKart 2019, S. 10–20.

Hoffmann, Daniel: Venture Capital zur Innovationsfinanzierung: Eine theoretische Analyse auf Basis empirischer Befunde, Norderstedt 2014.

Holzweber, Stefan: Daten als Machtfaktor in der Fusionskontrolle, NZKart 2016, S. 104–112.

Hübner, Rudolf-Matthias: § 3 Unternehmensverkauf in: *Scherer, Stephan* (Hrsg.), Unternehmensnachfolge, Handbuch, 6. Aufl., München 2020 (zit. *Bearbeiter* in Scherer, Unternehmensnachfolge).

Hughes, Chris: It's Time to Break Up Facebook, New York Times Online v. 09.05.2019 (abrufbar unter https://www.nytimes.com/2019/05/09/opinion/sunday/chris-hughes-facebook-zuckerberg.html, zuletzt abgerufen am 10.03.2021).

ICN: Recommended Practices for Merger Notification and Review Procedures, Mai 2017.

ICN: Setting Notification Thresholds for Merger Review, Report to the ICN Annual Conference in Kyoto (JPN), April 2008.

Immenga, Ulrich/Mestmäcker, Ernst-Joachim (Begr.): Wettbewerbsrecht, Bd. 2 GWB Kommentar zum Deutschen Kartellrecht, 6. Aufl., München 2020 (zit. *Bearbeiter* in Immenga/Mestmäcker GWB).

Immenga, Ulrich/Mestmäcker, Ernst-Joachim (Begr.): Wettbewerbsrecht, Bd. 3 Fusionskontrolle. Kommentar zum Europäischen Deutschen Kartellrecht, 6. Aufl., München 2020 (zit. *Bearbeiter* in Immenga/Mestmäcker FKVO).

Jaeger, Wolfgang/Kokott, Juliane/Pohlmann, Petra/Schroeder, Dirk (Hrsg.): Frankfurter Kommentar zum Kartellrecht, Loseblatt, 99. Lieferung 03.2021, Köln (zit. *Bearbeiter* in Frankfurter Kommentar zum Kartellrecht).

Janakiram, Nundu/Zunger,Yonatan: YouTube Official Blog v. 24.09.2013, We hear you: Better commenting coming to YouTube (abrufbar unter: https://blog.youtube/news-and-events/youtube-new-comments, zuletzt abgerufen am 10.03.2021).

Katz, Michael/ Shapiro,Carl: Network Externalities, Competition, and Compatibility, AER 1985 Vol. 75 Issue 3, S. 424–440.

Kahlenberg, Harald/Heim, Lena: Das deutsche Kartellrecht in der Reform: Überblick über die 9. GWB-Novelle, BB 2017, S. 1155–1163.

Kamburoglou, Panagiotis: EWG-Wettbewerbspolitik und Subsidiarität, WuW 1993, S. 273–283.

Kerber, Wolfgang: Competition, Innovation, and Competition Law: Dissecting the Interplay, in: *Gerard, Damien* (Hrsg.), Dynamic Markets and Dynamic Enforcement: The impact of the digital revolution and globalisation on the enforcement of competition law in Europe, Brüssel (Belgien) 2018, S. 33–62 (zit. *Bearbeiter* in Gerard, Dynamic Markets and Dynamic Enforcement).

Kessler Friedrich/Stern, Richard H.: Competition, Contract, and Vertical Integration, Yale L. J. 1959, S. 1–130 (abrufbar unter https://digitalcommons.law.yale.edu/cgi/viewcontent.cgi?article=8740&context=ylj, zuletzt abgerufen am 10.03.2021).

Keuschnigg, Christian/Sardadvar, Sascha: Wagniskapital zur Finanzierung von Innovation und Wachstum, Studie des WPZ, St. Gallen (Schweiz) und WPZ Research, Wien (Österreich) 2019 (abrufbar unter: https://avco.at/wp-content/uploads/2019/06/RFTE_Wagniskapitalfinanzierung_20190604.pdf, zuletzt abgerufen am 10.03.2021).

KfW Bankengruppe (Hrsg.): KfW-Start-up-Report 2019. Zahl der Start-ups in Deutschland steigt weiter (abrufbar unter: https://www.kfw.de/PDF/Download-Center/Konzernthemen/Research/KfW-Start-up-Report/KfW-Start-up-Report-2020.pdf, zuletzt abgerufen am 10.03.2021).

Khan, Lina: Amazon's Antitrust Paradox, Yale L. J. 2017, S. 710–805.

Khan, Lina: The Seperation of Platforms and Commerce, Colum. L. Rev. 2019, S. 973–1098.

Klees, Andreas: Der Vorschlag für eine neue EG-Fusionskontrollverordnung, EuZW 2003, S. 197–202.

Klein, Thilo: SSNIP-Test oder Bedarfsmarktkonzept, WuW 2010, S. 169–177.

Kline, Stephen J.: Innovation is not a Linear Process, JMR Juli/August 1985 Vol. 28 Nr. 4, S. 36–45.

Kokkoris, Ioannis/Valletti, Tommaso: Innovation Considerations in Horizontal Merger Control, J. Comp. L. & Econ. 2020 Vol. 16 Issue 2, S. 220–261.

Kolko, Jon: The Problem of Bolt-On Acquisitions in a Digital World, Harv. B. Rev. v. 05.07.2016 (abrufbar unter: https://hbr.org/2016/07/the-problem-of-bolt-on-acquisitions-in-a-digital-world, zuletzt abgerufen am 10.03.2021).

Konkurrensverket: Guidance from the Swedish Competition Authority for the notification and examination of concentrations between undertakings, 11.01.2018 (abrufbar unter: http://www.konkurrensverket.se/globalassets/english/competition/guidance_notification_and_examination_of_concentra tionsny.pdf, zuletzt abgerufen am 10.03.2021).

Körber, Torsten: Analoges Kartellrecht für digitale Märkte?, WuW 2015, S. 120–133.

Körber, Torsten: Der SIEC-Test im GWB – Verhältnis zum Unionsrecht und Auswirkungen auf die Praxis, WuW 2014, S. 250–260.

Körber, Torsten: „Ist Wissen Marktmacht?" Überlegungen zum Verhältnis von Datenschutz, „Datenmacht" und Kartellrecht – Teil 1, NZKart 2016, S. 303–310.

Körber, Torsten: Konzeptionelle Erfassung digitaler Plattformen und adäquate Regulierungsstrategien, ZUM 2017, S. 93–101.

Körber, Torsten: Zurück zum Kabelmonopol? – wettbewerbliche Bewertung eines Zusammenschlusses zwischen *Vodafone/Liberty Global* – Teil 1, NZKart 2018, S. 168–175.

Kulish, Nicholas/Kliff, Sarah/Silver-Greenberg, Jessica: New York Times Online v. 29.03.2020, The U.S. Tried to Build a New Fleet of Ventilators. The Mission Failed (abrufbar unter: https://www.nytimes.com/2020/03/29/business/coro navirus-us-ventilator-shortage.html, zuletzt abgerufen am 10.03.2021).

Landström, Hans/Mason, Colin: Handbook of Research on Venture Capital: Vol. 2. A globalizing Industry, Cheltenham (UK) 2012.

Langen, Eugen/Bunte, Hermann (Hrsg.): Kartellrecht Kommentar. Bd. 1: Deutsches Kartellrecht, 13. Aufl., Neuwied 2018 (zit. *Bearbeiter* in Langen/Bunte GWB).

Latham, Oliver/Tecu, Isabel/Bagaria, Nikita: Beyond killer acquisitions: are there more common potential competition issues in tech deals and how can these be assessed?, CPI Antitrust Chronicle Mai 2020, S. 26–37.

Lettl, Tobias: Der neue § 19a GWB, WRP 2021, S. 413–424.

Lenz, Fulko: Plattformökonomie – zwischen Abwehr und Wunschdenken, Berlin 2020.

Limarzi, Kristen C./Philips, Harry R. S: "Killer Acquisitions", Big tech, and Section 2: A solution in search for a problem, CPI Antitrust Chronicle Mai 2020 Vol. 2 Nr. 2, S. 7–12.

Loewenheim, Ulrich/Meessen, Karl M./Riesenkampff, Alexander/Kersting, Christian/Meyer-Lindemann, Hans Jürgen (Hrsg.): Kartellrecht. Kommentar zum Deutschen und Europäischen Recht, 4. Aufl., München 2020 (zit. *Bearbeiter* in LMRKM GWB bzw. FKVO).

Lofaro, Andreas/Lewis, Stephen/Abecasis, Paulo: An Innovation In Merger Assessment?: The European Commission's Novel Theory of Harm in the Dow/DuPont Merger, Antitrust Fall 2017 Vol. 3 Nr. 1, S. 100–107.

Louven, Sebastian: Datenmacht und Zugang zu Daten, NZKart 2018, S. 217–222.

Lunden, Ingrid: Google acquires Pointy, a startup to help brick-and-mortar retailers list products online, for $163M, Techcrunch v. 14.01.2020 (abrufbar unter: https://techcrunch.com/2020/01/14/google-is-buying-pointy-a-startup-that-helps-brick-and-mortar-retailers-list-products-online/, zuletzt abgerufen am 10.03.2021).

Mandrescu, Daniel: Tying and bundling by online platforms – Distinguishing between lawful expansion strategies and anti-competitive practices, C.L.S. Rev. April 2021 Vol. 40 Nr. 105499, S. 1–24.

Mascarenhas, Natasha: Google's Appetite This Week Explained, Crunchbase v. 14.01.2020 (abrufbar unter: https://news.crunchbase.com/news/googles-appetite-this-week-explained/, zuletzt abgerufen am 10.03.2021).

Mayr, Michael: Zusammenschlusskontrolle – Die Subsidiarität der neuen Transaktionswert-Schwellen, NZKart 2019, S. 205–209.

Meyer-Lindemann, Hans Jürgen: Kapitel 12, Die neue Aufgreifschwelle in der deutschen Fusionskontrolle in: *Kersting, Christian/Podszun, Rupprecht* (Hrsg.), Die 9. GWB-Novelle: Kartellschadensersatz, Digitale Ökonomie, Fusionskontrolle, Bußgeldrecht, Verbraucherschutz, München 2017 (zit. *Bearbeiter* in Kersting/Podszun, Die 9. GWB-Novelle).

Miguel, Juan Carlos/Casado, Miguel Ángel: GAFAnomy (Google, Amazon, Facebook and Apple): The Big Four and the b-Ecosystem, S. 127–148 in: *Gómez Uranga, Mikel/Zabala-Iturriagagoitia, Jon Mikel/Barrutia Guenaga, Jon* (Hrsg.), Dynamics of Big Internet Industry Groups and Future Trends. A View from Epigenetic Economics, Basel (Schweiz) 2016 (zit. *Bearbeiter* in Gómez Uranga et al., Dynamics of Big Internet Industry Groups and Future Trends).

Monopolkommission: Eine Wettbewerbsordnung für die Finanzmärkte, Hauptgutachten der Monopolkommission gemäß § 44 Abs. 1 Satz 1 GWB, Hauptgutachten 20, Baden-Baden 2012/2013.

Monopolkommission: Mehr Wettbewerb ist möglich, Hauptgutachten 1, Baden-Baden 1976.

Monopolkommission: Wettbewerb 2018, Hauptgutachten gemäß § 44 Abs. 1 Satz 1 GWB, Hauptgutachten 12, Baden-Baden 2018.

Monopolkommission: Wettbewerb 2020, Hauptgutachten der Monopolkommission gemäß § 44 Abs. 1 Satz 1 GWB, Hauptgutachten 23, 1. Aufl., Baden-Baden 2020.

Monopolkommission: Wettbewerbspolitik: Herausforderung digitale Märkte, Sondergutachten der Monopolkommission gemäß § 44 Abs. 1 Satz 4 GWB, Sondergutachten 68, Baden-Baden 2015.

Monopolkommission: 10. GWB-Novelle – Herausforderungen auf digitalen und regionalen Märkten begegnen!, Policy Brief, Ausgabe 4, Januar 2020.

Morris, Betsy/Seetharaman, Deepa: The New Copycats: How Facebook Squashes Competition From Startups, WSJ v. 09.08.2017 (abrufbar unter: https://www.wsj.com/articles/the-new-copycats-how-facebook-squashes-competition-from-startups-1502293444?mod=article_inline, zuletzt abgerufen am 10.03.2021).

Mosseri, Adam: Say 👋 to Messenger: Introducing New Messaging Features for Instagram, About Facebook v. 30.09.2020 (abrufbar unter: https://about.fb.com/news/2020/09/new-messaging-features-for-instagram/, zuletzt abgerufen am 10.03.2021).

Motta, Massimo/Peitz, Martin: Big Tech Mergers, Discussion Paper Series – CRC TR 224, Discussion Paper Nr. 147, Mai 2020 (abrufbar unter: https://www.crctr224.de/en/research-output/discussion-papers/archive/2020/big-tech-mergers-massimo-motta-martin-peitz, zuletzt abgerufen am 10.03.2021).

Motta, Massimo/Tarantino, Emanuele: The Effect of Horizontal Mergers, When Firms Compete in Prices and Investments, Discussion Paper Nr. 056 Project B 02, November 2018 (abrufbar unter: https://www.crctr224.de/en/research-output/discussion-papers/archive/2018/the-effect-of-horizontal-mergers-when-firms-compete-in-prices-and-investments-massimo-motta-emanuele-tarantino, zuletzt abgerufen am 10.03.2021).

Müller, Hans Erich: Unternehmensführung: Strategie – Management – Praxis, 3. Aufl., Berlin/Boston 2017.

Mustafa, Farhan: Waze patents add to Google's broad navigation patent portfolio, Patentvue v. 02.07.2013 (abrufbar unter: http://patentvue.com/2013/07/02/510-waze-google-navigation-patents/, zuletzt abgerufen am 10.03.2021).

Nagel, Stephan Manuel/Hillmer, Katharina: Die 10. GWB-Novelle – Update für die Missbrauchsaufsicht in der Digitalwirtschaft DB 2021, S. 327–332.

Newtek Business Services: Forbes Online v. 19.06.2015, The Monetization Of Instagram (abrufbar unter: https://www.forbes.com/sites/thesba/2015/06/

19/the-monetization-of-instagram/?sh=71c2b5b7394d, zuletzt abgerufen am 10.03.2021).

Newton, Casey: How Facebook's past acquisitions could haunt its purchase of Giphy, The Verge v. 19.05.2020 (abrufbar unter: https://www.theverge.com/interface/2020/5/19/21262451/facebook-giphy-acquisition-gif-instagram-whatsapp, zuletzt abgerufen am 10.03.2021).

Nielsen Digital Content Measurement: MedienVielfaltsMonitor Ergebnisse 1. Halbjahr 2016: Anteile der Medienangebote und Medienkonzerne am Meinungsmarkt der Medien in Deutschland (abrufbar unter: https://www.blm.de/files/pdf1/alm_vielfaltsmonitor_1-halbjahr-2016-1.pdf, zuletzt abgerufen am 10.03.2021).

Nihoul, Paul/Van Cleynenbreugel, Pieter: The Roles of Innovation in Competition Law Analysis, Cheltenham (GB) 2018.

Nuñez, Michael: Facebook Launches 'Threads' Stand-Alone Messaging App For Instagram In Effort To Promote Constant Sharing, Forbes Online v. 03.10.2019 (abrufbar unter: https://www.forbes.com/sites/mnunez/2019/10/03/facebook-launches-threads-standalone-messaging-app-for-instagram-in-effort-to-promote-constant-sharing/#49f7f0477bc6, zuletzt abgerufen am 10.03.2021).

Obermaier, Robert/Mosch, Philipp: Digitale Plattformen – Klassifizierung, ökonomische Wirkungslogik und Anwendungsfälle in einer Industrie 4.0, S. 379-419 in: *Obermaier, Robert* (Hrsg.), Handbuch Industrie 4.0 und Digitale Transformation: Betriebswirtschaftliche, technische und rechtliche Herausforderungen, Wiesbaden 2019 (zit. *Bearbeiter* in *Obermaier,* Handbuch Industrie 4.0 und Digitale Transformation).

OECD: Big Data: Bringing Competition Policy to the Digital Era, Background Paper, 27.10.2016.

OECD: SMEs, Entrepreneurship and Innovation, 2010.

OECD: Start-ups, Killer Acquisitions and Merger Control – Background Note by the Secretariat, DAF/COMP(2020)5, Juni 2020.

OECD: Local nexus and jurisdictional thresholds in merger control – Backround paper by the Secretariat, DAF/COMP/WP3(2016)4, Juni 2016.

OLG Düsseldorf: Pressemitteilung v. 24.03.2021 – *Facebook/Bundeskartellamt* (abrufbar unter: https://www.olg-duesseldorf.nrw.de/behoerde/presse/Presse_aktuell/20210324_PM_Facebook2/index.php, zuletzt abgerufen am 30.04.2021).

Paal, Boris P.: Internet-Suchmaschinen im Kartellrecht, GRUR Int. 2015, S. 997–1005.

Peitz, Martin: Marktplätze und indirekte Netzwerkeffekte, PWP 2006 Vol. 7 Nr. 3, S. 317–333.

Pérez de Lamo, David: Assessing "Killer Acquisitions": An Assets and Capabilities-Based View of the Start-Up, CPI Antitrust Chronicle Mai 2020 Vol. 2 Nr. 2, S. 50–59.

Picht, Peter Georg: Towards an Access Regime for Mobility Data, IIC 2020, S. 940–976.

Podszun, Rupprecht/Kersting, Christian: Eine Wettbewerbsordnung für das digitale Zeitalter, Wie lässt sich die kartellrechtliche Missbrauchsaufsicht modernisieren?, ZRP 2019, S. 34–38.

Podszun, Rupprecht/Schwalbe, Ulrich: Digitale Plattform und GWB-Novelle: Überzeugende Regeln für die Internetökonomie? NZKart 2017, S. 98–106.

Pohlmann, Petra/Wismann, Thomas: Markt, Marktmacht und Transaktionswertschwelle in der 9. GWB-Novelle, WuW 2017, S. 257–261.

PricewaterhouseCoopers: Global Top 100 companies by market capitalization, Mai 2020 (abrufbar unter: https://www.pwc.com/gx/en/audit-services/publications/assets/global-top-100-companies-2020.pdf, zuletzt abgerufen am 10.03.2021).

RBB Economics: A question of balance: Comments on a proposed new test for UK merger control, Brief 59, 2019.

Reillier, Laure Claire/Reillier, Benoit: Platform Strategy: How to Unlock the Power of Communities and Networks to Grow Your Business, Abingdon (UK) und New York (US) 2017.

Reißig-Thust, Solveig: Venture-Capital-Gesellschaften und Gründungsunternehmen, Wiesbaden 2003.

Rest, Jonas/Lorenz, Sandrina: Die Übernahme, Manager Magazin v. 25.06.2020 (abrufbar unter: https://www.manager-magazin.de/unternehmen/google-amazon-facebook-der-grossangriff-der-tech-giganten-a-a8da36d6-0bc8-4e42-a0f8-8dd476de1f38, zuletzt abgerufen am 10.03.2021).

Richter, Felix: Google Maps is the Most-Used Smartphone App in the World, Statista v. 08.08.2013 (abrufbar unter: https://www.statista.com/chart/1345/top-10-smartphone-apps-in-q2-2013/, zuletzt abgerufen am 10.03.2021).

Rickman, Cheryl: The Digital Business Start-Up Workbook: The Ultimate Step-by-Step Guide to Succeeding Online from Start-up to Exit, Chichester (UK) 2012.

Ries, Eric: Lean Startup: Schnell, risikolos und erfolgreich Unternehmen gründen, New York 2014.

Ries, Eric: The Startup Way: How Modern Companies Use Entrepreneurial Management to Transform Culture and Drive Long-Term Growth, New York 2017.

Rittner, Fritz/Dreher, Meinrad: Europäisches und deutsches Wirtschaftsrecht: Eine systematische Darstellung, 3. Aufl., Heidelberg u.a. 2008.

Rochet Jean-Charles/Tirole, Jean: Platform Competition in Two-Sided Markets, JEEA 2003 Juni Vol. 1 Issue 4, S. 990–1029.

Roth, Philipp: Offizielle Facebook Nutzerzahlen für Deutschland (Stand: März 2019), AllFacebook.de v. 19.03.2019 (abrufbar unter: https://allfacebook.de/zahlen_fakten/offiziell-facebook-nutzerzahlen-deutschland, zuletzt abgerufen am 10.03.2021).

Roth, Philipp: Offizielle Nutzerzahlen: Instagram in Deutschland und Weltweit, AllFacebook.de v. 06.10.2020 (abrufbar unter: https://allfacebook.de/instagram/instagram-nutzer-deutschland, zuletzt abgerufen am 10.03.2021)

Säcker, Franz Jürgen/Meier-Beck, Peter (Hrsg.): Münchener Kommentar zum Wettbewerbsrecht, Bd. 1 Europäisches Wettbewerbsrecht, 3. Aufl., München 2020 (zit. *Bearbeiter* in MüKo WettbR FKVO).

Säcker, Franz Jürgen/Meier-Beck, Peter (Hrsg.): Münchener Kommentar zum Wettbewerbsrecht, Bd. 2 Gesetz gegen Wettbewerbsbeschränkungen, (GWB) §§ 1-96, 185, 186, Verfahren vor den europäischen Gerichten, 3. Aufl., München 2020 (zit. *Bearbeiter* in MüKo WettbR).

Schechner, Sam/Glazer, Emily/Pop, Valentina: EU Deepens Antitrust Inquiry Into Facebook's Data Practices, New York Times Online v. 06.02.2020 (abrufbar unter: https://www.wsj.com/articles/eu-deepens-antitrust-inquiry-into-facebooks-data-practices-11580994001, zuletzt abgerufen am 10.03.2021).

Schechter, Asher: Google and Facebook's "Kill Zone": "We've Taken the Focus Off of Rewarding Genius and Innovation to Rewarding Capital and Scale", Promarket v. 25.05.2018 (abrufbar unter: https://promarket.org/2018/05/25/google-facebooks-kill-zone-weve-taken-focus-off-rewarding-genius-innovation-rewarding-capital-scale/, zuletzt abgerufen am 10.03.2021).

Schechter, Asher: "Google Is as Close to a Natural Monopoly as the Bell System Was in 1956", ProMarket v. 09.05.2017 (abrufbar unter: https://promarket.org/2017/05/09/google-close-natural-monopoly-bell-system-1956/, zuletzt abgerufen am 10.03.2021).

Schnelle, Ulrich/Wyrembek, Elisabeth S.: Die moderne Missbrauchsaufsicht – volle Kraft voraus mit § 19 a GWB? GRURPrax 2021, S. 432–434.

Schonfeld, Erick: Facebook Photos Pulls Away From the Pack, Techcrunch v. 22.02.2009 (abrufbar unter: https://techcrunch.com/2009/02/22/facebook-photos-pulls-away-from-the-pack/, zuletzt abgerufen am 10.03.2021).

Schreitter von, Florian/Urban, Julian: Schlagloch voraus! – Zur geplanten Ausweitung der Verweisungspraxis nach Art. 22 FKVO, NZKart 2020, S. 637–646.

Schröter, Helmuth/Jakob, Thinam/ Klotz, Robert/Mederer, Wolfgang (Hrsg.): Europäisches Wettbewerbsrecht. Großkommentar, 2. Aufl., Baden-Baden 2014 (zit. *Bearbeiter* in Schröter et al.).

Schwalbe, Ulrich/Zimmer, Daniel: Kartellrecht und Ökonomie: Moderne ökonomische Ansätze in der europäischen und deutschen Zusammenschlusskontrolle, 3. Aufl., Frankfurt a.M. 2021.

Schweitzer, Heike: Datenzugang in der Datenökonomie: Eckpfeiler einer neuen Informationsordnung, GRUR 2019, S. 569–580.

Schweitzer, Heike/Fetzer, Thomas/Peitz, Martin: Digitale Plattformen: Bausteine für einen künftigen Ordnungsrahmen, ZEW Discussion Paper Nr. 16-042, 29.05.2016 (abrufbar unter: https://www.econstor.eu/bitstream/10419/141454/1/860182096.pdf, zuletzt abgerufen am 10.03.2021).

Schweitzer, Heike/Haucap, Justus/Kerber, Wolfgang/Welker, Robert: Modernisierung der Missbrauchsaufsicht für marktmächtige Unternehmen, Projekt im Auftrag des BMWi, Baden-Baden 2018.

Scott Morton, Fiona/Bouvier, Pascal/Ezrachi, Ariel/Jullien, Bruno/Katz, Roberta/Kimmelman, Gene/Melamed, Douglas/Morgenstern, Jamie: Stigler Committee on Digital Platforms, Final Report, Subcommittee on Market Structure and Antitrust, September 2019 (zit. Stigler-Report).

Shapiro, Carl: Antitrust in a time of populism, Int. J. Ind. Org. 2018 Vol. 61, S. 714–748.

Shontell, Alyson: Facebook Launches Slingshot And Says The Disappearing Photo App Is 'Different Than Snapchat', Businessinsider v. 17.06.2014 (abrufbar unter: https://www.businessinsider.com/facebook-has-officially-launched-its-new-photo-app-slingshot-2014-6?r=DE&IR=T, zuletzt abgerufen am 10.03.2021).

Shontell, Alyson: Instagram Launches Its One-Tap Photo App Bolt To Rival TapTalk And Mirage, Businessinsider v. 29.07.2014 (abrufbar unter: https://www.businessinsider.com/instagram-launches-bolt-2014-7?r=DE&IR=T, zuletzt abgerufen am 10.03.2021).

Shukla, Vikas: Value Walk v. 22.01.2020, TOP 10 BIGGEST ACQUISITIONS BY FACEBOOK, (abrufbar unter: https://www.valuewalk.com/2020/01/top-10-biggest-acquisitions-by-facebook/, zuletzt abgerufen am 10.03.2021).

Sidak, J. Gregory/Teece, David: Dynamic Competition in Antitrust Law, J. Comp. L. & Econ. 2009 Vol. 5 Issue 4, S. 581–631.

Siegler, MG: Instagram Captures A Million Users: Up Next: API, Android, And Funding, TechCrunch v. 21.12.2012 (abrufbar unter: https://techcrunch.com/2010/12/21/instagram-one-million/, zuletzt abgerufen am 10.03.2021).

Sims, Rod: Is Australia's economy getting more concentrated and does this matter? Hauptrede auf der RBB Economic Conference, 27.10.2016 (abrufbar unter: https://www.accc.gov.au/speech/keynote-address-rbb-economics-conference-0, zuletzt abgerufen am 10.03.2021).

Smith, Noah: Big Tech Sets Up a 'Kill Zone' for Industry Upstarts, Bloomberg Online v. 07.11.2018 (abrufbar unter: https://www.bloomberg.com/opinion/articles/2018-11-07/big-tech-sets-up-a-kill-zone-for-industry-upstarts, zuletzt abgerufen am 10.03.2021).

Solon, Olivia: As tech companies get richer, is it ‚game over' for startups?, The Guardian v. 20.10.2017 (abrufbar unter https://www.theguardian.com/technology/2017/oct/20/tech-startups-facebook-amazon-google-apple, zuletzt abgerufen am 10.03.2021).

Spangler, Simon/Heppner, Marcus: Innovationen in der Fusionskontrolle nach Dow/DuPont, PharmR 2018, S. 522–526.

Statistisches Bundesamt: Umsatzsteuerstatistik (Voranmeldungen), Fachserie 14 Reihe 8.1, 2018 (abrufbar unter: https://www.destatis.de/DE/Themen/Staat/Steuern/Umsatzsteuer/Publikationen/Downloads-Umsatzsteuern/umsatzsteuer-2140810187004.pdf?__blob=publicationFile, zuletzt abgerufen am 10.03.2021).

Steinvorth, Till: § 20 Materielle Fusionskontrolle in: *Wiedemann, Gerhard* (Hrsg.), Handbuch des Kartellrechts, 4. Aufl., München 2020 (zit. *Bearbeiter* in Wiedemann, Handbuch des Kartellrechts).

Steinvorth, Till/Gassser, Lucas: Der neue § 39a GWB – Instrument für eine flexiblere Fusionskontrolle?, WuW 2021, S. 155–160.

Tamke, Maren: Marktmacht in digitalen Märkten nach der 9. GWB Novelle, NZKart 2018, S. 503–508.

Terhechte, Jörg Philipp/Ritz, Stephan: § 36 Zypern in: *Terhechte, Jörg Philipp* (Hrsg.), Internationales Kartell- und Fusionskontrollverfahrensrecht International Cartel and Merger Enforcement Law (English Summaries), Bielefeld 2008 (zit. *Bearbeiter* in Terhechte, Internationales Kartell- und Fusionskontrollverfahrensrecht).

Thimothy, Maria: Minimum Viable Product: How To Help Clients Build Their MVP, Forbes Online v. 02.02.2021 (abrufbar unter: https://www.forbes.com/sites/theyec/2021/02/02/minimum-viable-product-how-to-help-clients-build-their-mvp/?sh=7e0b37f37272, zuletzt abgerufen am 10.03.2021).

Thomas, Owen: Facebook: Users Upload 300 Million Images A Day (So Please Let Us Buy Instagram), Business Insider v. 17.07.2012 (abrufbar unter: https://www.businessinsider.com/facebook-images-a-day-instagram-acquisition-2012-7?international=true&r=US&IR=T, zuletzt abgerufen am 10.03.2021).

Thomas, Stefan: The known unknown: In search for a legal structure of the significance criterion of the SIEC Test, J. Comp. L. & Econ. 2017 Vol. 13 Issue 2, S. 346–387.

Thomke, Stefan: The Changing Economics of Problem-Solving in: *Franke, Nikolaus/Von Braun, Christoph-Friedrich* (Hrsg.), Innovationsforschung und Technologiemanagement. Konzepte, Strategien, Fallbeispiele, Berlin u.a. 1998, S. 153-162 (zit. *Bearbeiter* in Franke/v. Braun, Innovationsforschung und Technologiemanagement).

Upbin, Bruce: Facebook Buys Instagram For $1 Billion. Smart Arbitrage, Forbes Online v. 09.04.2012 (abrufbar unter: https://www.forbes.com/sites/quora/2020/10/29/three-things-youll-need-before-starting-a-new-business/?sh=4cb6d2b96af5, zuletzt abgerufen am 10.03.2021).

US House Judiciary Committee Antitrust Subcommittee: Investigation of Competition in Digital Markets: Majority Staff Report and Recommendations, Oktober 2020 (abrufbar unter: https://judiciary.house.gov/uploadedfiles/competition_in_digital_markets.pdf, zuletzt abgerufen am 10.03.2021).

Verdu, Mike: WELCOMING BEAT GAMES TO FACEBOOK, Oculus-Blog v. 26.11.2019 (abrufbar unter: https://www.oculus.com/blog/welcoming-beat-games-to-facebook/?locale=de_DE, zuletzt abgerufen am 10.03.2021).

Verdu, Mike: WELCOMING SANZARU GAMES TO FACEBOOK, Oculus-Blog v. 25.02.2020 (abrufbar unter: https://www.oculus.com/blog/welcoming-sanzaru-games-to-facebook/, zuletzt abgerufen am 10.03.2021).

Verto Analytics: Verto Statista Report September 2019 (abrufbar unter: https://vertoanalytics.com/?utm_campaign=partnerships&utm_medium=research&utm_source, zuletzt abgerufen am 10.03.2021).

Vestager, Margrethe: The future of EU merger control, Rede bei der 24. jährlichen Wettbewerbskonferenz der International Bar Association, 11.09.2020 (abrufbar unter: https://ec.europa.eu/commission/commissioners/2019-2024/vestager/announcements/future-eu-merger-control_en, zuletzt abgerufen am 10.03.2021).

Veugelers, Reinhilde: Innovation in EU Merger Control: Walking the Talk, Bruegel Policy Contribution, Issue 2012/04, Februar 2012.

Völkel, Sven B.: Willkommen in der „Killzone" – die neue „Guidance" der Kommission zu Verweisungen durch unzuständige Behörden nach Art. 22 FKVO, NZKart 2021, S. 262–263.

Vorhaus, Mike: Snap Is Growing It's Advertising Business With New Dynamic E-Commerce Ads, Forbes Online v. 04.06.2020 (abrufbar unter: https://www.forbes.com/sites/mikevorhaus/2020/06/04/snap-is-growing-its-advertising-business-with-new-dynamic-e-commerce-ads/, zuletzt abgerufen am 10.03.2021).

Wagemann, Markus: § 17 Das Verfahren in: *Wiedemann, Gerhard* (Hrsg.), Handbuch des Kartellrechts, 4. Aufl., München 2020 (zit. *Bearbeiter* in Wiedemann, Handbuch des Kartellrechts).

Wagner, Kurt: Facebook to Buy Startup for Controlling Computers With Your Mind, Bloomberg Online v. 24.09.2019 (abrufbar unter: https://www.bloomberg.com/news/articles/2019-09-23/facebook-to-buy-startup-for-controlling-computers-with-your-mind, zuletzt abgerufen am 10.03.2021).

Weck, Thomas: Fusionskontrolle in der digitalen Welt, NZKart 2015, S. 290–295.

Weitnauer, Wolfgang: Die deutsche Start-up-Szene nach Corona – eine Lagebetrachtung aus rechtlicher Sicht, GWR 2020, S. 127–132.

Wen, Wen/Feng Zhu: Threat of Platform-Owner Entry and Complementor Responses: Evidence from the Mobile App Market, SMJ 2019 Vol. 40 Nr. 9, S. 1336–1367.

Wirtz, Markus/Schulz, Max: Innovationswettbewerb in der Fusionskontrolle – Bayer/Monsanto und Dow/DuPont NZKart 2019, S. 20–28.

Wu, Tim: The case for breaking up Facebook and Instagram, The Washington Post v. 28.09.2018 (abrufbar unter: https://www.washingtonpost.com/outlook/2018/09/28/case-breaking-up-facebook-instagram/, zuletzt abgerufen am 10.03.2021).

Yun, John M.: Prepared Statement of before the United States Senate Committee on the Judiciary Subcommittee on Antitrust, Competition Policy, and Consumer Rights, Hearing on "Competition in Digital Technology Markets: Examining Acquisitions of Nascent or Potential Competitors by Digital Platforms" Washington DC September, 24.09.2019 (abrufbar unter: https://www.judiciary.senate.gov/imo/media/doc/Yun%20Testimony.pdf, zuletzt abgerufen am 10.03.2021).

Zaleski, Olivia/Frier, Sarah: Evan Spiegel says Facebook copying Snapchat's popular features is the most-fantastic feeling, The Economic Times v. 30.05.2018 (abrufbar unter: https://economictimes.indiatimes.com/magazines/panache/evan-spiegel-says-facebook-copying-their-popular-features-is-the-most-fantastic-feeling-ever/articleshow/64379256.cms, zuletzt abgerufen am 10.03.2021).

Zimmer, Daniel: Differenzierte Produkte, nichtkoordinierte Effekte und das Upward Pricing-Pressure-Konzept: Wird die Marktabgrenzung in Fusionskontrollverfahren entbehrlich?, WuW 2013, S. 928–936.

Zuckerberg, Mark: A Privacy-Focused Vision for Social Networking, Facebook v. 07.03.2019 (abrufbar unter: https://www.facebook.com/notes/mark-zuckerberg/a-privacy-focused-vision-for-social-networking/10156700570096634/, zuletzt abgerufen am 10.03.2021).

Geschäfts- und Quartalsberichte

Alphabet Inc.: 10-K Jahresbericht 2020 (abrufbar unter https://abc.xyz/investor/static/pdf/20210203_alphabet_10K.pdf, zuletzt abgerufen am 10.03.2021).

Amazon: Mitteilung v. 02.02.2020 zu den Geschäftsergebnissen des Jahres 2020 und dem CEO-Wechsel (abrufbar unter https://s2.q4cdn.com/299287126/files/doc_financials/2020/q4/Amazon-Q4-2020-Earnings-Release.pdf, zuletzt abgerufen am 10.03.2021).

Amazon Com, Inc.: 10-K Jahresbericht 2019 (abrufbar unter https://d18rn0p25nwr6d.cloudfront.net/CIK-0001018724/4d39f579-19d8-4119-b087-ee618abf82d6.pdf, zuletzt abgerufen am 10.03.2021).

Apple Inc.: 10-K Jahresbericht 2020 (abrufbar unter https://s2.q4cdn.com/470004039/files/doc_financials/2020/ar/_10-K-2020-(As-Filed).pdf, zuletzt abgerufen am 10.03.2021).

Facebook Inc.: Geschäftsergebnisse des 3. Quartals 2020 (abrufbar unter: https://s21.q4cdn.com/399680738/files/doc_financials/2020/q3/FB-Q3-2020-Earnings-Presentation.pdf, zuletzt abgerufen am 10.03.2021).

Facebook Inc.: Transkript der Ergebnisse für das 4. Quartal und das Jahr 2018, Conference Call v. 30.01.2018 (abrufbar unter: https://s21.q4cdn.com/399680738/files/doc_financials/2018/Q4/Q4-18-earnings-call-transcript.pdf, zuletzt abgerufen am 10.03.2021).

Facebook Inc.: 10-K Jahresbericht 2020 (abrufbar unter http://d18rn0p25nwr6d.cloudfront.net/CIK-0001326801/4dd7fa7f-1a51-4ed9-b9df-7f42cc3321eb.pdf, zuletzt abgerufen am 10.03.2021).

Google Inc.: 10-Q Geschäftsergebnisse des 2. Quartals 2013 (abrufbar unter: https://www.sec.gov/Archives/edgar/data/1288776/000128877613000055/goog10-qq22013.htm, zuletzt abgerufen am 10.03.2021).

Microsoft Corp.: Geschäftsbericht 2020 (abrufbar unter https://www.annualreports.com/HostedData/AnnualReports/PDF/NASDAQ_MSFT_2020.pdf, zuletzt abgerufen am 10.03.2021).

Snap Inc.: Snap Inc. Geschäftsergebnisse des 2. Quartals 2020, 21.07.2020 (abrufbar unter: https://s25.q4cdn.com/442043304/files/doc_financials/2020/q2/q2-2020-earnings-slides.pdf, zuletzt abgerufen am 10.03.2021).

Uber Technologies Inc.: Geschäftsbericht 2019 (abrufbar unter: https://s23.q4cdn.com/407969754/files/doc_financials/2019/ar/Uber-Technologies-Inc-2019-Annual-Report.pdf, zuletzt abgerufen am 10.03.2021).

Abkürzungsverzeichnis

ABA	American Bar Association
ABl.	Amtsblatt der Europäischen Union
Abs.	Absatz
ACCC	Australian Competition and Consumer Commission (Australien)
ACM	Autoriteit Consument en Markt (Niederlande)
AER	The American Economic Review
AEUV	Vertrag über die Arbeitsweise der Europäischen Union
AG	Aktiengesellschaft
AG & Co. KGaA	Kommanditgesellschaft auf Aktien
ÄndG	Änderungsgesetz
Antitrust L.J.	Antitrust Law Journal
ARD	Arbeitsgemeinschaft der öffentlich-rechtlichen Rundfunkanstalten der Bundesrepublik Deutschland
Art.	Artikel
Aufl.	Auflage
BB	Betriebsberater
BCA	Belgian Competition Authority (Belgien)
Bd.	Band
Begr.	Begründer
BGH	Bundesgerichtshof
BKartA	Bundeskartellamt
BMWi	Bundesministerium für Wirtschaft und Energie
BT-Drs.	Bundestags-Drucksache
BVK	Bundesverband Deutscher Kapitalbeteiligungsgesellschaften
BWB	Bundeswettbewerbsbehörde (Österreich)
Bzw.	Beziehungsweise
C.L.S. Rev.	Computer Law & Security Review
Colum. L. Rev.	Columbia Law Review
CMA	Competition and Markets Authority (UK)
CNMC	Comisión Nacional de los Mercados y la Competencia (Spanien)
Corp.	Corporation
CPI Antitrust Chronicle	Competition Policy International Antitrust Chronicle

DB	Der Betrieb
DSGVO	Datenschutzgrundverordnung (Verordnung (EU) 2016/679 des Europäischen Parlamentes und des Rates v. 27.04.2016 zum Schutz natürlicher Personen bei der Verarbeitung personenbezogener Daten, zum freien Datenverkehr und zur Aufhebung der Richtlinie 95/46/EG, ABl. (EU) Nr. L 199 v. 4.5.2016, S. 1, in Kraft getreten am 25.05.2018)
DSM	Deutschen Startup Monitor
DStR	Deutsches Steuerrecht
Duke L.J.	Duke Law Journal
ECA	European Competition Authorities
EFPIA	European Federation of Pharmaceutical Industries and Associations
EGV	Vertrag zur Gründung der Europäischen Gemeinschaft
Einf.	Einführung
EPA	Europäisches Patentamt
Et al.	Et aliter
EU	Europäische Union
EuG	Europäisches Gericht
EuGH	Europäischer Gerichtshof
EUR	Euro
EUV	Vertrag über die Europäische Union
EuZW	Europäische Zeitschrift für Wirtschaftsrecht
E.V.	Eingetragener Verein
Ewgr.	Erwägungsgrund
F./ff.	Folgende/fortfolgende
F.A.Z.	Frankfurter Allgemeine Zeitung
FKVO	Fusionskontrollverordnung (Verordnung (EG) Nr. 139/2004 des Rates vom 20.01.2004 über die Kontrolle von Unternehmenszusammenschlüssen, Abl. (EU) Nr. L 024 v. 29.01.2004, 1 in Kraft getreten am 01.05.2004)
FKVO 4064/89	Fusionskontrollverordnung (Verordnung (EWG) Nr. 4064/89 des Rates vom 21.12.1989 über die Kontrolle von Unternehmenszusammenschlüssen, Abl. (EU) Nr. L 395 v. 30.12.1989, S. 1 in Kraft getreten am 21.09.1990)
FTC	Federal Trade Commission (U.S.)
GB	Great Britain
GCR	Global Competition Review
GmbH	Gesellschaft mit beschränkter Haftung

GRUR	Gewerblicher Rechtsschutz und Urheberrecht
GRUR Int.	Gewerblicher Rechtsschutz und Urheberrecht Internationaler Teil
GRURPrax	Gewerblicher Rechtsschutz und Urheberrecht in der Praxis
GWB	Gesetz gegen Wettbewerbsbeschränkungen
GWR	Gesellschafts- und Wirtschaftsrecht
H.A.	Herrschende Ansicht
Hastings L.J	Hastings Law Journal
Harv. B. Rev.	Harvard Business Review
Hrsg.	Herausgeber
IAA	Israel Antitrust Agency (Israel)
ICN	International Competition Network
IEF	Internet Economy Foundation
IIC	International Review of Intellectual Property and Competition Law
Inc.	Incorporation
Innov. Policy Econ.	Innovation Policy and the Economy
Int. J. Entrep. Educ.	International Journal of Entrepreneurship Education
Int. J. Ind. Org.	International Journal of Industrial Organization
I.S.d.	Im Sinne des/der
I.S.v.	Im Sinne von
Ital. Antitrust Rev.	Italian Antitrust Review
J. Comp. L. & Econ.	Journal of Competition Law & Economics
JEEA	Journal of European Economic Association
JEMS	Journal of Economics & Management Strategy
J. Health Econ.	Journal of Health Economics
JMR	Journal of Management Research
JPE	Journal of Political Economy
KartG	Kartellgesetz (Österreich)
KfW	Kreditanstalt für Wiederaufbau
M.w.N	Mit weiteren Nachweisen
MMR	MultiMedia und Recht
NBER	National Bureau of Economic Research
NJ	New Jersey
Nr.	Nummer
NZKart	Neue Zeitschrift für Kartellrecht
PharmaR	Pharma Recht

OECD	Organisation for Economic Co-operation and Development
OFT	Office of Fair Trading (UK)
O.J.	Ohne Jahr
OLG	Oberlandesgericht
PWP	Perspektiven der Wirtschaftspolitik
Rev. Ind. Organ	Review of Industrial Organization
Rn.	Randnummer
Rspr.	Rechtsprechung
S.	Seite
Sec.	Section
SEK	Schwedische Krone
SIEC	Significant Impediment to Effective Competition
Slg.	Sammlung der Entscheidungen des EuGH
SMJ	Strategic Management Journal
SSNIP	Small but Significant and Non-Transitory Increase in Price
StB	Der Steuerberater
U.a.	Unter anderem
UK	United Kingdom
U.S.	United States
USD	U.S. Dollar
V.	Vom
VO	Verordnung
Vol.	Volume
Vorb.	Vorbemerkungen
WRP	Wettbewerb in Recht und Praxis
WSJ	Wall Street Journal
WuW	Wirtschaft und Wettbewerb
WuW/E	Wirtschaft und Wettbewerb Entscheidungssammlung zum Kartellrecht
Yale L. J.	Yale Law Journal
Z.B.	Zum Beispiel
ZDF	Zweite Deutsche Fernsehen
ZRP	Zeitschrift für Rechtspolitik
ZUM	Zeitschrift für Urheber- und Medienrecht

A. Einführung

Der Missbrauch von Marktmacht steht derzeit im Mittelpunkt kartellrechtlicher Reformüberlegungen.[1] Galten insbesondere die GAFA-Unternehmen[2] vor einigen Jahren noch als Innovationsträger, bestimmen heute die Gefahren solcher „superdominanter“ Plattformunternehmen die aktuelle Diskussion.[3] So haben viele Wettbewerbsbehörden in den letzten Jahren entsprechende Verfahren zur Untersuchung der Geschäftspraktiken großer Internetunternehmen eingeleitet.[4] Gleichzeitig wächst auch die Skepsis innerhalb der Bevölkerung.[5] Die aktuelle Diskussion beschränkt sich jedoch nicht auf die Missbrauchskontrolle.

1 Vgl. u.a. Europäische Kommission („Kommission“), Vorschlag für eine Verordnung des Europäischen Parlaments und des Rates über bestreitbare und faire Märkte im digitalen Sektor (Gesetz über digitale Märkte), COM(2020) 842 final v. 15.12.2020; *Schweitzer et al.*, Modernisierung der Missbrauchsaufsicht für marktmächtige Unternehmen, 2018, im Folgenden: „Marktmacht-Studie“; *Crémer et al.*, Competition policy for the digital era, 2019, im Folgenden: „Sonderberater-Bericht“; BMWi, Ein neuer Wettbewerbsrahmen für die Digitalwirtschaft, 2019, im Folgenden „Bericht Wettbewerbskommission 4.0“.

2 Abkürzung für die Unternehmen Google LLC („Google“, heute Alphabet Inc.), Apple Inc. („Apple“), Facebook Inc. („Facebook“, heute Meta Platforms Inc.) und Amazon.com Inc. („Amazon“), eingehende Auseinandersetzung mit dem GAFA-Begriff unter dem Gliederungspunkt B I 1 b.

3 *Podszun/Kersting*, ZRP 2019, 34 (34).

4 So leiteten u.a. die Kommission, Pressemitteilung v. 30.10.2010, IP/10/1624 – *Google* (abrufbar unter: https://ec.europa.eu/commission/presscorner/detail/de/IP_10_1624, zuletzt abgerufen am 10.03.2021) sowie die US-amerikanische FTC, Pressemitteilung v. 03.01.2013 – Google (abrufbar unter: https://www.ftc.gov/news-events/press-releases/2013/01/google-agrees-change-its-business-practices-resolve-ftc, zuletzt abgerufen am 10.03.2021) Pressemitteilung v. 30.10.2010, IP/10/1624 – *Google* (abrufbar unter: https://ec.europa.eu/commission/presscorner/detail/de/IP_10_1624, zuletzt abgerufen am 10.03.2021) Verfahren gegen Google ein. Das BKartA untersuchte die Zusammenführung der Daten von Facebook und Whatsapp, Pressemitteilung v. 07.02.2019 (abrufbar unter: https://www.bundeskartellamt.de/SharedDocs/Meldung/DE/Pressemitteilungen/2019/07_02_2019_Facebook.html, zuletzt abgerufen am 10.03.2021).

5 Vgl. Monopolkommission, Sondergutachten 68, Rn. 30.

I. Problemaufriss

Im Kontext der Fusionskontrolle wird gegenwärtig ein besonderes Phänomen diskutiert: Es besteht der Verdacht einer zunehmenden Praxis, insbesondere dieser GAFA-Unternehmen im digitalen Bereich, durch gezielte Akquise kleine, aber erfolgreiche Start-ups mit einer schnell wachsenden Nutzerbasis und einem signifikanten Wettbewerbspotenzial systematisch zu erwerben.[6]

Die US-amerikanische FTC geht – u.a. aufgrund solcher Bedenken – sogar so weit, dass sie Anfang 2020 ankündigte, dass sie rückwirkend bereits vollzogene Zusammenschlüsse der GAFA-Unternehmen sowie von Microsoft erneut untersuchen werde.[7] Zu diesem Zweck müssen die besagten Unternehmen Daten und Informationen zu diesen Zusammenschlüssen aus den letzten zehn Jahren vorlegen, auch wenn diese zum Zeitpunkt der Transaktionen nicht die Schwellenwerte des US-amerikanischen Fusionskontrollregimes erfüllten.[8]

Zu den wohl am kritischsten diskutierten Zusammenschlüssen gehören die Aufkäufe von WhatsApp LLC („WhatsApp") und Instagram LLC („Instagram") durch Facebook. *Chris Hughes*, Mitgründer von Facebook, bezeichnet die von der US-amerikanischen FTC erteilte Freigabeentscheidung als „den größten Fehler der FTC".[9] Mangels Erreichens der Umsatzschwellenwerte waren die Zusammenschussverfahren in Deutschland nicht anmeldepflichtig.[10]

Die Digitalisierung hat zu einer Veränderung und – in einigen Fällen – kompletten Neuausrichtung von Märkten, Geschäftsmodellen, unternehmerischen Strategien und Innovationsprozessen geführt.[11] Innovationen erfolgen nicht mehr nur durch große bereits etablierte Unternehmen, sondern immer häufiger durch innovative Start-ups. Größenvorteile in Forschungsbereichen stellen heute kein Hindernis mehr für kleinere Unternehmen dar.[12] Der Erfolg dieser

---

6 Vgl. u.a. Sonderberater-Bericht, S. 110; Bericht Wettbewerbskommission 4.0, S. 65.

7 FTC, Pressemitteilung v. 11.02.2020 (abrufbar unter: https://www.ftc.gov/news-events/press- releases/2020/02/ftc-examine-past-acquisitions-large-technology-companies, zuletzt abgerufen am 10.03.2021).

8 FTC, Pressemitteilung v. 11.02.2020 (abrufbar unter: https://www.ftc.gov/news-events/press-releases/2020/02/ftc-examine-past-acquisitions-large-technology-companies, zuletzt abgerufen am 10.03.2021).

9 *Hughes*, It's Time to Break Up Facebook, New York Times Online v. 09.05.2019 (abrufbar unter: https://www.nytimes.com/2019/05/09/opinion/sunday/chris-hughes-facebook-zuckerberg.html, zuletzt abgerufen am 10.03.2021).

10 Regierungsbegründung zur 9. GWB-Novelle, BT-Drs. 18/10207, S. 71.

11 Vgl. Marktmacht-Studie, S. 26, 59, 81.

12 OECD, SMEs, Entrepreneurship and Innovation, 2010, S. 26.

Start-ups ist wiederum zu einem nicht unbeträchtlichen Teil von externen Faktoren wie Risikokapitalinvestoren abhängig, da diese maßgeblich dazu beitragen, dass aus einer Idee ein Produkt werden kann.[13] Start-ups können daher aufgrund ihrer Innovationskraft sowie externer Unterstützung im digitalen Bereich einen besonderen wettbewerblichen Druck auf bereits etablierte Unternehmen ausüben. Um ihre Vormachtstellung zu sichern, sehen sich die etablierten Unternehmen in der Position mit der hohen Innovationstätigkeit der Start-ups mithalten und ihre Produkte kontinuierlich anpassen und verbessern zu müssen. Möglich ist dies einerseits durch einen eigenen großen Forschungsaufwand und/oder durch den Aufkauf eben solcher Start-ups mit einem großen Innovations- und Wettbewerbspotential. Dass die etablierten marktmächtigen Unternehmen maßgeblich auf die Innovationstätigkeiten von Start-ups setzen, zeigen die Aufkäufe der letzten Jahre. Alleine die GAFA-Unternehmen haben in den letzten zehn Jahren über 400 Unternehmen aufgekauft, wobei nur wenige dieser Akquisitionen näher untersucht und keine dieser Akquisitionen untersagt wurden.[14] Ermöglicht werden die Aufkäufe durch große finanzielle Mittel und auf Datenanalysen beruhenden Frühwarnsystemen, die es diesen Unternehmen ermöglichen, besonders innovative Unternehmen bzw. potentielle Konkurrenten frühzeitig zu lokalisieren.[15]

Diese geringe Aufgreifquote ist in vielen Fusionskontrollregimen wie auch dem deutschen Fusionskontrollregime darauf zurückzuführen, dass insbesondere digitale Start-ups regelmäßig die Umsatzschwelle(n) nicht erreicht haben, da sie derzeit aufgrund ökonomischer Besonderheiten innovativer Geschäftsmodelle häufig (noch) keine oder nur geringe Umsätze generieren.[16] Insbesondere im Digitalsektor können das Wachstumspotential und die wirtschaftliche

13 Vgl. *Heister*, Finanzierung von Social Entrepreneurship durch Venture Philanthropy und Social Venture Capital, S. 48.

14 *Furman et al.*, Unlocking Competition: Report of the Digital Competition Expert Panel, 2019, im Folgenden: „Furman-Report", S. 12.

15 Zum Zwecke dieser Lokalisierung hat Facebook sogar die Handy Monitoring App Onavo erworben, deren Praktiken derzeit nach Informationen der New York Times Gegenstand kartellrechtlicher Untersuchungen durch die Kommission ist, vgl. *Schechner et al.*, EU Deepens Antitrust Inquiry Into Facebook's Data Practices, New York Times Online v. 06.02.2020 (abrufbar unter: https://www.wsj.com/articles/eu-deepens-antitrust-inquiry-into-facebooks-data-practices-11580994001, zuletzt abgerufen am 10.03.2021).

16 Regierungsbegründung zur 9. GWB-Novelle, BT-Drs. 18/10207, S. 71; Monopolkommission, Sondergutachten 68, Rn. 459.

Bedeutung eines Unternehmens aber nicht allein anhand seines Umsatzes festgestellt werden. Gerade Start-ups in diesem Sektor fokussieren sich zunächst darauf als Unternehmen zu wachsen, indem sie z.B. ihre Nutzerbasis erweitern, sodass Umsätze anfangs kaum oder gar nicht generiert werden.[17]

Um einen kartellrechtlichen Ordnungsrahmen zu schaffen, wird mit Blick auf die beschriebenen Akquisitionen über die Notwendigkeit einer Anpassung der Fusionskontrollvorschriften an das digitale Zeitalter diskutiert.[18] In Bezug auf die Erfassung durch das deutsche Fusionskontrollregime bedarf es eines Aufgreifinstruments, das geeignet und hinreichend flexibel ist, die Aufkäufe zu erfassen, bei denen der Umsatz das wettbewerbliche Potential des Zielunternehmens nicht angemessen widerspiegelt.

Der deutsche Gesetzgeber hat bereits im Rahmen der 2017 in Kraft getretenen 9. GWB-Novelle erste Anpassungen der Rechtslage an die mit der fortschreitenden und allgegenwärtigen Digitalisierung einhergehenden Veränderungen vorgenommen. Mit § 35 Abs. 1a GWB hat er – als Reaktion auf den Zusammenschluss von Facebook und WhatsApp, der nach den deutschen (und europäischen) Fusionskontrollregelungen nicht anmeldepflichtig war -[19] im Bereich der Fusionskontrolle ein neues transaktionswertbezogenes Aufgreifinstrument eingeführt. Dieses Aufgreifinstrument soll Zusammenschlüsse erfassen, die trotz noch fehlender oder nur geringer Umsätze des Zielunternehmens erheblichen Einfluss auf den Wettbewerb haben.[20] Im Rahmen der am 19. Januar 2021 in Kraft getretenen 10. GWB-Novelle, deren Fokus auf der Modernisierung des Missbrauchsverbots im digitalen Kontext liegt, hat der Gesetzgeber relativ überraschend, mit § 39a GWB eine Regelung in das GWB aufgenommen, nach der das BKartA unter bestimmten Voraussetzungen Unternehmen dazu verpflichten kann, zukünftig jeden weiteren Zusammenschluss anzumelden. Die Regelung wurde zwar nicht explizit für den digitalen Bereich eingeführt, kann aber mangels limitierter Anwendbarkeit auf einen spezifischen Bereich auch in diesem zur Anwendung kommen. Gleichzeitig hat der Gesetzgeber aber die zweite Inlandsumsatzschwelle nach § 35 Abs. 1 Nr. 2 GWB von EUR 5 Millionen auf EUR 17,5 Millionen erhöht. Gerade digitale Start-ups, die anfangs kaum

17 Regierungsbegründung zur 9. GWB-Novelle, BT-Drs. 18/10207, S. 71; Monopolkommission, Sondergutachten 68, Rn. 459.

18 Vgl. u.a. Marktmacht-Studie, S. 122 ff.; Sonderberater-Bericht, S. 110 ff.; Bericht Wettbewerbskommission 4.0, S. 65 ff.

19 Regierungsbegründung zur 9. GWB-Novelle, BT-Drs. 18/10207, S. 71.

20 Regierungsbegründung zur 9. GWB-Novelle, BT-Drs. 18/10207, S. 70.

Umsätze generieren, werden nun in Zukunft noch seltener die zweite Inlandsumsatzschwelle erreichen.

Zudem besteht die Schwierigkeit, solche Aufkäufe materiell-rechtlich zu beurteilen. Da sich die Aufkäufe der GAFA-Unternehmen sehr breit auf innovative Start-ups in den unterschiedlichsten Bereichen beziehen, ist es für die Wettbewerbsbehörden keine leichte Aufgabe, eine potentielle Wettbewerbereigenschaft nachzuweisen.[21]

II. Gegenstand und Ziel der Untersuchung

Gegenstand der Untersuchung ist die Behandlung von Aufkäufen junger, innovativer Unternehmen durch etablierte marktmächtige Digitalunternehmen, insbesondere der GAFA-Unternehmen mit dem Ziel der frühzeitigen Eliminierung potentieller Wettbewerber in der deutschen Fusions- und Missbrauchskontrolle, wobei der Fokus auf der Fusionskontrolle liegen soll.

Ziel der Untersuchung ist es, einen praxistauglichen Lösungsansatz zu entwickeln, wie der systematische Erwerb noch junger innovativer Unternehmen mit kaum oder gar keinen Umsätzen durch marktmächtige Plattformunternehmen im Digitalbereich nach deutschem Wettbewerbsrecht adäquat beurteilt werden kann. Dabei zeigen sich insbesondere zwei zu beantwortende Fragestellungen: einerseits wie sichergestellt werden kann, dass die wettbewerbsrechtlich relevanten Zusammenschlussvorhaben von der jeweiligen Wettbewerbsbehörde aufgegriffen werden, und andererseits wie diese Zusammenschlüsse materiell-rechtlich zu beurteilen sind.

III. Gang der Untersuchung

Die Untersuchung teilt sich auf in einen allgemeinen Grundlagenteil (Kapitel B) und einen besonderen Teil, der einerseits die Erfassung wettbewerbsrechtlich relevanter Zusammenschlussvorhaben durch die deutsche Fusionskontrolle (Kapitel C) und anderseits die materiell-rechtliche Behandlung solcher Zusammenschlüsse (Kapitel D) betrifft.

So werden in Kapitel B zunächst die dynamischen Entwicklungen, Besonderheiten und Herausforderungen digitaler Märkte dargestellt, da sich die digitalen Märkte durch verschiedene Faktoren von traditionellen Märkten unterscheiden und besondere Herausforderungen für den Wettbewerb mit sich bringen, die

21 Vgl. Marktmacht-Studie, S. 123.

maßgeblich für die Aufkäufe durch digitale Plattformunternehmen sind. Darüber hinaus wird der Begriff der *killer acquisitions*, der dem pharmazeutischen Bereich entstammt, aber auch für die besagten Aufkäufe im digitalen Bereich verwendet wird, näher analysiert. In diesem Zusammenhang wird überprüft, inwieweit sich die Aussagen des Reports von *Cunningham et al.*, der den Begriff der *killer acquisitions* im pharmazeutischen Bereich der breiteren Öffentlichkeit bekannt machte, auf Zusammenschlüsse im digitalen Bereich übertragen lassen. Im Folgenden werden die Auswirkungen der Aufkäufe innovativer Start-ups durch marktmächtige digitale Plattformunternehmen auf den Wettbewerb analysiert. Auf dieser Grundlage befasst sich der zweite Teil der Arbeit damit, wie solche Zusammenschlüsse kartellrechtlich zu bewerten sind.

In Kapitel C wird untersucht, wie gewährleistet werden kann, dass potentiell wettbewerbsrechtlich problematische Zusammenschlüsse der Fusionskontrolle unterfallen. Zu diesem Zweck wird zunächst überprüft, ob die Fusionskontrolle in ihrer derzeitigen Form in Deutschland hierzu geeignet ist. In diesem Zusammenhang werden insbesondere die im Rahmen der 9. GWB-Novelle eingeführte Transaktionswert-Schwelle in § 35 Abs. 1a GWB, sowie das im Rahmen der 10. GWB-Novelle neu eingeführte Aufgreifinstrument des § 39a GWB näher analysiert. Ob die infrage stehenden Zusammenschlüsse durch diese Aufgreifinstrumente erfasst werden, ist fraglich, da der Transaktionswert mit EUR 400 Millionen hoch angesetzt scheint und das Aufgreifinstrument des § 39a GWB– zumindest in Bezug auf das jeweilige Zielunternehmen – umsatzbasiert ist. Dem folgend werden (geplante) Regelungen anderer EU-Mitgliedstaaten mit anderen Aufgreifschwellen und -instrumenten untersucht, die sich möglicherweise besser zur Erfassung der beschriebenen Aufkäufe eignen und eine Anwendung dieser auf die deutschen Fusionskontrollregelungen geprüft.

In Kapitel D wird untersucht, wie die materiell-rechtliche Behandlung solcher Zusammenschlüsse aussehen kann, wenn sie dem deutschen Fusionskontrollregime unterfallen. Charakteristisch für die Akquisitionen von Start-ups durch marktmächtige etablierte Plattformunternehmen im digitalen Bereich ist, dass diese zu einem Zeitpunkt erfolgen, in denen sich das Start-up (noch) auf einem Nischenmarkt bewegt und sich von dort aus möglicherweise zukünftig dem Kernmarkt des etablierten Unternehmens nähern wird und sich so zu einem späteren Zeitpunkt zu einem Wettbewerber entwickeln kann. Da sich die Aufkäufe sehr breit auf innovative Start-ups in den unterschiedlichsten Bereichen erstrecken und der Entwicklung von Start-ups ein gewisses Maß an Unsicherheit inhärent ist, wird es die Wettbewerbsbehörden vor große Herausforderungen stellen, eine potentielle Wettbewerbereigenschaft im Rahmen der maßgeblichen

Prognosezeiträume nachzuweisen.[22] Darüber hinaus stellt sich die Frage, ob unabhängig von der einzelnen Transaktion auch an eine Aufkaufstrategie angeknüpft werden kann.[23]

Es wird daher ermittelt, ob die derzeitigen gesetzlichen Regelungen ausreichen, um die wettbewerblichen Probleme der beschriebenen Zusammenschlüsse angemessen im Rahmen der maßgeblichen Prognosezeiträume zu erfassen oder, ob es in dieser Hinsicht einer Reform des materiell-rechtlichen Kontrollmaßstabes bzw. der bestehenden Beweislastverteilung oder jedenfalls einer Ergänzung der Leitlinien des BKartA bedarf.[24]

Diese Ergebnisse werden im letzten Kapitel (Kapitel E) in einem Fazit zusammengeführt, um die zentralen Ausgangsfragen gebündelt zu beantworten. Darüber hinaus werden konkrete Handlungsempfehlungen gegeben, Vorschläge zur Modernisierung der Fusions- und Missbrauchskontrolle gemacht und noch offene Fragen aufgezeigt.

22 Vgl. Marktmacht-Studie, S. 123.

23 Furman-Report, Rn. 3.74 Box 3.A.

24 Vgl. Marktmacht-Studie, S. 123; Bericht Wettbewerbskommission 4.0, S. 69.

B. Ausgangslage

Digitale Märkte haben sich in den letzten Jahren gewandelt. Diese dynamische Entwicklung ist auf einige, für diesen Bereich typische, Faktoren zurückzuführen.

I. Hintergrund

Akquisitionen der GAFA-Unternehmen im digitalen Bereich stellen die Gesellschaft sowie die Wettbewerbspolitik vor große Herausforderungen, auch da sich die digitalen Märkte durch verschiedene Faktoren von traditionellen Märkten unterscheiden und besondere Herausforderungen mit sich bringen.

1. Dynamische Entwicklung digitaler Märkte und Branchen

Die Digitalwirtschaft zeichnet sich durch eine hohe Innovationstätigkeit aus.[25] Diese ermöglicht disruptive Veränderungen, sodass sich auch stark verankerte Machtpositionen erheblichen Bedrohungen ausgesetzt sehen können.[26] So wurden die Netzwerke StudiVZ und SchülerVZ im Bereich sozialer Netzwerke durch Facebook sowie im Bereich der Suchmaschinen Altavista von Yahoo! und Yahoo! wiederum von Google abgelöst.[27] Niedrige Markteintrittsschranken fördern die hohe Innovationstätigkeit auf digitalen Märkten, da durch die Digitalisierung Investitionskosten teilweise deutlich reduziert werden konnten und/oder zu variablen Kosten, also solche Kosten, die sich am Bedarf orientieren wurden.[28] Diese Dynamik zeigt sich auch im Start-up-Bereich. Die derzeit am höchsten bewerteten Start-ups sind alle dem digitalen Sektor zuzuordnen.[29] Risikokapitalinvestitionen in Unternehmen sind in Deutschland in den

---

25 Monopolkommission, Sondergutachten 68, Rn. 19; Sonderberater-Bericht, S. 12.

26 *Tamke*, NZKart 2018, 503 (507).

27 Vgl. *Körber*, ZUM 2017, 93 (95); *Tamke*, NZKart 2018, 503 (507).

28 So besteht z.B. die Möglichkeit, neue Technologien wie „Cloud Computing“ zu nutzen, bei denen Unternehmen bedarfsorientiert Kapazitäten auf Storage-Servern anmieten können, um dort Daten abzulegen, vgl. Monopolkommission, Sondergutachten 68, Rn. 19.

29 *Buchholz*, The Highest-Valued Startups in the World, Statista v. 05.02.2021 (abrufbar unter: https://www.statista.com/chart/19317/highest-valued-startup-companies-in-the-world/#:~:text=According%20to%20CB%20Insights%2C%20another,is%20valued%20at%20%24140%20billion, zuletzt abgerufen am 10.03.2021).

letzten zehn Jahren von knapp EUR 5 Milliarden auf knapp EUR 15 Milliarden im Jahr 2019 gestiegen.[30] Diese Tendenz ist nicht zuletzt auch maßgeblich auf die Entwicklung Berlins als europäischem Start-up-Mittelpunkt hinter London zurückzuführen.[31]

a. *Start-up*

Der Innovationsprozess des 21. Jahrhunderts wird maßgeblich durch die starke Bedeutung neuer, kleiner Unternehmen geprägt, die zu entscheidenden Innovationsakteuren der heutigen Zeit geworden sind, da es ihnen gelungen ist, sich aus technologischen und wettbewerblichen Veränderungen ergebende neue Möglichkeiten für sich zu nutzen.[32] In diesem Zusammenhang wird auch von einer Verschiebung von der „Managed Economy" hin zu einer zur „Entrepreneurial Economy" gesprochen.[33] Heute wird für neue, kleine aber innovative Unternehmen häufig der Begriff Start-up verwendet.

Der Begriff Start-up stammt aus dem angloamerikanischen Sprachraum. „To start up" bedeutet ins Deutsche übersetzt „gründen".[34] Eine allein gültige Definition oder allein gültige Charakteristika für Start-ups existieren nicht, auch weil Einnahmen, Gewinne und Beschäftigungszahlen zwischen Unternehmen und Branchen drastisch variieren können. Start-ups unterscheiden sich von klassischen Existenzgründungen jedenfalls dadurch, dass sie in einem jungen, wachstumsorientierten, innovativen Umfeld gegründet werden.[35] Die Verwirklichung hochinnovativer Projekte ist ein Kernmerkmal von Start-ups. Zudem wird im Zusammenhang mit Start-ups wesentlich häufiger auf externe Finanzmittel, z.B.

---

30 Vgl. Bundesverband Deutscher Kapitalgesellschaften, Statistik – Das Jahr in Zahlen 2019, Tabellenblatt „Investitionen" Tabelle 5, zitiert nach de.statista.com (abrufbar unter: https://de.statista.com/statistik/daten/studie/156707/umfrage/investitionen-in-deutschland-im-private-equity-markt/, zuletzt abgerufen am 10.03.2021).

31 Vgl. Monopolkommission, Sondergutachten 68, Rn. 17.

32 OECD, SMEs, Entrepreneurship and Innovation, 2010, S. 25 f.

33 Vgl. *Audretsch/Thurik*, Int. J. Entrep. Educ. 2004 Vol. 2 Issue 2, 143 (153 ff.); OECD, SMEs, Entrepreneurship and Innovation, 2010, S. 25 f.

34 „Start-up" auf Duden online (abrufbar unter: https://www.duden.de/rechtschreibung/Start_up, zuletzt abgerufen am 10.03.2021).

35 Bundesverband Deutsche Startups, DSM 2020, S. 45 f. (abrufbar unter: https://www.pwc.de/de/branchen-und-markte/start-up-monitor-dsm-2020.pdf, zuletzt abgerufen am 10.03.2021).

in Form von Risikokapital zurückgegriffen.[36] Externes Finanzkapital in Form von Risikokapital für Start-ups wird häufig von Venture Capital („VC")-Gesellschaften und/oder „Business-Angels" bereitgestellt. Als VC-Gesellschaften werden Finanzintermediäre bezeichnet, die insbesondere Start-ups Fremdkapital zur Verfügung stellen und im Gegenzug zeitlich begrenzte Minderheitsbeteiligungen und Mitspracherechte an dem Unternehmen erhalten.[37] Gleichzeitig können VC-Gesellschaften den Start-up-Gründern Managementunterstützung bereitstellen.[38] Business Angel haben eine vergleichbare Funktion, sind aber keine Gesellschaften, sondern unternehmerisch erfahrene Privatpersonen und erbringen ihre Unterstützungsleistung teilweise früher als VC-Gesellschaften.[39]

Die KfW Bankengruppe definiert Start-ups als „junge gewerbliche Unternehmen, die vor höchstens fünf Jahren gegründet wurden, deren Gründerinnen und Gründer im Vollerwerb tätig sind, die ein Gründungsteam oder Beschäftigte haben und innovationsorientiert oder wachstumsorientiert sind, also Forschung und Entwicklung durchführen, um eine technologische Innovation zur Marktreife zu bringen, oder mindestens eine deutschlandweite Marktneuheit anbieten"[40]. Nach dem Verständnis des Bundesverbands Deutsche Startups sind Start-ups Unternehmen, die weniger als zehn Jahre bestehen, mit ihrer Technologie und/oder ihrem Geschäftsmodell hoch innovativ sind und ein signifikantes Mitarbeiter- und/oder Umsatzwachstum aufweisen oder zumindest anstreben.[41] Das Bundesministerium für Wirtschaft und Energie sieht es darüber hinaus als erforderlich an, dass diese Unternehmer nicht nur die klassische Finanzierung über Kredite, sondern über den Zugang zu ausreichend Risikokapital verfügen.[42]

---

36 Bundesverband Deutsche Startups, DSM 2020, S. 45 f. (abrufbar unter: https://www.pwc.de/de/branchen-und-markte/start-up-monitor-dsm-2020.pdf, zuletzt abgerufen am 10.03.2021).

37 Vgl. *Reißig-Thust*, Venture-Capital-Gesellschaften und Gründungsunternehmen, S. 23.

38 Vgl. *Reißig-Thust*, Venture-Capital-Gesellschaften und Gründungsunternehmen, S. 23.

39 Vgl. *Gabrysch* in Breithaupt/Ottersbach, Kompendium Gesellschaftsrecht, Teil 1. C § 1 Rn. 2.

40 KfW Bankengruppe, KfW-Start-up-Report 2020, S. 1 (abrufbar unter: https://www.kfw.de/PDF/Download-Center/Konzernthemen/Research/KfW-Start-up-Report/KfW-Start-up-Report-2020.pdf, zuletzt abgerufen am 10.03.2021).

41 Bundesverband Deutsche Startups, DSM 2020, S. 18 (abrufbar unter: https://www.pwc.de/de/branchen-und-markte/start-up-monitor-dsm-2020.pdf, zuletzt abgerufen am 10.03.2021).

42 BMWi, Überblick zu Förderinstrumenten zur Gründungs- und Wachstumsfinanzierung, November 2020, S. 1 (abrufbar unter: https://www.bmwi.de/Redaktion/DE/

Diese Definitionen zeigen, dass das Verständnis des Start-up-Begriffs variiert. Hinsichtlich der näheren Eingrenzung eines Start-ups sind von diesen Definitionen ausgehend aber insbesondere folgende Charakteristika relevant: Die Schlüsselmerkmale eines Start-ups sind seine Innovationsorientierung und Fähigkeit (schnell) zu wachsen, auch bedingt durch externe Kapitalgeber. Spiegelbildlich haben Start-ups jedoch eine erhöhte Ausfallwahrscheinlichkeit.[43] In der Regel weisen Start-ups keine lange Unternehmenshistorie auf, sodass kaum oder keine relevanten vergangenheitsbezogenen Daten vorliegen, anhand derer die Zukunft des Unternehmens sicher prognostiziert werden kann. Die Zukunft vieler Start-ups ist höchst unklar, da Start-ups sich regelmäßig großen Unsicherheiten ausgesetzt sehen.[44] Teilweise wird auch der Begriff „junges Wachstumsunternehmen“ als Synonym für den Start-up-Begriff verwendet.[45] Junge Wachstumsunternehmen sind häufig geprägt von großen Innovationen, hohen Kapitalinvestitionen und dem Einsatz von Risikokapital. Auch bei jungen Wachstumsunternehmen lassen sich langfristige Zukunftsprognosen häufig nicht mit einer gewissen Sicherheit treffen. Diese wachstumsstarken Unternehmen sind häufig noch jung, wobei hinsichtlich der Altersbestimmung nicht auf den Gründungszeitpunkt des Unternehmens, sondern auf das erstmalige Agieren am Markt abgestellt wird.[46]

Zwischen Start-ups und jungen Wachstumsunternehmen existiert keine exakte Abgrenzung. Für den weiteren Verlauf soll der Begriff des Start-ups weit gefasst werden und junge Unternehmen bezeichnen, die in einem wachstumsorientierten, innovativen Umfeld gegründet wurden, sich in der Aufbau- bzw. Wachstumsphase befinden und – angelehnt an die Definition des Bundesverbands Deutsche Startups – nicht länger als zehn Jahre am Markt agieren.

b. GAFA-Unternehmen

Vier große Player, die in der Diskussion um die Plattformökonomie und Digitalwirtschaft sowie in Verbindung mit dem Aufkauf von Start-ups immer wieder

Downloads/U/ueberblick-zu-foerderinstrumenten-zur-gruendungs-und-wachstumsfinanzierung.pdf?__blob=publicationFile&v=17, zuletzt abgerufen am 10.03.2021).

43 *Castedello et al.* in: Institut der Wirtschaftsprüfer in Deutschland, IDW, Bewertung und Transaktionsberatung (WPH Edition), Kapitel A, Rn. 474.

44 *De Buhr*, Unternehmensbewertung, S. 15.

45 Vgl. u.a. *Heinrichs*, Bewertung von Wachstums- und Startup-Unternehmen, S. 20.

46 *Castedello et al.* in: Institut der Wirtschaftsprüfer in Deutschland, IDW, Bewertung und Transaktionsberatung (WPH Edition), Kapitel A, Rn. 474, Fn. 806.

genannt werden, sind die Unternehmen Alphabet (Google), Apple, Facebook und Amazon, kurz „GAFA".[47]

Die GAFA-Unternehmen werden zu Recht als „Technologie"[48]- bzw. „Internetgiganten"[49] bezeichnet. Betrachtet man kapitalmarktorientierte Unternehmen, stellt man fest, dass sieben der acht weltweit größten Unternehmen, gemessen an deren Marktkapitalisierung, digitale Plattformunternehmen sind, darunter auch die vier GAFA-Unternehmen.[50] Trotz oder vielleicht (zumindest im Fall Amazon) gerade wegen der COVID-19-Pandemie überschritt die Marktkapitalisierung von Apple und Amazon jeweils USD 1 Billion.[51] Die GAFA-Unternehmen sind sog. Plattformunternehmen, d.h. Unternehmen, die ihre Dienste als Plattformen erbringen.[52] Essenzielles Merkmal einer zwischen den Transaktionspartnern geschalteten Plattform ist die Ausrichtung des Angebots an unterschiedliche Nutzergruppen, die über die Plattform zusammengebracht werden.[53] So werden Angebot und Nachfrage der Marktteilnehmer verknüpft, ohne dass diese sich zuvor bekannt gewesen sein müssen.[54]

---

47 BMWi, Zwischenspeicher – Ein Einblick in die Diskussion zum Grünbuch Digitale Plattformen, September 2016, S. 18.
Teilweise wird anstatt von GAFA auch von „GAFAM" oder von „MAGAF" gesprochen. Nach diesem Verständnis zählt zusätzlich Microsoft zu den maßgeblichen Unternehmen. Im Folgenden wird jedoch von den GAFA-Unternehmen als maßgeblichen Unternehmen ausgegangen.

48 *Rest/Lorenz*, Die Übernahme, Manager Magazin v. 25.06.2020 (abrufbar unter: https://www.manager-magazin.de/unternehmen/google-amazon-facebook-der-grossangriff-der-tech-giganten-a-a8da36d6-0bc8-4e42-a0f8-8dd476de1f38, zuletzt abgerufen am 10.03.2021).

49 Vgl. u.a. *Paal*, GRUR Int. 2015, 997 (998); *Podszun/Kersting*, ZRP 2019, 34 (34); *Conrad/Tabrizi*: MMR 2020, 205 (206).

50 PricewaterhouseCoopers, Global Top 100 companies by market capitalization, Mai 2020, S. 26 (abrufbar unter: https://www.pwc.com/gx/en/audit-services/publications/assets/global-top-100-companies-2020.pdf, zuletzt abgerufen am 10.03.2021).

51 PricewaterhouseCoopers, Global Top 100 companies by market capitalization, Mai 2020, S. 7 (abrufbar unter: https://www.pwc.com/gx/en/audit-services/publications/assets/global-top-100-companies-2020.pdf, zuletzt abgerufen am 10.03.2021); *Murphy et al.*, GLOBAL 2000, Forbes Online v. 13.05.2020 (abrufbar unter: https://www.forbes.com/global2000/#cc64584335d8, zuletzt abgerufen am 10.03.2021).

52 Vgl. *Weck*, NZKart 2015, 290 (291).

53 Monopolkommission, Policy Brief 4, Januar 2020, S. 2.

54 *Weck*, NZKart 2015, 290 (291).

aa. Vertikale Integration

Ein nicht unbeachtlicher Teil der etablierten digitalen Plattformunternehmen ist in einer gewissen Weise vertikal integriert. Eine solche vertikale Integration von Unternehmen liegt vor, wenn zwei oder mehr Produktionsstufen innerhalb einer Wertschöpfungskette durch ein Unternehmen koordiniert werden.[55] Eine einheitlich verwendete Definition für vertikal integrierte Plattformen existiert in der kartellrechtlichen Rspr.- und Behördenpraxis jedoch nicht. Die GAFA-Unternehmen weisen jedoch gewisse vertikale Merkmale auf.[56] Diese vertikale Ausrichtung der GAFA-Unternehmen lässt sich am Beispiel Apple anschaulich skizzieren.[57] Sie erstreckt sich über die gesamte Wertschöpfungskette und zeichnet sich – im Vergleich zu anderen digitalen Plattformen – durch ihre teilweise exklusive Bündelung von Hard- und Software aus. Apple stellt sowohl seine eigene Hardware als auch seine eigene Software selbst her. Diese Software stattet Apple mit eigenen Webdiensten, wie z.B. ITunes und ICloud, aus und lenkt letztlich das Verkaufserlebnis durch eigene Stores.[58] Ein anderes Beispiel ist Amazon: So betreibt Amazon in Gestalt von Amazon Services Europe S.à r.l. den Amazon Marketplace und tritt gleichzeitig mit Amazon EU S.à.r.l. als Händler auf.[59] Die Gefahr von Interessenkonflikten liegt auf der Hand.

Eine vertikale Integration ist jedoch aus ökonomischer Sicht nicht per se als negativ für den Wettbewerb zu beurteilen,[60] sondern kann insbesondere in Märkten mit hohen Transaktionskosten wettbewerbsfördernde Effekte haben.[61] Ein Problem entsteht aber, wenn es aufgrund der vertikalen Integration zu einer Diskriminierung anderer Wettbewerber kommt. So zeigt die Fallpraxis, dass vertikal integrierte Unternehmen Anreize haben können, sich Wettbewerbsvorteile auf anderen (Rand-) Märkten zu verschaffen, die aus der Stellung auf dem Kernmarkt des Unternehmens resultieren. Darüber hinaus kann eine vertikale Integration der Plattformunternehmen den Zugriff auf dem Kernmarkt generierter Transaktionsdaten erleichtern und so Vorteile gegenüber anderen Wettbewerbern schaffen, indem anhand dieser generierten Daten Kundenpräferenzen und

---

55 Vgl. u.a. *Kessler/Stern*, Yale L. J. 1959, S. 1 m.w.N.

56 *Obermaier/Mosch* in Obermaier, Handbuch Industrie 4.0 und Digitale Transformation, S. 402.

57 Vgl. für einen Überblick *Khan*, Colum. L. Rev. 2019 (1004 ff.).

58 *Müller*, Unternehmensführung, S. 154.

59 *Busch*, GRUR 2019, 788 (793).

60 Vgl. *Hoffer/Lehr*, NZKart 2019, 10 (12).

61 Vgl. BKartA, Leitfaden zur Marktbeherrschung in der Fusionskontrolle Rn. 131.

-bedürfnisse analysiert werden -[62] so im Fall Amazon, wo ein unangemessener Austausch der Daten zwischen der Plattform selbst und Amazons Tätigkeit als Einzelhändler untersucht wurde.[63]

bb. Expansion in neue Märkte

Die GAFA-Unternehmen sind das Zentrum eines konglomeratischen Konstrukts von Produkten und Dienstleistungen mit ein oder mehreren Kerngeschäften. Es ist zu beobachten, dass sich im digitalen Bereich tätige erfolgreiche Unternehmen, wie die GAFA-Unternehmen, nicht mehr nur auf ihren Kernmarkt fokussieren, sondern vermehrt in neue Märkte expandieren. Dies geschieht zum Teil durch internes Wachstum und zum Teil durch externes Wachstum, indem andere Unternehmen aufgekauft werden. Bei den Märkten, in denen expandiert wird, kann es sich sowohl um Kernmärkte, Randmärkte als auch um weiter entfernte Märkte handeln.[64]

Vorbilder solcher konglomeratischen Strukturen im digitalen Bereich finden sich insbesondere im asiatischen Raum.[65] Im Zusammenhang mit diesen konglomeratischen Strukturen werden auch die Begriffe „Ökosystem“ bzw. „digitales Ökosystem“ verwendet.[66] Eine einheitlich verwendete Definition für diese Begriffe existiert jedoch nicht. Die Monopolkommission spricht in diesem Zusammenhang von „marktübergreifenden Strukturen in denen Daten aus verschiedenen Märkten auf den (technischen) Plattformen von einem oder gegebenenfalls mehreren Unternehmen zusammengeführt und den Nutzern auf dieser Basis komplementäre Dienste angeboten werden“[67]. Das mit der Schaffung digitaler Ökosysteme verfolgte Ziel ist es, mittels Expansion möglichst viele (Lebens-) Bereiche der Nutzer abzudecken. Der Fokus liegt dabei im Wesentlichen auf der Komplementarität.[68]

---

62 *Busch*, GRUR 2019, 788 (793).

63 Kommission, Pressemitteilung v. 17.07.2019, IP/19/4291 – *Amazon* (abrufbar unter: https://ec.europa.eu/commission/presscorner/detail/en/IP_19_4291, zuletzt abgerufen am 10.03.2021).

64 Monopolkommission, Sondergutachten 68, Rn. 22.

65 Sogenanntes BATTrio, bestehend aus Baidu Inc., Alibaba Goup Holding Ltd. und Tencent Holdings Ltd.

66 Vgl. zu den Begrifflichkeiten u.a. Autorité de la concurrence/CMA, The economics of open and closed systems, 16.04.2014, S. 6 ff.; Marktmacht-Studie, S. 17; Monopolkommission, Hauptgutachten 23, Rn. 57 Fn. 26.

67 Monopolkommission, Hauptgutachten 23, Rn. 57 Fn. 26.

68 Autorité de la concurrence/CMA, The economics of open and closed systems, 16.04.2014, S. 6.

Ein Beispiel für die vermehrte Expansion der GAFA-Unternehmen ist das Unternehmen Facebook, das in den letzten Jahren über 80 Unternehmen aufgekauft hat und so seine Aktivitäten deutlich erweitert hat.[69] Auffällig ist, dass in diesem Zusammenhang häufig Start-ups aufgekauft werden. So sind die von Facebook erworbenen Zielunternehmen im Schnitt nur zweieinhalb Jahre alt.[70] Schaut man sich andere GAFA-Unternehmen an, zeigt sich ein ähnliches Muster.[71] Der bisher größte Kauf des Unternehmens Facebook war der des Instant-Messaging-Dienstes WhatsApp zu einem Kaufpreis von USD 19 Milliarden im Jahr 2014. Weitere bedeutende Käufe waren der Erwerb der Foto-Sharing-Plattform Instagram im Jahr 2012 sowie der Erwerb von Oculus VR LLC („Oculus“), einem Virtual-Reality (VR)-Unternehmen im Jahr 2014, um in das Geschäftsfeld der VR und Augmented Reality (AR)-Hardware expandieren zu können.[72] Im Jahr 2019 kaufte Facebook CTRL-Labs, ein Unternehmen, das ein Armband herstellt, das elektrische Signale vom Gehirn in Computersignale übertragen kann. Die Technologie von CTRL-Labs soll ein innovativer Input sein, von dem sich Facebook erhofft, dass in einigen Jahren die kommenden Facebook AR- sowie VR-Erfahrungen erheblich verbessert werden, um Benutzererfahrungen grundlegend zu verbessern.[73]

So entwickeln diese im digitalen Bereich tätigen erfolgreichen Unternehmen mannigfaltige voneinander mehr oder weniger unabhängige Einkommensquellen und weiten ihre Stellung als digitales Ökosystem aus und verstärken gleichzeitig die Stellung der GAFA-Unternehmen auf ihren jeweiligen Kernmärkten.

---

69 *Shukla*, TOP 10 BIGGEST ACQUISITIONS BY FACEBOOK, Value Walk 22.01.2020 (abrufbar unter: https://www.valuewalk.com/2020/01/top-10-biggest-acquisitions-by-facebook/, zuletzt abgerufen am 10.03.2021).

70 *Argentesi et al.*, Ex-post Assessment of Merger Control Decisions in Digital Markets, im Folgenden: „Lear-Report“, Mai 2019, Einf. S. 2.

71 Lear-Report, Einf. S. 2.

72 *Feuer*, Mark Zuckerberg just made a bold claim: We're going to get a 'breakthrough' in tech glasses this decade, CNBC Online v. 09.01.2020 (abrufbar unter: https://www.cnbc.com/2020/01/09/zuckerberg-expects-breakthrough-augmented-reality-glasses-this-decade.html, zuletzt abgerufen am 10.03.2021).

73 Vgl. *Wagner*, Facebook to Buy Startup for Controlling Computers With Your Mind, Bloomberg Online v. 24.09.2019 (abrufbar unter: https://www.bloomberg.com/news/articles/2019-09-23/facebook-to-buy-startup-for-controlling-computers-with-your-mind, zuletzt abgerufen am 10.03.2021).

2. Besonderheiten und Herausforderungen digitaler Märkte

Wettbewerb in seiner traditionellen Form wird in einer digitalen Wirtschaft mit höchst schnelllebigen und mannigfaltigen Märkten nicht immer möglich sein. Insbesondere digitale Märkte haben sich in den letzten Jahren stark verändert und stellen die Wettbewerbspolitik vor einige Herausforderungen.

a. Kennzeichnende Faktoren digitaler Märkte und deren Auswirkungen auf den Wettbewerb

Es bestehen insbesondere drei Faktoren der digitalen Wirtschaft, die zu einer Unvereinbarkeit der neuen digitalen Wirtschaft mit dem traditionellen Wettbewerb führen: auffallend hohe Skalenerträge, Netzwerkeffekte sowie das Generieren und Nutzen von Daten.[74] Der deutsche Gesetzgeber hat die wettbewerbliche Bedeutung dieser Faktoren richtigerweise erkannt und mit der 9. GWB Novelle für das deutsche Wettbewerbsrecht klargestellt, dass diese eine wesentliche Rolle bei der Beurteilung der (marktbeherrschenden) Stellung eines Unternehmens auf dem Markt spielen können.

aa. Netzwerkeffekte

Die Wettbewerbsintensität wird auf digitalen Märkten stärker als auf traditionellen Märkten durch Netzwerkeffekte bestimmt.[75] Netzwerkeffekte bezeichnen „externe Effekte auf Nachfrage- und Nutzerseite eines Marktes“[76]. Innerhalb der Netzwerkeffekte ist zwischen direkten und indirekten Netzwerkeffekten zu unterscheiden, wobei insbesondere den indirekten Netzwerkeffekten auf digitalen Märkten eine entscheidende Bedeutung zukommt:

(1) Direkte Netzwerkeffekte

Direkte Netzwerkeffekte beschreiben den Wert bzw. den Nutzen eines Gutes, abhängig von der Anzahl der Nutzer innerhalb einer Nutzergruppe.[77] Je nachdem, wie sich der Wert bzw. der Nutzen für die Nutzer verändert, kann zwischen positiven direkten und negativen direkten Netzwerkeffekten unterschieden

74 Sonderberater-Bericht, S. 19.

75 Monopolkommission, Sondergutachten 68, Rn. 36.

76 *Grave* in Kersting/Podszun, Die 9. GWB-Novelle, Kapitel 2 Rn. 26.

77 Vgl. Monopolkommission, Sondergutachten 68, Rn. 37; *Wolf* in Müko WettbR, § 18 Rn. 51; Vgl. grundlegend zu Netzwerkeffekten und der Unterscheidung von direkten und indirekten Netzwerkeffekten *Katz/Shapiro*, AER 1985 Vol. 75 Issue 3, 424-440.

werden. Wächst beispielsweise auf einer Verkaufsplattform die Anzahl der Verkäufer, die sich gegenseitig Konkurrenz machen, sind die direkten Netzwerkeffekte negativ.[78] Positive direkte Netzwerkeffekte zeigen sich im Bereich der digitalen Märkte insbesondere bei sozialen Netzwerken, deren Attraktivität mit einer wachsenden Nutzerzahl steigt.[79]

(2) Indirekte Netzwerkeffekte

Anders als bei direkten Netzwerkeffekten treten indirekte Netzwerkeffekte nicht innerhalb einer, sondern zwischen verschiedenen Nutzergruppen auf. Indirekte Netzwerkeffekte zeigen sich daher häufig bei Plattformen, die eine Intermediärfunktion haben.[80] Der Nutzen der Plattform für eine Plattformseite bestimmt sich durch die Anzahl der Nutzer einer anderen Plattformseite.[81] Sind die indirekten Netzwerkeffekte von entscheidender Bedeutung für die unterschiedlichen Nutzergruppen, wird von einer Zweiseitigkeit der Plattform bzw. der Märkte gesprochen.[82] Auch im Rahmen von indirekten Netzwerkeffekten kann wieder zwischen positiven und negativen Effekten unterschieden werden. Mangels eindeutiger ökonomischer Verfahren zur Quantifizierung der indirekten Netzwerkeffekte kann sich deren Bewertung aber als schwierig erweisen.[83]

(3) Auswirkungen der Netzwerkeffekte auf den Wettbewerb

Netzwerkeffekte müssen keine zwingend negative Wirkung auf den Wettbewerb haben. So können Netzwerkeffekte jungen innovativen Unternehmen die Möglichkeit geben, schneller zu wachsen. Gleichzeitig können auch Wettbewerber von indirekten Netzwerkeffekten profitieren, wenn es ihnen z.B. gelingt, die Nutzer auf ihre eigene Plattform zu locken.[84]

Netzwerkeffekte können aber auch wettbewerbsschädigende Auswirkungen haben: Positive direkte und indirekte Netzwerkeffekte können eine konzentrationsfördernde Wirkung haben, begünstigt bzw. ausgelöst durch ein aus den

---

78 *Tamke*, NZKart 2018, 503 (505).

79 Monopolkommission, Sondergutachten 68, Rn. 37.

80 Vgl. BKartA, Beschluss v. 04.12.2017, B6-132/14-2– *CTS EVENTIM*, BeckRS 2017,143035, Rn. 86; *Wolf* in Müko WettbR, § 18 Rn. 52.

81 *Peitz*, PWP 2006 Vol. 7 Nr. 3, 317 (317).

82 *Peitz*, PWP 2006 Vol. 7 Nr. 3, 317 (317 f.).

83 *Dittmann et al.*, WuW 2018, 73 (74); *Wolf* in Müko WettbR, § 18 Rn. 52.

84 Vgl. *Rochet/Tirole*, JEEA Juni 2003 Vol. 1 Issue 4, 990 (1018).

positiven Netzwerkeffekten resultierendes exponentielles Wachstum.[85] Außerdem kann es insbesondere durch positive indirekte Netzwerkeffekte zu Selbstverstärkungseffekten sowie positiven Rückkopplungseffekten kommen.[86] Folge dessen sind wiederum das Entstehen von Markteintrittsbarrieren, die eine Marktkonzentration bzw. im Extremfall eine Monopolisierung weiter begünstigen („Winner takes all-market“[87]) und die Bestreitbarkeit der Marktposition verringern.[88] Abgeschwächt werden können diese Effekte z.B. durch „Multi Homing“[89], d.h. durch die Möglichkeit, unterschiedliche Plattformen parallel zu nutzen.[90] Auch eine starke Marktdynamik kann Konzentrationseffekte ausgleichen.[91] Bezogen auf Internetgiganten wie die GAFA-Unternehmen, die sich durch ihre Stellung als digitales Ökosystem auszeichnen, kann es darüber hinaus zu erheblichen „Kollektivwechselkosten“[92] kommen. Da die durch diese Unternehmen geschaffenen Angebote sowie Systeme in sich kompatibel und aufeinander abgestimmt sind, ist die Bereitschaft der Nutzer, aus einem solchen System auszubrechen, meist gering („Lock-in Effekt“). Auch wenn eine Plattform objektiv qualitativ besser ist, wird es in der Regel nicht gelingen, die derzeit am deutlichsten von den Netzwerkeffekten profitierende Plattform zu überholen.[93] In diesem Zusammenhang wird in der jüngsten Literatur auch der Begriff „Incumbency Advantage“ verwendet.[94]

Diese besonders gefestigten Machtpositionen aufgrund starker Netzwerkeffekte bedeuten jedoch nicht, dass diese für alle Zeit unangreifbar sind. Es bestehen insoweit Strategien für einen Markteintritt bei ausgeprägten Netzwerkeffekten, wie die Schaffung eines innovativen Produktes oder das anfängliche Fordern sehr günstiger (u.U. verlustbringende) Preise.[95] Der Aufwand ist jedoch

---

85 Monopolkommission, Sondergutachten 68, Rn. 36, 38; *Wolf* in Müko WettbR, § 18 Rn. 54.

86 *Evans/Schmalensee*, CPI Antitrust Chronicle 2007 Vol. 3, 151 (164); *Tamke*, NZKart 2018, 503 (505), *Wolf* in Müko WettbR, § 18 Rn. 54.

87 Vgl. zur Begrifflichkeit Stigler-Report, S. 8.

88 *Wolf* in Müko WettbR, § 18 Rn. 54.

89 Vgl. zur Begrifflichkeit *Scott Morton et al.*, Stigler Committee on Digital Platforms, Final Report, September 2019, im Folgenden: „Stigler-Report“, S. 38; Bericht Wettbewerbskommission 4.0, S. 54; Wolf in Müko WettbR, § 18 Rn. 54.

90 Monopolkommission, Sondergutachten 68, Rn. 49.

91 Monopolkommission, Sondergutachten 68, Rn. 46 ff.

92 Sonderberater-Bericht, S. 23.

93 Sonderberater-Bericht, S. 23.

94 *Biglaiser et al.*, JEMS Januar 2019 Vol. 28 Nr. 1, 41–48.

95 *Grave* in Kersting/Podszun, Die 9. GWB-Novelle, Kapitel 2 Rn. 30.

groß und das Risiko hoch, da in den meisten Fällen ungewiss sein wird, ob der Markteintritt bzw. das Behaupten auf dem Markt gelingt und folglich eine künftige Profitabilität erreicht wird.

bb. Skaleneffekte

Neben den Netzwerkeffekten kommt Skaleneffekten auf digitalen Märkten eine entscheidende Bedeutung zu. Beim Aufbau sowie dem Betrieb einer Plattform fallen regelmäßig hohe Fixkosten an. Die variablen Kosten sind demgegenüber jedoch häufig gering, sodass sich mit einer steigenden Anzahl der Nutzer die Durchschnittskosten deutlich verringern. Hierdurch entstehen neben Kostenvorteilen sog. Skaleneffekte.[96] Während dies bis zu einem gewissen Grad schon immer so war, da größere Unternehmer und Hersteller effizienter agieren konnten als kleinere Unternehmen, erreicht dieses Phänomen im digitalen Kontext andere Dimensionen: Die Produktionskosten stehen in vielen Fällen in keinem Verhältnis zu der Anzahl der Kunden bzw. Nutzer.[97] Das heißt nicht, dass die Produktionskosten extrem niedrig sein müssen, aber, dass die anfallenden Kosten nicht proportional zu der Nutzeranzahl steigen, sondern dahinter zurückbleiben.[98] Die Einsparung der Kosten aufgrund von Skaleneffekten kann insbesondere Plattformunternehmen einen bedeutenden Spielraum gegenüber Wettbewerbern ermöglichen[99] und letztlich ein „Umkippen“ („Tipping“) von Märkten zur Folge haben.[100] So stellte das BKartA im Verfahren gegen Facebook fest, dass „insbesondere im Zusammenwirken mit Netzwerkeffekten Facebook durch die geringeren Durchschnittskosten pro Nutzer gegenüber den Wettbewerbern einen deutlich höheren und weiter steigenden strategischen Spielraum“[101] erhalte. Zudem seien „die Skaleneffekte zu berücksichtigen, die durch die gemeinsame Monetarisierung der Facebook-Dienste, insbesondere Facebook.com und Instagram, im Rahmen des Facebook-Werbenetzwerks erzielt werden“[102].

---

96 Regierungsbegründung zur 9. GWB-Novelle, BT-Drs. 18/10207, S. 51.

97 Sonderberater-Bericht, S. 20.

98 Sonderberater-Bericht, S. 20.

99 Vgl. BKartA, Beschluss v. 23.11.2017, B6-35/17 – *CTS Eventim/Four Artists*, BeckRS 2017, 143035, Rn. 188 f.; BKartA, Beschluss v. 06.02.2019, B6-22/16 – *Facebook*, BeckRS 2019, 4895, Rn. 479.

100 Regierungsbegründung zur 9. GWB-Novelle, BT-Drs. 18/10207, S. 51.

101 BKartA, Beschluss v. 06.02.2019, B6-22/16 – *Facebook*, BeckRS 2019, 4895, Rn. 478.

102 BKartA, Beschluss v. 06.02.2019, B6-22/16 – *Facebook*, BeckRS 2019, 4895, Rn. 479.

cc. *Datenrelevanz*

Die Bedeutung der Daten für Plattformen als Ressource, Innovationselement und letztlich potentieller Machtfaktor ist nicht zu vernachlässigen.[103] Es gibt keine allgemeingültige Definition für den Begriff der Daten. Das ist einerseits darauf zurückzuführen, dass eine so große Anzahl der Arten von Daten existiert und andererseits darauf, dass es nicht nur eine Art der Datenerhebung bzw. -verwendung gibt.[104] Für die folgende Diskussion soll es genügen, den Begriff der Daten weit auszulegen und Daten als Informationen zu betrachten. Der Zugang zu Daten bietet Innovations- und Wettbewerbschancen, die letztlich über den Zugang zum Markt sowie das Bestehen auf diesem entscheiden können.[105] Marktstarke digitale Plattformunternehmen haben den Vorteil, über ihren Kernmarkt bereits eine erhebliche Menge an Daten beziehen. Zudem entsteht durch die Stellung als Ökosystem die Möglichkeit, weitere Daten aus unterschiedlichen Märkten zu generieren.[106] Diese können wiederum über die verschiedenen Geschäftsbereiche innerhalb des Ökosystems hinweg ausgetauscht werden. Entscheidend ist dabei aber nicht nur die Menge, sondern insbesondere die Art und Qualität der Daten sowie deren wettbewerbliche Relevanz.[107]

Als Ressource ermöglichen Daten Unternehmen, Prozesse effektiver zu gestalten, neue Dienste zu entwickeln und die Qualität bestehender Dienste, z.B. durch eine passgenauere Zuschneidung auf den Nutzer, zu steigern.[108] Insofern ist eine (rechtskonforme) Nutzung der Daten grundsätzlich begrüßenswert. Wettbewerblich problematisch wird es, wenn diese Daten in der Hand nur einiger weniger Unternehmen sind:[109] So haben die GAFA-Unternehmen wie kaum andere Unternehmen in den letzten Jahren gezeigt, dass die Schlüsselfaktoren, die die

103 BKartA, Tätigkeitsbericht 2017/2018, BT-Drs. 19/10900, Rn. 14; OECD, Big Data: Bringing Competition Policy to the Digital Era, 27.10.2016, S. 7 ff.; *Körber*, ZUM 2017, 93 (97).

104 *Körber*, NZKart 2016, 303 (304); *Lenz*, Plattformökonomie – zwischen Abwehr und Wunschdenken, S. 18; Vgl. z.B. Sonderberater-Bericht, S. 24-29 für eine ausführlichere Diskussion der verschiedenen Arten von Daten.

105 BKartA, Beschluss v. 06.02.2019, B6-22/16 – *Facebook*, BeckRS 2019, 4895, Rn. 481; Bericht Wettbewerbskommission 4.0, S. 35.

106 Monopolkommission, Sondergutachten 68, Rn. 478 f.

107 *Körber*, NZKart 2016, 303 (305); *Lenz*, Plattformökonomie – zwischen Abwehr und Wunschdenken, S. 19.

108 Autorité de la concurrence/ BKartA, Competition Law and Data, 10.05.2016, S. 9 f.; *Körber*, NZKart 2016, 303 (305).

109 Vgl. *Louven*, NZKart 2018, 217 (220).

Machtposition eines Unternehmens im Digitalbereich bestimmen, nicht mehr traditionelle Produktionsfaktoren, sondern Daten und Innovation sind.[110] Amazon verwendet z.B. Datenanalysetechniken, um sein Inventar auf der Grundlage der erwarteten Nachfrage zu verwalten oder Google, um seine Suchalgorithmen zu verbessern und Anzeigen zielgenauer zu platzieren.[111] Gleichzeitig gelingt es den großen digitalen Plattformen, durch das Generieren verschiedenster Daten disruptive Innovationen – auch im Bezug auf Start-ups – besser und frühzeitig zu identifizieren.[112] Heute lässt sich sicher sagen, dass das massive Sammeln von Daten zumindest dazu beigetragen hat, die Machtposition dieser Unternehmen in mehr als nur einem Markt zu stärken.[113]

Der fehlende Zugang zu Daten kann darüber hinaus eine erhebliche Markteintrittsbarriere darstellen.[114] Dies gilt insbesondere, wenn z.B. bestimmte individuelle nutzerbezogene Daten maßgeblich für die Entwicklung eines effektiven Konkurrenzprodukts oder auch eines Komplementärprodukts sind.[115] Dies gilt auch für – anderen Wettbewerbern nicht im gleichen Maße zur Verfügung stehende – nicht replizierbare Daten.[116] Aufgrund der durch die Sammlung und Auswertung von Daten ermöglichten zunehmenden Personalisierung des Angebots können starke Kundenbindungen entstehen. Diese sind für sich genommen zunächst nicht problematisch. Kritisch zu betrachten sind solche Kundenbindungen, die auf Wechselbarrieren oder Lock-in-Effekten aufbauen, die z.B. auf fehlender Datenportabilität beruhen.[117]

110 *Nihoul/Van Cleynenbreugel,* The roles of innovation in competition law analysis, S. 168.

111 Lear-Report, S. 13.

112 So zitiert z.B. das WSJ Personen, deren Wissen nach Facebook ein internes Frühwarnsystem besitzt, das potenzielle Bedrohungen mithilfe generierter Daten identifiziert, vgl. *Morris/Seetharaman*, The New Copycats: How Facebook Squashes Competition From Startups, WSJ v. 09.08.2017 (abrufbar unter: https://www.wsj.com/articles/the-new-copycats-how-facebook-squashes-competition-from-startups-1502293444?mod=article_inline, zuletzt abgerufen am 10.03.2021).

113 *Nihoul/Van Cleynenbreugel,* The roles of innovation in competition law analysis, S. 168.

114 *Khan*, Yale L. J. 2017, 710 (785 f.).

115 *Lenz,* Plattformökonomie – zwischen Abwehr und Wunschdenken, S. 18 f.; Sonderberater-Bericht, S. 75.

116 *Schweitzer et al.*: Digitale Plattformen, ZEW Discussion Paper 2016 Nr. 16-042, S. 40.

117 Monopolkommission, Sondergutachten 68, Rn. 79.

dd. Verbundvorteile

Große Plattformunternehmen, wie die GAFA-Unternehmen, die verschiedenste Produkte oder Dienstleistungen anbieten, können darüber hinaus von erheblichen Verbundvorteilen profitieren: Verbundvorteile entstehen, wenn mindestens zwei Produkte oder Dienstleistungen gemeinsam kostengünstiger produziert werden können als unabhängig voneinander.[118] Das kann verschiedene Gründe haben, wie z.B. dass eine Ressource, die für die Herstellung eines Produkts benötigt wird, wegen der größeren Abnahmemenge günstiger bezogen werden kann oder insbesondere in digitalen Märkten, dass Daten aus unterschiedlichen Quellen zusammengeführt werden können.[119] Folge einer solchen Nutzung von Daten über die ursprünglichen Marktgrenzen hinweg kann den Eintritt in neue Märkte, insbesondere Randmärkte, ermöglichen und bei dem Eintritt in diese Grenzkosten reduzieren. Letztlich besteht so die Möglichkeit für diese Unternehmen, sich dem Druck, mit nur einem bestimmten Produkt die anfallenden Kosten vollumfänglich erwirtschaften zu müssen, zu entziehen.[120]

ee. Zwischenergebnis

Es handelt sich beim digitalen Bereich um ein Marktumfeld, das durch einige wenige große Unternehmen, wie die GAFA-Unternehmen, mit stark verwurzelten Vormachtstellungen in einigen Kernmärkten, die als Mittelpunkt eines digitalen Ökosystems fungieren, geprägt ist.[121] Märkte im digitalen Bereich zeichnen sich regelmäßig durch einen hohen Grad an Konzentration aus. Dieser hohe Konzentrationsgrad lässt sich u.a. auf starke positive Netzwerkeffekte zurückführen, die durch datengesteuerte Rückkopplungseffekte sowie die Einsparung aufgrund von Skaleneffekten verstärkt werden können. So kann es zum Phänomen des „winner takes all“[122]-Marktes kommen, d.h., dass sich der Markt an einem Punkt befindet, an dem er zu einem einzigen, sehr dominanten Marktakteur tendiert. Andere Unternehmen können dann u.U. nicht (mehr) in der Lage sein, die Markteintrittsbarrieren zu überwinden, da dies nur schwer auf eine schnelle und kostengünstige Weise möglich wäre.[123] Insgesamt lässt sich sagen, dass es digitalen Märkten aufgrund von Konzentrationstendenzen häufig

---

118 *Grave* in Kersting/Podszun, Die 9. GWB-Novelle, Kapitel 2 Rn. 62.

119 *Lenz*, Plattformökonomie – zwischen Abwehr und Wunschdenken, S. 7.

120 *Grave* in Kersting/Podszun, Die 9. GWB-Novelle, Kapitel 2 Rn. 62.

121 Sonderberater-Bericht, S. 112.

122 Stigler-Report, S. 8.

123 Stigler-Report, S. 8.

an einem „Wettbewerb auf dem Markt" fehlt. Dieser Mangel kann zwar durch einen intensiven „Wettbewerb um den Markt"[124] ausgeglichen werden, was jedoch problematisch ist, sobald die marktbeherrschenden Unternehmen in der Lage sind, ihre Dominanz aufrechtzuerhalten, obwohl sich die Bedingungen und Nutzerpräferenzen im Laufe der Zeit verändert haben, da dann letztlich den Verbrauchern Wettbewerbsvorteile vorenthalten werden können.[125]

b. Entwicklungen innovativer Geschäftsfelder der digitalen Wirtschaft und damit einhergehende Herausforderungen für die Zukunft

Insbesondere digitale Märkte haben sich in den letzten Jahren extrem gewandelt, sind stark gewachsen und haben stark an Relevanz gewonnen. Die Dynamik in diesen digitalen Märkten führt zwangsläufig dazu, dass sich Marktgrenzen verschieben.[126] Das bringt besondere Herausforderungen für die Gesellschaft und die Wettbewerbspolitik mit sich. Es muss abgeschätzt werden, wie sich das digitale Umfeld und Technologien in der Zukunft entwickeln werden. Denn wird die bestehende Rechtslage nicht an die Entwicklungen der digitalen Wirtschaft angepasst, kann der Wettbewerb verfälscht werden und die Entwicklung innovativer Geschäftsmodelle erschwert werden.[127]

II. Aktuelle Diskussion

Mit der fraglichen Wirksamkeit des bestehenden Fusionskontrollregimes in „formeller sowie materieller" Hinsicht und der allgemein verbreiteten Sorge hinsichtlich der immer mächtiger werdenden Plattformunternehmen, wie den GAFA-Unternehmen, fand der Begriff *killer acquisition* seinen Weg in die kartellrechtlichen Diskussionen und sogar bis in die Anhörungen des U.S.-Senats[128].

---

124 Vgl. zur Begrifflichkeit *Evans/Schmalensee*, CPI Antitrust Chronicle 2007 Vol. 3, 151(164); Stigler-Report, S. 29.

125 Stigler-Report, S. 78.

126 Vgl. *Körber*, WuW 2015, 120 (124 f.).

127 Monopolkommission, Sondergutachten 68, Rn. 28 f.

128 *Yun*, Prepared Statement before the United States Senate Committee on the Judiciary Subcommittee on Antitrust, Competition Policy, and Consumer Rights, Hearing on "Competition in Digital Technology Markets: Examining Acquisitions of Nascent or Potential Competitors by Digital Platforms", Washington DC, 24.09.2019.

1. Aufkäufe innovativer Unternehmen im pharmazeutischen Bereich

Der Begriff der *killer acquisitions* stammt jedoch ursprünglich nicht aus dem digitalen, sondern dem pharmazeutischen Bereich. In diesem Sektor werden die Aufkäufe junger innovativer Unternehmen bereits seit einigen Jahren beobachtet.

a. *Maßgebliche Aussagen des „Pharmareports" sowie dessen aktuelle Relevanz*

Der Begriff *killer acquisition* wurde ursprünglich von *Cunningham et al.*, die diesbezüglich eine viel diskutierte Abhandlung[129] veröffentlichten, geprägt, und war dazu bestimmt, ein konkretes Szenario im Pharmabereich zu beschreiben:

Danach soll es das Phänomen geben, dass im Pharmabereich Unternehmen andere Pharmaunternehmen aufkaufen, nicht um deren (innovatives) Produkt auf den Markt zu bringen, sondern um sie genau daran zu hindern und die Entwicklung dieses Produkts nach dem Erwerb des Unternehmens (oder eines Teils) einzustellen.[130] Die Einstellung dieses Produkts kann auch als „töten" bezeichnet werden, woraus sich der Begriff der *killer acquisitions* entwickelt hat. Ziel solcher Akquisitionen soll es sein, Wettbewerb zu verhindern, bevor er entsteht.[131] Die Pharmabranche eignet sich als Untersuchungsobjekt besonders, da sie hoch innovativ ist und die erfolgreiche Kommerzialisierung neu entwickelter Medikamente einen großen gesellschaftlichen Wert haben kann.[132] Das Paper untersucht theoretisch und empirisch *killer acquisitions* im Pharmabereich und zeigt dabei auch Voraussetzungen auf, unter denen diese besonders häufig auftreten.[133] Im Rahmen der Covid-19-Pandemie gewann besagtes Paper erneut an Aufmerksamkeit, als die Frage diskutiert wurde, ob vergangene *killer acquisitions* in der Pharmaindustrie dazu geführt haben, dass die USA weniger gut auf die COVID-19-Pandemie vorbereitet war.[134] Hintergrund dessen war die

---

129 *Cunningham et al.*, JPE März 2021 Vol. 129 Nr. 3, 649-702.

130 *Cunningham et al.*, JPE März 2021 Vol. 129 Nr. 3, 649 (649 ff.).

131 *Cunningham et al.*, JPE März 2021 Vol. 129 Nr. 3, 649 (650).

132 *Cunningham et al.*, JPE März 2021 Vol. 129 Nr. 3, 649 (651).

133 *Cunningham et al.*, JPE März 2021 Vol. 129 Nr. 3, 649 (651).

134 Vgl. u.a. *Ederer/MA*, When Corporate Acquisitions Affect Healthcare, Yale Insights v. 02.04.2020 (abrufbar unter: https://insights.som.yale.edu/insights/when-corporate-acquisitions-affect-healthcare, zuletzt abgerufen am 10.03.2021); *Auerback*, The Coronavirus Pandemic Has Opened the Curtains on the World's Next Economic Model, CounterPunch v. 07.04.2020 (abrufbar unter: https://www.counterpunch.

Übernahme von Newport Medical Instruments Inc. (Newport“) durch Covidien PLC („Covidien“) zu einem Kaufpreis von über USD 100 Millionen im Jahr 2012, die dazu geführt haben soll, dass die Verfügbarkeit von Beatmungsgeräten, die zu einer wirksamen Behandlung schwerer COVID-19-Symptome benötigt werden, einschränkt wurde.[135] So berichtete die New York Times, dass Regierungsbeamte den Verdacht hegten, dass Covidien das konkurrierende Start-up-Unternehmen Newport zu dem Zweck erworben habe, es daran zu hindern, günstigere Beatmungsgeräte zu produzieren, die die Gewinne von Covidien aus seinem bestehenden Beatmungsgerätegeschäft deutlich schmälern würden.[136]

Im Zuge ihrer empirischen Studie sammelten *Cunningham et al.* Informationen über die Entwicklung von mehr als 35.000 Projekten im Pharmabereich, die in den vergangenen 25 Jahren von mehr als 6.700 Unternehmen entwickelt wurden.[137] Die Analysen konzentrieren sich hauptsächlich auf das Entwicklungsstadium der Arzneimittelprojekte („Pipelineprodukte“). So wurden Projekte verglichen, bei denen Erwerbe durch etablierte Pharmaunternehmen erfolgten, deren Produkte sich mit dem Produkt des Zielunternehmens überschnitten sowie Projekte, bei denen ein Erwerb durch etablierte Pharmaunternehmen erfolgte, sich das Produkt dieses Unternehmens aber nicht mit dem Produkt des Zielunternehmens überschnitt sowie Projekte, bei denen kein Erwerb erfolgte.[138] Die Autoren stellten fest, dass Arzneimittelprojekte, die von einem sich mit dem Produkt der Zielunternehmens überschneidenden etablierten Unternehmen erworben wurden, eine 39,6 % niedrigere Entwicklungsrate haben, als Projekte von Unternehmen, die nicht aufgekauft werden.[139] Zudem kommen die Autoren

org/2020/04/07/the-coronavirus-pandemic-has-opened-the-curtains-on-the-worlds-next-economic-model/, zuletzt abgerufen am 10.03.2021).

135 Vgl. u.a. *Ederer/Ma*, When Corporate Acquisitions Affect Healthcare, Yale Insights v. 02.04.2020 (abrufbar unter: https://insights.som.yale.edu/insights/when-corporate-acquisitions-affect-healthcare, zuletzt abgerufen am 10.03.2021); *Auerback*, The Coronavirus Pandemic Has Opened the Curtains on the World's Next Economic Model, CounterPunch v. 07.04.2020 (abrufbar unter: https://www.counterpunch.org/2020/04/07/the-coronavirus-pandemic-has-opened-the-curtains-on-the-worlds-next-economic-model/, zuletzt abgerufen am 10.03.2021).

136 *Kulish et al.*, The U.S. Tried to Build a New Fleet of Ventilators. The Mission Failed, New York Times Online v. 29.03.2020 (abrufbar unter: https://www.nytimes.com/2020/03/29/business/coronavirus-us-ventilator-shortage.html, zuletzt abgerufen am 10.03.2021).

137 *Cunningham et al.*, JPE März 2021 Vol. 129 Nr. 3, 649 (669).

138 *Cunningham et al.*, JPE März 2021 Vol. 129 Nr. 3, 649 (652 f.).

139 *Cunningham et al.*, JPE März 2021 Vol. 129 Nr. 3, 649 (678).

zu dem Ergebnis, dass etablierte Unternehmen einen stärkeren Anreiz haben, innovative Unternehmen mit sich möglicherweise überlappenden Produkten zu erwerben und einzustellen, um sich der potentiellen Konkurrenz zu entziehen, die möglicherweise Gewinne schmälert oder gar verhindert.[140] Zurückzuführen sei dies auf den sogenannten „replacement effect“[141].[142]

Das Auftreten solcher Entwicklungen soll insbesondere der Fall sein, wenn der Käufer sich auf dem Markt grundsätzlich keinem signifikanten Wettbewerb ausgesetzt sieht.[143] Auch soll die Einstellung eines Pipelineprodukts wahrscheinlicher sein, wenn das sich überschneidende Produkt des Käufers für einige Zeit patentgeschützt bleibt.[144] Den nach eigener Aussage „konservativen Schätzungen“ der Autoren nach sollen etwa 5,3–7,4 % dieser Akquisitionen (bzw. 46–63 Akquisitionen jährlich im Pharmabereich) solche „Killerakquisitionen“ sein.[145] Die Autoren betonen zusammenfassend, dass ihre „Ergebnisse davor warnen, Übernahmen von im Entstehen begriffenen Technologien ausschließlich als Bemühungen der etablierten Unternehmen zur Integration und Förderung unternehmerischer Innovation zu interpretieren. Stattdessen könnte ein bedeutender Teil, der diesen Trend fördert, in Wirklichkeit *killer acquisitions* sein, die möglicherweise der Innovation und dem Wettbewerb schaden“[146].

Einschlägige globale hochaktuelle Beispiele im Pharmabereich für solche möglichen *killer acquisitions* sind z. B. der sowohl von der US-amerikanischen FTC[147] als auch von der britischen CMA[148] ohne Auflagen freigegebene Erwerb Spark Therapeutics Inc. durch Roche Holdings Inc. oder der Fall Johnson & Johnson und Takeda Pharmaceutical Company Ltd., bei dem hingegen Bedenken

140 *Cunningham et al.*, JPE März 2021 Vol. 129 Nr. 3, 649 (653 ff.).

141 Vgl. zur Begrifflichkeit *Arrow* in: NBER, The rate and direction of inventive activity, S. 619 f.

142 *Cunningham et al.*, JPE März 2021 Vol. 129 Nr. 3, 649 (656).

143 *Cunningham et al.*, JPE März 2021 Vol. 129 Nr. 3, 649 (653).

144 *Cunningham et al.*, JPE März 2021 Vol. 129 Nr. 3, 649 (653).

145 *Cunningham et al.*, JPE März 2021 Vol. 129 Nr. 3, 649 (654).

146 *Cunningham et al.*, JPE März 2021 Vol. 129 Nr. 3, 649 (696).

147 FTC, Statement v. 16.12.2019, Matter Nr. 1910086 – *Roche Holding/Spark Therapeutics* (abrufbar unter: https://www.ftc.gov/system/files/documents/public_statements/1558049/1910086_roche-spark_commission_statement_12-16-19.pdf, zuletzt abgerufen am 10.03.2021).

148 CMA, Entscheidung v. 16.12.2019, ME/6831/19 – *Roche Holding /Spark Therapeutics.*

der Kommission[149] dazu führten, dass die Anmeldung zurückgezogen wurde. Gegenstand beider Fälle war die Frage, ob sich Arzneimittelprojekte der erwerbenden Unternehmen mit dem Produkt des Zielunternehmens überschnitten sowie die Frage, ob die Übernahme Innovationsbemühungen beschränkt bzw. verhindert hätte.

b. Folgen für den Wettbewerb, die Verbraucher und die Pharmaindustrie

Eine umfassende Analyse bzw. Voraussage der Folgen des zuvor beschriebenen im Pharmabereich auftretenden Phänomens für den Wettbewerb gestaltet sich aufgrund der Vielzahl sowie der Diversität der Faktoren und Einflüsse mehr als schwierig. Es besteht jedoch die Sorge, dass solche wie im Pharmabereich beobachteten Erwerbsvorgänge den Verlust von Entwicklungsanreizen zur Folge haben können.[150] Kaufen etablierte Unternehmen regelmäßig junge Pharmaunternehmen auf, kann dies zudem dazu führen, dass Produkte mit der primären Intention entwickelt werden, ein Konkurrenzprodukt zu schaffen, um aufgekauft zu werden.[151] Dies kann im Pharmabereich in letzter Konsequenz dazu führen, dass eine geringere Anzahl an Arzneimittelprodukten erhältlich ist und dies zu einem höheren Preis, sodass der Verbraucher die negativen Folgen unmittelbar zu spüren bekommt.[152] Gleichzeitig können Erwerbsvorgänge auch Innovationsanreize mit sich bringen.[153] Ob dies allerdings der effektivste Weg ist, Unternehmen zu Innovationen zu motivieren, ist fraglich. Nach Ansicht der Autoren ist in solchen Fällen zumindest das Aufwiegen von Effizienzverlusten, die mit dem Verlust eines potenziellen Wettbewerbers einhergehen, nötig.[154]

Es bleibt abzuwarten, wie sich die Situation im Pharmabereich entwickelt. Die Wettbewerbsbehörden scheinen jedoch Erwerbsvorgänge im Pharmabereich vermehrt in den Blick zu nehmen.[155]

---

149 Kommission, Pressemitteilung v. 25.03.2020, IP/20/529 – *Tachosil/Johnson & Johnson* (abrufbar unter: https://ec.europa.eu/commission/presscorner/detail/en/ip_20_529, zuletzt abgerufen am 10.03.2021).

150 *Cunningham et al.*, JPE März 2021 Vol. 129 Nr. 3 649 (694 f.).

151 *Cunningham et al.*, JPE März 2021 Vol. 129 Nr. 3, 649 (695).

152 *Cunningham et al.*, JPE März 2021 Vol. 129 Nr. 3, 649 (694).

153 *Cunningham et al.*, JPE März 2021 Vol. 129 Nr. 3, 649 (695).

154 *Cunningham et al.*, JPE März 2021 Vol. 129 Nr. 3, 649 (695).

155 Vgl. z.B. Kommission, Entscheidung v., 27.03.2013, CASE M.7932 – *Dow/DuPont* (abrufbar unter: https://ec.europa.eu/competition/mergers/cases/decisions/m7932_13668_3.pdf, zuletzt abgerufen am 10.03.2021); CMA, Entscheidung v. 16.12.2019,

2. Aufkäufe innovativer Unternehmen im digitalen Bereich

Auch Erwerbsvorgänge im digitalen Bereich stehen im Fokus der Wettbewerbsbehörden. Dies ist nicht zuletzt auf das bloße Volumen der Transaktionen in diesem Bereich zurückzuführen. Zusammenschlüsse wie in den Fällen von Facebook und WhatsApp oder Facebook und Instagram hatten darüber hinaus in der breiten Öffentlichkeit starkes Aufsehen erregt. In der jüngeren Vergangenheit wurden nunmehr verstärkt Bedenken laut, dass Übernahmen durch etablierte Unternehmen durch die Absicht motiviert sein könnten, einen potenziellen künftigen Wettbewerber zu eliminieren. Insofern lassen sich deutliche Ähnlichkeiten zu den durch *Cunningham et al.* beschriebenen Szenarien im pharmazeutischen Bereich erkennen.

a. Hintergrund

Während die Motivation für den Aufkauf junger Unternehmen im pharmazeutischen Bereich relativ eindeutig ist, sind die Hintergründe des Aufkaufs von Start-ups im digitalen Bereich wesentlich vielfältiger:

Eine Motivation für etablierte Unternehmen ist die Auslagerung der Forschung und Entwicklung (F&E) in der Frühphase des Produkts. Denn insbesondere bei F&E Projekten in der Frühphase ist meist schwer vorherzusagen, ob das Vorhaben erfolgreich sein wird oder nicht, da Innovation kein linearer Prozess, sondern ein „Trial-and-Error"[156] Prozess ist.[157] Dem erwerbenden etablierten Unternehmen stehen dann, nachdem das Produkt die Frühphase bereits durchlaufen hat, im Regelfall größere Ressourcen sowie größere finanzielle Mittel als dem noch jungen Zielunternehmen, das die F&E durchgeführt hat, zur Verfügung. Diese sind für die weitere Entwicklung sowie für die Kommerzialisierung des Produkts maßgeblich.

ME/6831/19 – *Roche Holding /Spark Therapeutics*; FTC, Statement v. 16.12.2019, Matter Nr. 1910086 – *Roche Holding /Spark Therapeutics* (abrufbar unter: https://www.ftc.gov/system/files/documents/public_statements/1558049/1910086_roche-spark_commission_statement_12-16-19.pdf, zuletzt abgerufen am 10.03.2021); Kommission, Pressemitteilung v. 25.03.2020, IP/20/529 – *Tachosil/Johnson & Johnson* (abrufbar unter: https://ec.europa.eu/commission/presscorner/detail/en/ip_20_529, zuletzt abgerufen am 10.03.2021).

156 Vgl. zur Begrifflichkeit *Thomke* in Franke/v. Braun, Innovationsforschung und Technologiemanagement, S. 154.

157 Zur Nichtlinearität von Innovation vgl. umfassend *Kline*, JMR Juli/August 1985 Vol. 28 Nr. 4, 36-45.

Abgesehen von den Motivationen des erwerbenden Unternehmens stellt der Aufkauf durch ein bereits etabliertes Unternehmen im digitalen Bereich eine weitverbreitete Exit-Strategie für innovative Start-ups dar, die sich nicht zuletzt auf den häufigen Einsatz von Risikokapital zurückführen lässt. So können Innovationsbemühungen, die komplementär zu denen etablierter Unternehmen sind, bereits bei Gründung des Unternehmens berücksichtigt werden.[158] Im Falle des Einsatzes von Risikokapital wird die Exit-Strategie häufig bereits von Beginn an abgestimmt und vertraglich festgehalten.[159] Diese Art des Exits hat beispielsweise gegenüber einem Börsengang den Vorteil, dass er weniger spekulativ ist, da sich der Erfolg eines Börsengangs nur schwer voraussagen lässt.

b. Vergleichbarkeit der Ergebnisse aus dem Pharmareport

Die Aussagen des Reports von *Cunningham et al.* lassen sich jedoch nur schwer auf den digitalen Bereich übertragen, auch wenn im digitalen Bereich ebenfalls das Phänomen beobachtet wird, dass etablierte Unternehmen stetig kleinere Unternehmen, die potentielle Konkurrenten sein können, aufkaufen. Anders als im pharmazeutischen Bereich ist es im digitalen Bereich aber weitaus schwieriger und aufwendiger sowie kostenintensiver festzustellen, welche Innovationen eine Wettbewerbsbedrohung darstellen können. Das liegt einerseits daran, dass im digitalen Bereich anders als im pharmazeutischen Bereich keine öffentlich zugänglichen Datenbanken, wie z.B. AdisInsight[160] oder der FIND diagnostics pipeline tracker[161] existieren und andererseits daran, dass es im digitalen Bereich, der durch eine gewisse Schnelllebigkeit gekennzeichnet ist, wesentlich schwieriger ist festzustellen, wie Innovationen sich letztlich entwickeln bzw. durchsetzen und folglich eine wettbewerbliche Bedrohung darstellen können.

---

158 Bericht Wettbewerbskommission 4.0, S. 65.

159 *Landström/Mason*, Handbook of Research on Venture Capital, S. 87.

160 Die Datenbank AdisInsight verfolgt Arzneimittelprofile für alle Krankheiten von der Entdeckung bis zur Markteinführung. Ende 2018 enthielt sie über 43.000 Arzneimittelprofile. Jedes Profil gibt einen Überblick über die Entwicklungsstadien der untersuchten Krankheiten, die an der Produktentwicklung beteiligten Organisationen sowie wichtige Meilensteine der Entwicklung (abrufbar unter: https://adisinsight.springer.com/, zuletzt abgerufen am 10.03.2021).

161 FIND hat eine interaktive Diagnostikpipeline entwickelt, die den Status und die geschätzten Freigabedaten verschiedener diagnostischer Lösungen abbildet. Dies ermöglicht, die Diagnoselandschaft zu visualisieren und vorherzusagen, wann Produkte zur Implementierung verfügbar sein könnten (abrufbar unter: https://www.finddx.org/dx-pipeline/, zuletzt abgerufen am 10.03.2021).

So können etablierte Arzneimittelhersteller mehr oder weniger problemlos in der Entwicklung befindliche Projekte („Pipelineprojekte“) identifizieren, die mit ihren eigenen Projekten konkurrieren könnten, und darüber hinaus auch deren Entwicklung durch den bekanntermaßen langen Entwicklungs- und Zulassungsprozess überwachen.[162] Abgesehen davon, dass sich die Bereiche aufgrund des Vorhandenseins von Netzwerkeffekten im digitalen Bereich unterscheiden, ist auch eine Wettbewerbsbedrohung sowie -auswirkung durch Start-ups im digitalen Sektor wesentlich schwieriger vorauszusagen als im pharmazeutischen Bereich.[163] Ein Gewinnverlust durch Generika lässt sich relativ eindeutig kalkulieren, wohingegen die Verlusthöhe durch ein innovatives digitales Start-up nur schwer einschätzbar ist.[164] Ein wesentlicher Unterschied besteht auch darin, dass im pharmazeutischen Bereich ein Monopol aufgrund eines Patents und die damit mögliche große Erzielung von Gewinnen nur einige Jahre bestehen kann – nämlich bis zu dem Zeitpunkt, zu dem das Patent ausläuft und Generika auf den Markt kommen.[165]

Auch wenn ein ähnliches Phänomen im Sinne eines Aufkaufs von potentiellen Konkurrenten sowohl im pharmazeutischen als auch im digitalen Bereich beobachtet wird, unterscheiden sich die Szenarien sehr deutlich in ihren Auswirkungen,[166] sodass die im Pharmareport gezogenen Schlüsse sich nicht zwingend und sicherlich nicht in ihrer Gesamtheit auf den digitalen Bereich übertragen lassen.

c. *Anzahl potentieller* killer acquisitions *im digitalen Bereich*

Gesicherte Ergebnisse wie die von *Cunningham et al.* im Pharmabereich gefundenen Ergebnissen hinsichtlich der Frage, wie viele der Übernahmen *killer acquisitions* sind, gibt es im digitalen Bereich nicht. *Latham et al.* haben jedoch 409 Übernahmen durch GAFA-Unternehmen zwischen 2009 und 2020 darauf untersucht, wie viele dieser Übernahmen entweder eine direkte horizontale Überschneidung mit dem Kerngeschäft des Käufers aufwiesen oder vertikal mit diesem Kerngeschäft des Käufers verbunden waren und sich daher zu einer Wettbewerbsbedrohung hätten entwickeln können.[167] Es handelt sich hierbei

162 *Cunningham et al.*, JPE März 2021 Vol. 129 Nr. 3, 649 (695).
163 Vgl. *Bourreau/De Streel*, Digital Conglomerates and EU Competition Policy, März 2019, S. 22.
164 *Cunningham et al.*, JPE März 2021 Vol. 129 Nr. 3, 649 (695).
165 *Cunningham et al.*, JPE März 2021 Vol. 129 Nr. 3, 649 (695).
166 Siehe hierzu näher unter Gliederungspunkt B II 2 d.
167 *Latham et al.*, CPI Antitrust Chronicle Mai 2020 Vol. 2 Nr. 2, 26 (30 f.).

jedoch nicht um wissenschaftlich ausreichend gesicherte Ergebnisse, sondern um den Versuch einer ersten groben Kategorisierung, ob die Zielunternehmen möglicherweise eine Bedrohung für das Kerngeschäft des Käufers darstellten. Insgesamt wurden bei dieser Überprüfung 33 Übernahmen bzw. 8 % aller untersuchten Übernahmen identifiziert, die sich als Wettbewerbsbedrohung hätten entwickeln können.[168] Betrachtet man die zehn größten GAFA-Aufkäufe, erfüllen lediglich zwei dieser Aufkäufe[169] die von den Autoren entwickelten Kriterien.[170] Auch wenn die Aussagekraft dieser Ergebnisse unter wissenschaftlichen Gesichtspunkten kritisch zu betrachten ist, können sie zumindest dahin gehend interpretiert werden, dass lediglich ein kleiner Anteil der Aufkäufe durch die GAFA-Unternehmen möglicherweise der Ausschaltung eines potentiellen Wettbewerbers diente.

d. *Definition der* killer acquisitions *im digitalen Bereich*

In beiden Bereichen wird von *killer acquisitions* gesprochen. Es handelt sich aber letztlich um unterschiedliche Szenarien:

Cunningham et al. beschreiben *killer acquisitions* als Szenario im pharmazeutischen Bereich, in dem die Strategie des etablierten erwerbenden Unternehmens darin besteht, „innovative Zielunternehmen nur zu erwerben, um die Innovationsprojekte des Zielunternehmens einzustellen und so zukünftige Konkurrenz zu verhindern“[171]. Dieser Definition nach zeichnen sich *killer acquisitions* dadurch aus, dass ein Unternehmen, das ein Produkt/eine Dienstleistung auf dem Markt anbietet, das Zielunternehmen, das ein konkurrierendes Produkt auf dem Markt platzieren will, erwirbt, um die Produktion dieses möglichen Konkurrenzproduktes einzustellen (= to kill). Es geht also um das „Töten“ des Produktes bzw. des Zielunternehmens selbst. Diese Art von Unternehmenskäufen wird insbesondere im Pharmasektor beobachtet, weniger im Technologiesektor.

In engem Zusammenhang mit dem beschriebenen Szenario steht das im digitalen Bereich beobachtete Szenario, dass ein Unternehmen ein anderes Unternehmen erwirbt, das ein Produkt bzw. eine Dienstleitung in der Frühphase besitzt, und nach dem Erwerb fortführt bzw. neutralisiert und damit so integriert, dass sich das Zielunternehmen nicht mehr zu einem Wettbewerber

168 *Latham et al.*, CPI Antitrust Chronicle Mai 2020 Vol. 2 Nr. 2, 26 (31).

169 Einerseits der Zusammenschluss von Facebook und Whatsapp und andererseits der Zusammenschluss von Amazon und Zappos.Com LLC.

170 *Latham et al.*, CPI Antitrust Chronicle Mai 2020 Vol. 2 Nr. 2, 26 (33).

171 *Cunningham et al.*, JPE März 2021 Vol. 129 Nr. 3, 649 (650).

entwickeln kann.[172] Die Motivation des erwerbenden Unternehmens besteht in diesem Fall darin, einer potentiellen Wettbewerbereigenschaft zuvorzukommen, indem es diesen potentiellen Konkurrenten zuvor aufkauft und so die von ihm ausgehende potentielle Wettbewerbsbedrohung beseitigt. So hat Facebook WhatsApp oder Instagram nicht „gekillt", sondern fortgeführt bzw. integriert. Im Ergebnis geht es in diesem Szenario daher nicht um das „Killen" des Konkurrenzproduktes bzw. -unternehmens, sondern um das „Killen" eines potentiellen Wettbewerbers.

Sieht man sich den Zusammenhang zwischen diesen beiden Szenarien näher an, stellt man fest, dass in dem von *Cunningham et al.* beschriebenen und untersuchten Szenario es nicht nur die Konkurrenz ist, die getötet wird, sondern darüber hinaus auch das Produkt selbst. Dagegen setzt das im digitalen Bereich beobachtete Szenario lediglich voraus, dass die potenzielle Wettbewerbsbedrohung eingestellt bzw. „getötet" wird, während das Produkt selbst nicht eingestellt wird, sondern z.B. als Bestandteil des Produkts bzw. Produktportfolios des Erwerbers fortgeführt wird.

e. Wettbewerbliche Relevanz

Die Übernahmen von Start-ups im digitalen Kontext können positive Auswirkungen auf den Wettbewerb haben. Es besteht jedoch eine Vielzahl negativer Auswirkungen auf die Marktstruktur, den Wettbewerb und die Entwicklung von Innovationen.

aa. Potentielle positive Auswirkungen auf den Wettbewerb

In vielen Fällen werden Aufkäufe von Start-ups durch etablierte Unternehmen eine wettbewerbsfördernde Wirkung oder zumindest wettbewerbsfördernde Elemente haben und gerade im digitalen Sektor mannigfaltige Synergien und Effizienzen mit sich bringen. Während das Start-up innovative Ideen liefert, verfügt ein etabliertes Unternehmen über die Ressourcen, die für die Verwirklichung dieser Ideen nötig sind.[173]

(1) Förderung des Einsatzes von Risikokapital

Da bei Start-ups im digitalen Bereich mit innovativen Geschäftsmodellen regelmäßig ein hoher Finanzierungsbedarf mit einer geringen Selbstfinanzierungskraft

---

172 OECD, Start-ups, Killer Acquisitions and Merger Control, Juni 2020, Rn. 15 ff.

173 Sonderberater-Bericht, S. 111.

zusammentrifft, sind diese Start-ups vergleichsweise häufig auf externes Kapital in Form von Risikokapital angewiesen.[174] Der Begriff des Risikokapitals beschreibt die Beteiligung an jungen, innovativen, nicht börsennotierten, wachstumsorientierten Unternehmen mit einem hohen Ausfallrisiko und existiert in verschiedenen Ausprägungen. Er dient als Überbegriff für die Beteiligungsformen Venture Capital, Private Equity sowie Investitionen (in Start-ups) durch Business Angels.[175] Der Aufkauf durch die GAFA-Unternehmen kann einen Anreiz für Risikoinvestitionen darstellen, da der Aufkauf bzw. die Möglichkeit des Aufkaufs durch ein erfolgreiches, etabliertes Unternehmen eine gewisse Sicherheit auch für die Risikokapitalgeber ausstrahlt.

Risikokapital dient vorwiegend der Finanzierung innovativer Start-ups. Da die Entwicklung innovativer Produkte höchst komplex und kapitalintensiv ist, sind viele Gründer auf Fremdkapital angewiesen, um eine innovative Idee erfolgreich umsetzen zu können.[176] Wagniskapital trägt insofern maßgeblich dazu bei, das Investitionskapital auf besonders Erfolg versprechende sowie rentable Verwendungen zu lenken.[177] Die Bedeutung des Wagniskapitals besteht volkswirtschaftlich betrachtet darin, „höchst riskante, aber sehr rentable Investitionsprojekte zu finanzieren, die sonst mangels Finanzierung nicht zustande kämen, und den innovativen Wachstumsunternehmen zu helfen, ihr Potenzial für Beschäftigung und Einkommen mehr auszuschöpfen als es sonst möglich wäre“[178]. Und auch das BMWi stellt klar, dass „für die Wettbewerbsfähigkeit unserer Wirtschaft und für den zukünftigen Wohlstand unserer Gesellschaft junge, innovative Unternehmen von zentraler Bedeutung“[179] sind. So darf trotz aller wettbewerbsrechtlichen Bedenken nicht aus den Augen verloren werden, dass die Schaffung und Erhaltung eines attraktiven Regulierungsumfelds für

---

174 *Keuschnigg/Sardadvar*, Wagniskapital zur Finanzierung von Innovation und Wachstum, 2019, S. 2.

175 *Hoffmann*, Venture Capital zur Innovationsfinanzierung, S. 79; *Keuschnigg/Sardadvar*, Wagniskapital zur Finanzierung von Innovation und Wachstum, 2019, S. 3.

176 Vgl. *Heister*, Finanzierung von Social Entrepreneurship durch Venture Philanthropy und Social Venture Capital, S. 48.

177 Keuschnigg/Sardadvar, Wagniskapital zur Finanzierung von Innovation und Wachstum, 2019, S. 4.

178 *Keuschnigg/Sardadvar*, Wagniskapital zur Finanzierung von Innovation und Wachstum, 2019, S. 4.

179 BMWi, Wagniskapital und Unternehmensgründungen (abrufbar unter: https://www.bmwi.de/Redaktion/DE/Artikel/Technologie/wagniskapital-und-gruendungen.html, zuletzt abgerufen am 10.03.2021).

Gründungen essenzieller Bestandteil der Wettbewerbsfähigkeit der deutschen Wirtschaft sind. Dies gilt insbesondere vor dem Hintergrund, dass Deutschland bei der Mobilisierung von Venture Capital immer noch weit hinter den USA zurücksteht.[180] Auch wenn Risikokapitalinvestitionen in Unternehmen in Deutschland in den letzten zehn Jahren von knapp EUR 5 Milliarden auf knapp EUR 15 Milliarden gestiegen sind[181] und sich Berlin als Start-up Metropole in Europa (hinter London) etabliert hat, zeigt sich in Berlin dennoch, dass die dort ansässigen Start-ups klein sind und – insbesondere im Vergleich mit Großbritannien und den USA – (noch) nicht schnell genug wachsen.[182]

(2) Dispositionsfreiheit hinsichtlich der favorisierten Exit-Strategie

Spiegelbildlich stellt der Aufkauf durch ein bereits etabliertes Unternehmen im digitalen Bereich eine weitverbreitete Exit-Strategie für innovative Start-ups dar. Diese Art des Exits hat gegenüber anderen Exit-Strategien, wie dem Gang an die Börse den Vorteil, dass sie weniger Unsicherheiten mit sich bringt. Es gilt daher, diese Dispositionsfreiheit von Start-ups hinsichtlich der von diesen favorisierten Exit-Strategie zu schützen und gleichzeitig ein aussichtsreiches Umfeld für die Gründung innovativer Unternehmen zu gewährleisten.[183]

(3) Komplementäre Innovation

Gründer im digitalen Bereich können aufgrund der Marktgegebenheiten und dem Verhalten dominanter etablierter Plattformen im Regelfall nur mit einem geringen „Payoff“ für die Entwicklung eines unabhängigen, nicht an eine der Plattformen gebundenen Produkts oder Dienstleistung rechnen.[184] Eine große Chance für innovative Start-ups besteht daher darin, ein komplementäres

---

180 BVK e.V./IEF/Roland Berger GmbH, Treibstoff Venture Capital, Juni 2018, S. 7 (abrufbar unter: https://www.rolandberger.com/de/Publications/Venture-Capital-Treibstoff-f%C3%BCr-Innovationen-Wachstum-und-Wettbewerbsf%C3%A4higkeit.html, zuletzt abgerufen am 10.03.2021).

181 Bundesverband Deutscher Kapitalgesellschaften, Statistik – Das Jahr in Zahlen 2019, Tabellenblatt „Investitionen“ Tabelle 5, zitiert nach de.statista.com (abrufbar unter: https://de.statista.com/statistik/daten/studie/156707/umfrage/investitionen-in-deutschland-im-private-equity-markt/, zuletzt abgerufen am 10.03.2021).

182 BMWi, Wagniskapital und Unternehmensgründungen (abrufbar unter: https://www.bmwi.de/Redaktion/DE/Artikel/Technologie/wagniskapital-und-gruendungen.html, zuletzt abgerufen am 10.03.2021).

183 Bericht Wettbewerbskommission 4.0, S. 65.

184 Stigler-Report, S. 76.

Produkt oder eine komplementäre Dienstleistung zu schaffen und ihr Geschäft in einem frühen Stadium an das Plattformunternehmen zu verkaufen.[185] Dieser von der Plattform ausgehende (finanzielle) Anreiz der Entwicklung innovativer, aber komplementärer Produkte spricht dafür, dass solche Übernahmen förderlich für die Gesellschaft sein können, solange diese sorgsam integriert werden.[186] Zudem ermöglicht die Integration eines komplementären Produkts oder einer Dienstleistung einen erheblichen Spielraum für Effizienzgewinne, die sich wiederum ebenso positiv für den Verbraucher auswirken können, wenn diese an ihn weitergegeben werden.[187] Die Integration kann darüber hinaus auch eine bessere Koordinierung hinsichtlich des gesamten Herstellungsprozesses bis zum Verkauf bewirken und z.B. wegen der einheitlichen Beschaffungsquelle für Abnehmer von Vorteil sein.[188]

(4) Zwischenergebnis

Der Einsatz von Risikokapital wird maßgeblich durch den Einfluss großer Plattformunternehmen auf die Ausrichtung der Start-ups und durch die Möglichkeit des Aufkaufs durch diese großen Unternehmen bestimmt. In vielen Fällen werden solche Aufkäufe von Start-ups durch etablierte Unternehmen zumindest wettbewerbsfördernde Elemente haben, insbesondere wenn die übernommenen Unternehmen komplementäre Produkte oder Dienstleistungen anbieten.

bb. Potentielle negative Auswirkungen auf den Wettbewerb

Übernahmen von Start-ups spielen eine wichtige Rolle bei der unternehmerischen Entwicklung und Innovation. Anhaltende strategische Übernahmen von Start-ups durch besonders marktmächtige und etablierte Unternehmen haben jedoch gravierende negative Auswirkungen auf die Marktstruktur, den Wettbewerb und die Entwicklung von Innovationen.[189] Schließlich sind die Folgen

185 Stigler-Report, S. 76.

186 *Kolko*, The Problem of Bolt-On Acquisitions in a Digital World, Harv. B. Rev. v. 05.07.2016 (abrufbar unter: https://hbr.org/2016/07/the-problem-of-bolt-on-acquisitions-in-a-digital-world, zuletzt abgerufen am 10.03.2021).

187 Kommission, Leitlinien zur Bewertung nichthorizontaler Zusammenschlüsse (2008/C 265/07), Rn. 13.

188 Kommission, Leitlinien zur Bewertung nichthorizontaler Zusammenschlüsse (2008/C 265/07), Rn. 14.

189 Vgl. *Bryan/Hovenkamp*, Rev. Ind. Organ. 2020 Vol. 56 Issue 2, 615 (616).

für die Wohlfahrt, die sich aus einer fehlerhaften Ausrichtung der Zusammenschlusspolitik ergeben, potentiell schwerwiegend, sowohl im Hinblick auf jeden einzelnen Zusammenschluss als auch auf Innovationsanreize im Allgemeinen.[190]

(1) Verlust potentieller Wettbewerber

Es besteht die begründete Vermutung, dass die etablierten Digitalkonzerne in den letzten Jahren vermehrt innovative Start-ups aufgekauft haben, die derzeit zwar auf unterschiedlichen Märkten aktiv sind und möglicherweise komplementäre Produkte anbieten, sich ohne den Zusammenschluss aber möglicherweise zu einem Wettbewerber entwickelt hätten.[191]

Zum Zeitpunkt der Übernahme ist es jedoch häufig schwierig festzustellen, ob und in welchem Zeitraum sich das Zielunternehmen zu einem Konkurrenten entwickeln wird oder ob der Zusammenschluss den vielversprechendsten Weg zur kommerziellen Entwicklung und Nutzung einer neuen Technologie darstellt.[192] Geht man jedoch von einer potentiellen Wettbewerbereigenschaft des Zielunternehmens aus, kann sich ein solcher Aufkauf regelmäßig negativ auf den Wettbewerb bzw. die Wettbewerbsstruktur auswirken.[193]

Der Aufkauf eines potentiellen Wettbewerbers kann vergleichbare wettbewerbswidrige Wirkungen, wie ein Zusammenschluss zweier auf demselben relevanten Markt tätigen Unternehmen aufweisen.[194] Durch den Wegfall des potentiellen Wettbewerbers und den damit einhergehenden Wegfall einer disziplinierenden Macht kann die Stellung des etablierten Unternehmens auf dem Markt weiter verstärkt werden.[195] So kann eine wettbewerbliche Lücke entstehen, sollte der Fortfall des potentiellen Wettbewerbers nicht von anderen (potentiellen) Wettbewerbern ausgeglichen werden.

Dies gewinnt insbesondere im Kontext der *killer acquisitions* im Digitalbereich an Bedeutung, da es in diesem Bereich insbesondere aufgrund starker

---

190 *Latham et al.*, CPI Antitrust Chronicle Mai 2020 Vol. 2 Nr. 2, 26 (28).

191 Vgl. u.a. Sonderberater-Bericht, S. 110; Bericht Wettbewerbskommission 4.0, S. 65.

192 Stigler-Report, S. 88.

193 Siehe zu den Voraussetzungen und der Schwierigkeit der Feststellung einer potentiellen Wettbewerbereigenschaft näher unter Gliederungspunkt D II 1 a bb (2).

194 Kommission, Leitlinien zur Bewertung horizontaler Zusammenschlüsse (2004/C 31/03), Rn. 58.

195 Vgl. BGH, Beschluss v. 18.12.1979, KVR 2/79 – *Springer/Elbe Wochenblatt I*, WuW/E 1685 (1691 f.); BGH, Beschluss v. 10.12.1991, KVR 2/90 – *Inlandstochter*, WuW/E 2731 (2737); BKartA, Beschluss v. 20.11.2001, B9-88/1999 und B9-100/2001 – *Deutsche Post/trans-o-flex*, S. 47; *Körber*, NZKart 2018, 168 (171).

Netzwerkeffekte häufig zu einem Wettbewerb „um den Markt“ kommt. In diesem Zusammenhang wird sich die Übernahme eines kleinen, aber potentiell sehr erfolgreichen Unternehmens durch ein marktbeherrschendes Plattformunternehmen negativ auf den Wettbewerb bzw. die Wettbewerbsstruktur auswirken, wenn sich das kleinere Unternehmen ohne die Übernahme zu einer ernst zu nehmenden Wettbewerbsbedrohung entwickeln würde oder eine erhebliche Veränderung der Marktstruktur verursachen würde. Wenn solche potentiellen Wettbewerber durch regelmäßige gezielte Übernahmen ausgeschaltet werden, verringert dies die Disziplinierung des Marktverhaltens des etablierten Unternehmens und lässt Raum für die wettbewerbsgefährdende Ausübung von Marktmacht durch dieses Unternehmen.[196] Gleichzeitig kann ein solcher Zusammenschluss mit einem potentiellen Wettbewerber zu Innovationsrückgängen führen.[197] Ein etabliertes Unternehmen, das sich keinerlei (potentiellem) Wettbewerb ausgesetzt sieht, wird kaum Anreize hinsichtlich der Entwicklung von Innovationen verspüren.

Letztlich kann das etablierte Unternehmen durch den strategischen Aufkauf potentieller Wettbewerber jedenfalls seine ausgeprägten Verhaltensspielräume weiter nutzen bzw. erweitern und so wirksamen Wettbewerb auf dem jeweiligen betroffenen Markt nachhaltig verhindern. So erhöht dieses Vorgehen die Marktzutrittsschranken für andere potentielle Konkurrenten.

(2) Innovationsverlust seitens des zu erwerbenden Unternehmens

Die beschriebenen Zusammenschlüsse können aufgrund verminderter Innovationsanreize zu Innovationsverlusten seitens der Zielunternehmen führen.

(a) Verlust disruptiver Innovation

Auch wenn der vermehrte Einsatz von Risikokapital notwendig und zu begrüßen ist, besteht das Problem, dass insbesondere in die Entwicklung von Produkten und Dienstleistungen investiert wird, die komplementär zu den Produkten und Dienstleistungen der GAFA-Unternehmen sind.

Spiegelbildlich bringt diese primäre Entwicklung komplementärer Produkte oder Dienstleistungen die Gefahr mit sich, dass so der Anreiz, in „radikale Innovation oder in Wettbewerb um den Markt zu investieren“[198], reduziert wird,

---

196 Lear-Report, S. 10.

197 BKartA, Innovationen – Herausforderungen für die Kartellrechtspraxis, 05.10.2017, S. 20.

198 Bericht Wettbewerbskommission 4.0, S. 65.

da ein Start-up, das die Strategie verfolgt, letztlich von einem etablierten Unternehmen übernommen zu werden, seine Entwicklungstätigkeiten und Innovationsbemühungen in eine (komplementäre) Richtung lenken wird, „die seinen zukünftigen Transaktionswert und nicht den Wert der Innovation an sich maximiert“[199]. So haben *Bryan* und *Hovenkamp* ein Modell entwickelt, bei dem ein Start-up die Entscheidung treffen muss, ob es seine Innovation an einen Marktführer oder seinen (weniger effizienten) Konkurrenten verkaufen will.[200] Die Möglichkeit, selbst in den Markt einzutreten, sieht das Modell nicht vor.[201] *Bryan* und *Hovenkamp* zeigen, dass das Start-up eher seine Forschungs- und Innovationsanstrengungen auf die Verbesserung der Technologie des Marktführers ausrichten, was wiederum den Vorsprung des Marktführers gegenüber seinem (qualitativ schlechteren) Rivalen vergrößert.[202] Eine solche Dynamik führt denknotwendigerweise dazu, dass es aufgrund geringerer Risikokapitalinvestitionen auch weniger Markteintritte gibt, was wiederum zu weniger differenzierter Innovation im digitalen Sektor führt.[203] Es sind jedoch gerade diese radikalen Innovationen, die häufig bereits binnen kurzer Zeit zur Bestreitbarkeit etablierter Plattformunternehmen führen können.[204] Ein Verzicht auf solche Bemühungen ist unter keinen Gesichtspunkten gut für die Verbraucher und die Gesellschaft als Ganzes. Obwohl innovative Bemühungen kostspielig sind, werden sie oft mehrere Anbieter bzw. Wettbewerber sowie differenzierte Dienstleistungen mit gesellschaftlich wünschenswerten Eigenschaften hervorbringen.[205]

(b) Entstehen von „kill zones“

Auch wenn eine große Chance für innovative Start-ups darin besteht, ein komplementäres Produkt oder eine komplementäre Dienstleistung zu schaffen und ihr Geschäft in einem frühen Stadium an eines der etablierten Internetunternehmen zu verkaufen, zeigen sich seit über zehn Jahren vermehrt Veränderungen im Bereich der Risikokapitalinvestitionen dahin gehend, dass sich Investitionen im Dunstkreis der GAFA-Unternehmen – speziell in Bereichen um deren

199 *Bourreau/De Streel*, Big Tech Acquisitions Competition & Innovation Effects and EU Merger Control, Februar 2020, S. 11.

200 *Bryan/Hovenkamp*, Rev. Ind. Organ. 2020 Vol. 56 Issue 2, 615 (616).

201 *Bryan/Hovenkamp*, Rev. Ind. Organ. 2020 Vol. 56 Issue 2, 615 (617).

202 *Bryan/Hovenkamp*, Rev. Ind. Organ. 2020 Vol. 56 Issue 2, 615 (617 f.).

203 Stigler-Report, S. 75.

204 *Podszun/Schwalbe*, NZKart 2017, 98 (101).

205 *Caffarra et al.*, CPI Antitrust Chronicle Mai 2020 Vol. 2 Nr. 2, 13 (14).

Kernmärkte herum – vergleichsweise schlecht entwickelt haben.[206] So äußerte sich ein Gründer in Bezug auf Amazon der Zeitschrift *The Guardian gegenüber*, dass Unternehmen nicht extern finanziert würden, da sie zukünftig mit Amazon konkurrieren könnten. Wenn ein Start-up gegen Amazon antrete, würde es diesem Kampf verlieren, bevor dieser überhaupt begonnen habe.[207] Ähnliches äußerte der Autor *Jonathan Taplin* in seinem Interview mit *ProMarket*: Auf Google bezogen merkte er an, dass der Versuch, eine neue Suchmaschine zu gründen, von Risikokapitalgebern lediglich belächelt würde.[208] Zu einem ähnlichen Ergebnis kommen *Wen* und *Zhu*: In ihrer Studie[209] über den Markt für Mobile Apps, in der sie die Auswirkungen der Bedrohung durch den (bevorstehenden) Markteintritt von Google auf Android-App-Entwickler und ihre Innovationsstrategien analysieren, stellen sie fest, dass große Technologieplattformen Innovationen in Randbereichen zu ihren Kernmärkten dämpfen.[210] Mit zunehmender Markteintrittsdrohung Googles reduzieren betroffene Entwickler Innovationen und erhöhen die Preise für die betroffenen Apps und verlagern so die Innovationsanreize auf andere Apps.[211]

All das deutet auf die Existenz sogenannter „kill zones"[212] hin, d.h. Bereiche, in die Risikokapitalgeber aufgrund geringer Aussichten auf künftige Gewinne nur ungern investieren[213] und in deren Bereich ungern neu gegründet wird, da

---

206 Stigler-Report, S. 77.

207 *Solon*, As tech companies get richer, is it ‚game over' for startups?, The Guardian v. 20.10.2017, (abrufbar unter: https://www.theguardian.com/technology/2017/oct/20/tech-startups-facebook-amazon-google-apple, zuletzt abgerufen am 10.03.2021).

208 *Schechter*, "Google Is as Close to a Natural Monopoly as the Bell System Was in 1956", ProMarket v. 09.05.2017 (abrufbar unter: https://promarket.org/2017/05/09/google-close-natural-monopoly-bell-system-1956/, zuletzt abgerufen am 10.03.2021).

209 *Wen/Zhu*, SMJ Vol. 40 2019 Nr. 9, 1336-1367.

210 *Wen/Zhu*, SMJ Vol. 40 2019 Nr. 9, 1336 (1341 ff.).

211 *Wen/Zhu*, SMJ Vol. 40 2019 Nr. 9, 1336 (1341 ff.).

212 Vgl zur Begrifflichkeit *Solon*, As tech companies get richer, is it ‚game over' for startups?, The Guardian v. 20.10.2017, (abrufbar unter: https://www.theguardian.com/technology/2017/oct/20/tech-startups-facebook-amazon-google-apple, zuletzt abgerufen am 10.03.2021); *Smith*, Big Tech Sets Up a 'Kill Zone' for Industry Upstarts, Bloomberg Online v. 07.11.2018 (abrufbar unter: https://www.bloomberg. com/opinion/articles/2018-11-07/big-tech-sets-up-a-kill-zone-for-industry-upstarts, zuletzt abgerufen am 10.03.2021); Marktmacht-Studie, S. 152; Stigler-Report S. 54; Sonderberater-Bericht, S. 117; *Bourreau/De Streel*, Digital Conglomerates and EU Competition Policy, März 2019, S. 21 f. (abrufbar unter: https://ssrn.com/abstract=3350512, zuletzt abgerufen am 10.03.2021); Bericht Wettbewerbskommission 4.0, S. 65.

213 Stigler-Report, S. 77.

Neugründungen sich in dieser Zone nicht ausreichend entwickeln können, weil das Unternehmen aufgrund seiner potentiellen Wettbewerbereigenschaft entweder aufgekauft wird oder das Produkt bzw. die Dienstleistung kopiert und dann von dem etablierten Unternehmen selbst (auch) auf den Markt gebracht wird.[214] Diese Schlussfolgerung wird durch die Tatsache verstärkt, dass die großen Internetunternehmen im digitalen Bereich seit vielen Jahren trotz großer Veränderungen und Innovationswellen in diesem Bereich die gleichen geblieben sind.[215] Es gibt dabei verschiedene Faktoren, die die Entstehung bzw. Verfestigung einer solcher „kill zone“ begünstigen: Neben der etablierten Stellung einiger Internetgiganten auf ihren Kernmärkten selbst, ermöglicht das Sammeln und Auswerten großer Datenmengen sowie die Nutzung von Informationen, die diese Unternehmen aus ihren Investitionen in Start-ups gewonnen haben, neue Trends und Entwicklungen vorherzusagen.[216]

Am Beispiel von Facebook und Snap Inc. („Snap“) lässt sich jedenfalls anschaulich skizzieren, wie ein etabliertes Unternehmen ein Produkt kopiert und selbst in einer geklonten Form auf den Markt bringt. Nachdem Snap das Übernahmeangebot von Facebook in Höhe von USD 3 Milliarden im Jahr 2013 abgelehnt hatte, nahm Facebook zahlreiche eigene Versuche vor, das Geschäftsmodell von Snap zu imitieren, nach dem Motto: „Können wir sie nicht haben, kopieren wir sie“[217].

Hauptmerkmal von Snapchat, der amerikanischen Multimedia-Messaging-App, die von Snap entwickelt wurde, ist, dass Bilder, Nachrichten und insbesondere Videos nur innerhalb eines kurzen Zeitraums für andere Nutzer abrufbar sind. Inzwischen wird hauptsächlich die Funktion der „Snapchatstories“ genutzt, durch die ein Nutzer seinen Tag durch verschiedene Snaps in chronologischer Reihenfolge dokumentieren kann, die dann für 24 Stunden abrufbar sind. Nachdem Snapchat 2011 auf den Markt kam, brachte Facebook Ende 2012 die App Poke auf den Markt.[218] Mit der App Poke war es möglich, Fotos, Videos, „Pokes“

---

214 *Bourreau/De Streel*, Digital Conglomerates and EU Competition Policy, März 2019, S. 21.

215 Stigler-Report, S. 78.

216 *Bourreau/De Streel*, Digital Conglomerates and EU Competition Policy, März 2019, S. 21.

217 *Frier/Hoffmann*, Facebook's Clones Attack Snapchat, Bloomberg Online v. 22.02.2017 (abrufbar unter: https://www.bloomberg.com/graphics/2017-snapchats-copycats/, zuletzt abgerufen am 10.03.2021).

218 *Constine*, Facebook Launches Snapchat Competitor "Poke", An iOS App For Sending Expiring Text, Photos, And Videos, Techcrunch v. 21.12.2012 (abrufbar unter: https://techcrunch.com/2012/12/21/facebook-poke-app/, zuletzt abgerufen am 10.03.2021).

oder Facebook-Messenger-Nachrichten an seine Freunde zu senden, die nach nur wenigen Sekunden abliefen.[219] Nachdem Poke jedoch wenig erfolgreich war und Snapchat im Oktober 2013 um die Schlüsselfunktion der Snapchatstories erweitert wurde, brachte Facebook im Juni 2014 die App Slingshot, eine Instant-Messaging-Software-App zum Austausch von Fotos und Videos mit Freunden auf den Markt, die nur für kurze Zeit abrufbar waren.[220] Nur einen Monat später, im Juli 2014, wurde die zum Facebook Konzern gehörende App Instagram um die App Bolt ergänzt, durch die, indem auf das Gesicht eines Freundes geklickt wurde, an diesen sofort ein Foto bzw. Video versendet werden konnte.[221] Im August 2016 wurde die Möglichkeit der „Stories" zu Instagram hinzugefügt. 2017 schuf Facebook mit der App Direct einen neuen Posteingang für direkte Nachrichten. Direct erinnert dabei an die Direktnachrichten von Snapchat, wodurch Fotos und Videos mit Freunden geteilt oder auf die Geschichten von Freunden geantwortet werden kann. Im Februar 2017 wurde auch bei WhatsApp ein neues Statusfeature eingeführt. Als einer der letzten großen Versuche, Snapchat zu klonen, führte Facebook 2019 dann eine neue Messaging App namens Threads ein, deren Kamerafokussierung es den Benutzern erleichtern sollte, Inhalte, einschließlich Fotos und Videos, schnell mit einer ausgewählten Gruppe von Freunden zu teilen.[222] Auch wenn nicht all diese – nicht abschließend aufgezählten – Versuche Facebooks, Snapchat zu klonen, von Erfolg gekrönt waren, so hat es dem Wachstum von Snapchat jedenfalls einen Dämpfer versetzt.[223] So hat

---

219 *Constine*, Facebook Launches Snapchat Competitor "Poke", An iOS App For Sending Expiring Text, Photos, And Videos, Techcrunch v. 21.12.2012(abrufbar unter: https://techcrunch.com/2012/12/21/facebook-poke-app/, zuletzt abgerufen am 10.03.2021).

220 *Shontell*, Facebook Launches Slingshot And Says The Disappearing Photo App Is 'Different Than Snapchat', Businessinsider v. 17.06.2014 (abrufbar unter: https://www.businessinsider.com/facebook-has-officially-launched-its-new-photo-app-slingshot-2014-6?r=DE&IR=T, zuletzt abgerufen am 10.03.2021).

221 *Shontell*, Instagram Launches Its One-Tap Photo App Bolt To Rival TapTalk And Mirage, Businessinsider v. 29.07.2014 (abrufbar unter: https://www.businessinsider.com/instagram-launches-bolt-2014-7?r=DE&IR=T, zuletzt abgerufen am 10.03.2021).

222 Nuñez, Facebook Launches 'Threads' Stand-Alone Messaging App For Instagram In Effort To Promote Constant Sharing, Forbes Online v. 03.10.2019 (abrufbar unter: https://www.forbes.com/sites/mnunez/2019/10/03/facebook-launches-threads-standalone-messaging-app-for-instagram-in-effort-to-promote-constant-sharing/#49f7f0477bc6, zuletzt abgerufen am 10.03.2021).

223 *Schechter*, Google and Facebook's "Kill Zone": "We've Taken the Focus Off of Rewarding Genius and Innovation to Rewarding Capital and Scale", Promarket v. 25.05.2018 (abrufbar unter: https://promarket.org/2018/05/25/google-facebo

beispielsweise Instagramstories heute mit 500 Millionen täglichen Nutzern[224] (Stand Januar 2019) mehr als doppelt so viele tägliche Nutzer wie Snapchat[225]. Die Kopie Snapchats ist hierbei kein Einzelfall. Ähnlich erging es, um nur einige zu nennen, auch Houseparty, einer Gruppenvideochat-App, deren Gründer Facebook sogar kurz zuvor in ihr Hauptquartier eingeladen hatte, oder Nucleus, einer App zur Sprachsteuerung. Dabei darf nicht außer Acht gelassen werden, dass es sich bei Snapchat um ein Multi-Milliarden-Dollar-Unternehmen handelt. Für kleinere Unternehmen mit geringeren finanziellen Mitteln hätte ein solches Klonen von Funktionen voraussichtlich weitaus schlimmere Auswirkungen.

Die Konsequenz solcher „kill zones" ist, dass der Anreiz reduziert wird, Unternehmen in dieser Zone zu gründen sowie, wenn die Unternehmen bereits gegründet wurden, in Unternehmen in dieser Zone zu investieren. Durch dieses Vorgehen schirmen die GAFA-Unternehmen ihre Kernmärkte immer weiter ab und erhöhen die Marktzutrittsschranken für potentielle Konkurrenten, was wiederum zu einem Verlust des Wettbewerbs um den Markt führt. Die Vormachtstellung der GAFA-Unternehmen wird somit weiter gefestigt und macht sie unangreifbar. Mit fehlenden Investitionen gehen zudem Verluste von Innovationen in digitalen Kernbereichen einher.[226]

(3) Innovationsverlust seitens des erwerbenden Unternehmens

Der Innovationsverlust muss jedoch nicht nur seitens des Zielunternehmens stattfinden. Interne Dokumente etablierter Unternehmen zeigen, dass diese häufig selbst eigene Vorstöße in neue Märkte unternehmen, planen oder zumindest

---

oks-kill-zone-weve-taken-focus-off-rewarding-genius-innovation-rewarding-capital-scale/, zuletzt abgerufen am 10.03.2021); *Zaleski/Frier*, Evan Spiegel says Facebook copying Snapchat's popular features is the most-fantastic feeling, The Economic Times Online v. 30.05.2018 (abrufbar unter: https://economictimes.indiatimes.com/magazines/panache/evan-spiegel-says-facebook-copying-their-popular-features-is-the-most-fantastic-feeling-ever/articleshow/64379256.cms, zuletzt abgerufen am 10.03.2021).

224 Facebook, Transkript der Ergebnisse für das 4. Quartal und das Jahr 2018, Conference Call v. 30.01.2018, S. 3 (abrufbar unter: https://s21.q4cdn.com/399680738/files/doc_financials/2018/Q4/Q4-18-earnings-call-transcript.pdf, zuletzt abgerufen am 10.03.2021).

225 Snap, Snap Inc. Geschäftsergebnisse des 2. Quartals 2020, S. 8 (abrufbar unter: https://s25.q4cdn.com/442043304/files/doc_financials/2020/q2/q2-2020-earnings-slides.pdf, zuletzt abgerufen am 10.03.2021).

226 Stigler-Report, S. 78; Bericht Wettbewerbskommission 4.0, S. 65.

in Betracht ziehen,[227] denn Innovationen sind insbesondere für die GAFA-Unternehmen bzw. deren Erfolg essenziell.[228] Bietet sich jedoch die Gelegenheit, stattdessen ein junges innovatives Unternehmen auf diesem neuen Markt zu kaufen, kann der Eintritt auf diesen Markt vereinfacht bzw. beschleunigt werden. Das Zielunternehmen kann dann entweder das Projekt unterstützen oder sogar ersetzen, sodass das etablierte Unternehmen das eigene geplante Produkt einstellt.[229] Für das beschriebene Phänomen, dass ein etabliertes Unternehmen sein eigenes Produkt einstellt und stattdessen ein anderes Unternehmen erwirbt, hat sich der Begriff der *reverse killer acquisitions*[230] herausgebildet. Folge dessen sind Innovationsverluste seitens des erwerbenden Unternehmens.

Es drängt sich die Frage auf, ob durch solche Aufkäufe nicht doppelte Innovationen vermieden werden können. Diese Möglichkeit besteht selbstverständlich; grundsätzlich sind jedoch auch doppelte Innovationsanstrengungen begrüßenswert, da Konkurrenz sich regelmäßig positiv auf Innovationsanstrengungen auswirkt und Wohlfahrtseffekte mit sich bringt.[231] Zudem muss man sich die Frage stellen, ob eine solche Übernahme es dem Käufer ermöglichen würde, auf eigene Innovationsbemühungen im Gebiet bzw. auf dem Markt des Zielunternehmens zu verzichten und daher möglichen künftigen Wettbewerb auf diesem Markt verhindern würde.[232] Diese Bedenken sind nicht neu. So hat die britische Wettbewerbsbehörde CMA ganz aktuell im Fall des Zusammenschlusses von Amazon und Deliveroo geprüft, ob der Zusammenschluss es dem erwerbenden Unternehmen ermöglichen würde, auf eigene Anstrengungen im Bereich des Zielunternehmens zu verzichten, und so möglichen künftigen Wettbewerb auf diesem Markt zunichtemachen würde.[233]

(4) Zwischenergebnis

Übernahmen von Start-ups spielen eine wichtige Rolle bei der unternehmerischen Entwicklung und Innovation. Diese Übernahmen können durchaus wettbewerbsfördernde Auswirkungen haben. Während das Start-up innovative Ideen

---

227 *Caffarra et al.*, CPI Antitrust Chronicle Mai 2020 Vol. 2 Nr. 2, 13 (17).

228 *Miguel/Casado* in Gómez Uranga et al., Dynamics of Big Internet Industry Groups and Future Trends, S. 144.

229 *Caffarra et al.*, CPI Antitrust Chronicle Mai 2020 Vol. 2 Nr. 2, 13 (17).

230 Vgl. zur Begrifflichkeit *Caffarra et al.*, CPI Antitrust Chronicle Mai 2020 Vol. 2 Nr. 2, 13 (13 ff.).

231 *Caffarra et al.*, CPI Antitrust Chronicle Mai 2020 Vol. 2 Nr. 2, 13 (15).

232 *Caffarra et al.*, CPI Antitrust Chronicle Mai 2020 Vol. 2 Nr. 2, 13 (15).

233 CMA, Final Report v. 04.08.2020 – *Amazon/ Deliveroo*, S. 236, Rn. 8.257.

liefert, verfügen die etablierten Unternehmen über die notwenigen Ressourcen, diese Ideen zu verwirklichen, auch wenn diese finanziellen Mittel häufig nur in einer komplementären Richtung eingesetzt werden, was zu einem Verlust disruptiver Innovationen führt. Die aus den beschriebenen Zusammenschlüssen resultierenden Auswirkungen auf den Wettbewerb sind jedoch insbesondere negativ. Sie wirken sich nicht nur negativ auf die Marktstruktur aus, sondern auch auf den Wettbewerb, die Entwicklung von Innovationen und letztlich auf die Gesellschaft.

f. Abwägung: Notwendigkeit einer gesetzlichen Regelung

Die aus den beschriebenen Zusammenschlüssen resultierenden Auswirkungen auf den Wettbewerb sind gravierend. Der Gesetzgeber hat sich durch die Festlegung der Schwellenwerte jedoch bewusst dazu entschieden, nur Zusammenschlüsse, die diese Schwellenwerte erreichen, der nationalen Fusionskontrolle zu unterwerfen.

aa. Keine Erfassung von Kleinsterwerben

Zweck der Aufgreifschwellen ist es, die Fusionskontrolle nach deutschem Recht „auf gesamtwirtschaftlich bedeutsamen Fällen zu beschränken und solche mit nur marginalen wettbewerblichen Auswirkungen im Inland von der Kontrolle auszuschließen.“[234] Diese Funktion beruht auf dem Gedanken des *minima non curat praetor* und besagt, dass keine Kleinsterwerbe von der Fusionskontrolle erfasst werden sollen.[235] Dies hat der deutsche Gesetzgeber im Rahmen der 10. GWB-Novelle durch die Absenkung der Inlandsumsatzschwellenwerte bestätigt. Dieser Grundsatz gilt zunächst auch für Start-ups.

bb. Besonderheiten im digitalen Bereich

Im digitalen Bereich bestehen jedoch Besonderheiten, die für eine abweichende Beurteilung sprechen.

---

234 Begründung zum Dritten Mittelstandsentlastungsgesetz, BR-Drucks. 558/08, S. 33.

235 Vgl. hinsichtlich der Begrifflichkeit im Zusammenhang mit der Notwendigkeit einer wesentlichen Verstärkung einer bestehenden Unternehmensverbindung *Paschke* in Frankfurter Kommentar zum Kartellrecht, § 37 GWB Rn. 103.

(1) Fehlende Aussagekraft der Umsätze

Insbesondere im Digitalsektor kann die wirtschaftliche Bedeutung eines Unternehmens regelmäßig nicht allein anhand seines Umsatzes bestimmt werden.[236] Das hat auch der deutsche Gesetzgeber erkannt und stellt – zumindest im Rahmen des § 35 Abs. 1a GWB – zur Bestimmung der Tätigkeit eines Unternehmens im Inland auf branchenspezifische Kriterien ab.[237] Diese branchenspezifischen Kriterien können in klassischen Branchen durchaus Umsatzkriterien sein. In neueren, gerade digitalen Branchen wird jedoch regelmäßig auf andere Kriterien abzustellen sein, die das Potential und die wirtschaftliche Bedeutung des jeweiligen Unternehmens besser abbilden. So kann im Zusammenhang mit sozialen Netzwerken beispielsweise auf „unique visitors"[238] oder „daily active users"[239] abgestellt werden.[240] Diese Kriterien ermöglichen es, das wirkliche Nutzerengagement, das für die Stärke des Unternehmens einen maßgeblichen Faktor darstellt, abzubilden.[241] Sie sind zur Bemessung der wirtschaftlichen Stärke auch besser geeignet als z.B. die Messung anhand der Anzahl der Downloads, da Downloads in vielen Fällen kostenlos sind und die Nutzer daher verschiedenen Apps downloaden, um diese auszuprobieren.[242]

Im Jahr 2017 gaben mehr als die Hälfte der befragten Teilnehmer im Rahmen der ARD/ZDF-Onlinestudie 2017 an, WhatsApp täglich zu nutzen.[243] Trotzdem wurde die damals geltende 2. Inlandsumsatzschwelle in Höhe von EUR 5 Millionen nicht erreicht. Diese Diskrepanz zeigt, wie wenig aussagekräftig die Umsätze eines Unternehmens im digitalen Bereich hinsichtlich seiner Wettbewerbskraft sein können. Es kann unter Berufung auf geringe Umsätze dieser Unternehmen nicht von Kleinsterwerben gesprochen werden.

236 Regierungsbegründung zur 9. GWB-Novelle, BT-Drs. 18/10207, S. 71; Monopolkommission, Sondergutachten 68, Rn. 459.

237 BKartA/BWB, Leitfaden Transaktionswert-Schwellen, Rn. 65 ff.

238 Regierungsbegründung zur 9. GWB-Novelle, BT-Drs. 18/10207, S. 75.

239 BKartA/BWB, Leitfaden Transaktionswert-Schwellen, Rn. 67.

240 Siehe zu den Branchenkriterien näher unter Gliederungspunkt C I 2 d.

241 Lear-Report, S. 53.

242 Lear-Report, S. 70.

243 ARD/ZDF, ARD/ZDF-Onlinestudie 2017, Kernergebnisse, S. 8 (abrufbar unter: https://www.ard-zdf-onlinestudie.de/files/2017/Artikel/Kern-Ergebnisse_ARDZDF-Onlinestudie_2017.pdf, zuletzt abgerufen am 30.07.2021).

(2) Besonderheiten digitaler Ökosysteme

Hinzukommen die Besonderheiten digitaler Ökosysteme. Im digitalen Bereich gibt es eine Handvoll marktmächtiger Unternehmen, die sich zu Ökosystemen entwickelt haben, die sich stetig ausbreiten und in andere Märkte eindringen.[244] Durch die Erhöhung von Marktzutrittsschranken schotten sie ihre Kernmärkte weiter ab und sichern diese Kernmärkte gegen Angriffe aus Märkten mit potentieller Disruptionsgefahr ab.[245] Dies hat zur Entstehung einer neuen Art von Machtpositionen geführt, die über herkömmliche Marktgrenzen hinausgeht.[246] Diesen Ökosystemen in ihrer heute bestehenden Form Herr zu werden, stellt die Gesetzgeber und Wettbewerbsbehörden vor große Herausforderungen.

In diesem Umfeld, in dem sich die Marktstruktur auf einer Vielzahl von Märkten innerhalb des Ökosystems schon so stark verändert hat und nicht wenige dieser Märkte schon zugunsten der GAFA-Unternehmen gekippt sind, hat die Übernahme weiterer Start-ups mit einem erheblichen wettbewerblichen Potential negative Auswirkungen auf den Wettbewerb, da sie zur weiteren Stärkung der Dominanz des gesamten Ökosystems führt.[247] Relevant ist vor diesem Hintergrund auch die hohe Anzahl der Start-up-Übernahmen, die das erhebliche wettbewerbliche Schadenspotential weiter erhöhen.[248]

Angesichts der vermehrt zu beobachtenden Entwicklung des Wettbewerbs auf dem Markt hin zu einem Wettbewerb um den Markt muss es ein besonderes Anliegen des Wettbewerbsrechts sein, die Bestreitbarkeit der damit einhergehenden verfestigten Machtpositionen zu gewährleisten.

cc. Regelungserfordernis

In einem solchen konzentrierten Umfeld ist das Risiko einer irreversiblen Schädigung von Wettbewerb und Innovation hoch.[249] Aufgrund (noch) geringer Umsätze junger Unternehmen kann – zumindest im digitalen Kontext – auch nicht von Kleinsterwerben mit einem geringen wettbewerblichen Schadenspotential gesprochen werden. Dies gilt umso mehr vor dem Hintergrund der großen Zahl von Start-up-Übernahmen in diesem Bereich.[250] Hinzu kommen

---

244 Vgl. Sonderberater-Bericht, S. 112.
245 Vgl. Bericht Wettbewerbskommission 4.0, S. 18.
246 Vgl. Bericht Wettbewerbskommission 4.0, S. 13.
247 Vgl. Bericht Wettbewerbskommission 4.0, S. 71.
248 Vgl. Sonderberater-Bericht, S. 14; Furman-Report, Rn. 2.16 ff.
249 Vgl. Bericht Wettbewerbskommission 4.0, S. 23.
250 Siehe hierzu näher unter Gliederungspunkt B I 1 b bb.

die Besonderheiten digitaler Ökosysteme, deren Dominanz als Ganzes durch Übernahmen weiterer Start-ups mit einem erheblichen wettbewerblichen Potential gestärkt wird.

Die Erfassung dieser Übernahmen durch das deutsche Fusionskontrollregime ist daher unbedingt notwendig, um die Bestreitbarkeit der damit einhergehenden Machtpositionen zu gewährleisten.

Dies gilt umso mehr angesichts des Umstands, dass eine einheitliche europäische Lösung nicht zu erwarten ist. Im Dezember 2020 veröffentlichte die Kommission ihren Vorschlag für eine Verordnung des Europäischen Parlaments und des Rates über bestreitbare und faire Märkte im digitalen Sektor.[251] Auf Zusammenschlüsse ist die Kommission im Rahmen des Entwurfs nur am Rande eingegangen. Weitere Regelungen sind auch nicht zu erwarten. So plant die Kommission gemäß Art. 12 des Vorschlags lediglich die Verpflichtung sogenannter Gatekeeper, die Kommission über jeden geplanten Zusammenschluss i.S.d. Art. 3 der FKVO, an dem ein anderer Betreiber zentraler Plattformdienste oder Erbringer sonstiger Dienstleistungen im digitalen Sektor beteiligt ist, zu unterrichten. Dies soll unabhängig davon gelten, ob der Zusammenschluss bei einer Wettbewerbsbehörde der Union oder bei einer nationalen Wettbewerbsbehörde anzumelden ist. Weitergehende Regelungen – insbesondere hinsichtlich einer Anmeldepflicht – finden sich in dem Entwurf jedoch nicht.

Dies ist vermutlich darauf zurückzuführen, dass die Schaffung neuer Fusionskontrollregelungen nach Art. 352 Abs. 1 AEUV die Einstimmigkeit des Rates voraussetzt. Darüber hinaus würde es dem Parlament nicht ermöglichen, als Mitgesetzgeber zu handeln. Entweder um das Einstimmigkeitserfordernis zu umgehen oder, um das Parlament einzubeziehen, zieht sie eine alternative Rechtsgrundlage des Art. 114 AEUV vor.

251 Kommission, Vorschlag für eine Verordnung des Europäischen Parlaments und des Rates über bestreitbare und faire Märkte im digitalen Sektor (Gesetz über digitale Märkte), COM(2020) 842 final v. 15.12.2020.

C. Erfassung durch die deutsche Fusionskontrolle

Anhaltende strategische Übernahmen von Start-ups durch marktmächtige etablierte Unternehmen werfen mannigfaltige wettbewerbsrechtliche Bedenken auf. Da die Folgen für den Wettbewerb, die sich aus einer fehlerhaften Ausrichtung der Zusammenschlusspolitik ergeben, potentiell groß sind, muss das BKartA in der Lage sein, mögliche *killer acquisitions* zu kontrollieren. Hierfür ist zunächst erforderlich, dass solche Aufkäufe der Kontrolle des BKartA unterfallen. Viele digitale Start-ups konzentrieren sich zunächst auf die Schaffung eines erfolgreichen Produktes und den Aufbau einer entsprechenden Nutzerbasis, ohne dass kurzfristige Gewinnerzielungsabsichten im Vordergrund stehen: Eine Monetarisierung dieser Nutzerbasis wird regelmäßig erst zu einem späteren Zeitpunkt verfolgt, sollte das Unternehmen nicht bereits aufgekauft worden sein. Für eine gewisse Zeit wird sich das Wettbewerbspotenzial solcher Start-ups daher nicht in ihrem Umsatz widerspiegeln.[252] Es besteht die Gefahr, dass die derzeitigen Instrumente der primär umsatzorientierten deutschen Fusionskontrolle es nicht ermöglichen, solche Erwerbe junger innovativer Unternehmen angemessen zu erfassen.

Aufgreifschwellen haben den Zweck einer Filterfunktion innerhalb der Fusionskontrolle. Nur Transaktionen, die den Aufgreifschwellen unterfallen, werden von der Wettbewerbsbehörde im Rahmen der Fusionskontrolle eingehender untersucht. Ziel dieser Schwellenwerte ist es, die Transaktionen, die den Wettbewerb auf bestimmten Märkten beeinträchtigen könnten, zu erfassen, gleichzeitig aber den Prozess und die Kosten vorhersehbar und angemessen zu gestalten.[253] Hierzu müssen Kriterien gefunden werden, die objektiv und transparent sind, gleichzeitig aber auch flexibel genug, um die potentiell problematischen Transaktionen zu erfassen und auf dynamische Märkte reagieren zu können.[254] Die OECD empfiehlt, dass Aufgreifschwellen auf objektiv quantifizierbaren Kriterien und auf Informationen beruhen sollten, die für die Zusammenschlussparteien leicht zugänglich sind. Die Festlegung der Höhe der Aufgreifschwellen ist

---

252 Sonderberater-Bericht, S. 10.

253 ICN, Setting Notification Thresholds for Merger Review, April 2008, S. 6 f.; OECD, Local nexus and jurisdictional thresholds in merger control, Juni 2016, Rn. 7 f.

254 OECD, Local nexus and jurisdictional thresholds in merger control, Juni 2016, Rn. 6.

dabei von entscheidender Bedeutung für ein gut funktionierendes Fusionskontrollsystem. Sind die Schwellenwerte zu hoch angesetzt, kann sich eine Reihe von wettbewerbswidrigen Zusammenschlüssen der Fusionskontrolle entziehen.[255] Werden die Schwellenwerte zu niedrig angesetzt sind, führt dies zu einer übermäßigen Anzahl von Notifizierungen und verursacht unnötige Kosten für die Zusammenschlussparteien und Behörden.[256]

Die meisten Staaten stellen auf Umsatzschwellen ab.[257] Während manche Rechtsordnungen nur eine Form der Notifizierungskriterien verwenden,[258] stützt sich eine nicht geringe Zahl von Staaten kumulativ[259] oder alternativ[260] auf zwei oder mehre Kriterien.[261] Ob die Aufgreifschwellen des deutschen Fusionskontrollregimes geeignet sind bzw. welche Aufgreifschwellen sich am besten eignen, Aufkäufe von Plattformunternehmen im Digitalsektor wirksam und umfassend zu erfassen, soll anhand ausgewählter (geplanter) Regelungen verschiedener EU-Mitgliedstaaten untersucht werden.

I. Derzeitige Rechtslage

§ 35 GWB regelt den Anwendungsbereich der deutschen Fusionskontrolle. Die Schwellenwerte definieren dabei eine Untergrenze, ab der die deutsche Fusionskontrolle greift. Beträgt der Gesamtumsatz der am Zusammenschlussvorhaben beteiligten Unternehmen mehr als EUR 500 Millionen, soll ein wettbewerbliches Gefährdungspotenzial vorliegen. Der erforderliche Inlandsbezug kommt durch die Inlandsumsatzregelungen in § 35 Abs. 1 Nr. 2 GWB zum Ausdruck.

---

255 *Buccirossi et al.*, Ital. Antitrust Rev. Nr. 3 2014, 166 (166); OECD, Local nexus and jurisdictional thresholds in merger control, Juni 2016, Rn. 16.

256 *Buccirossi et al.*, Ital. Antitrust Rev. Nr. 3 2014, 166 (166).

257 Vgl. OECD, Local nexus and jurisdictional thresholds in merger control, Juni 2016, Rn. 36 ff.

258 Die EU verlässt sich beispielsweise ausschließlich auf die Umsätze der Zusammenschlussparteien.

259 Z.B. berücksichtigen die USA die Größe der Transaktion. Soweit die Transaktion eine bestimmte Größe erreicht hat werden zudem die Umsätze oder die Vermögenswerte der Parteien berücksichtigt.

260 Z.B. berücksichtigt das spanische Fusionskontrollsystem alternativ die Marktanteile der Parteien sowie deren Umsätze.

261 Vgl. OECD, Local nexus and jurisdictional thresholds in merger control, Juni 2016, Rn. 29.

1. Einführung

Um die Aufkäufe junger Unternehmen überprüfen zu können, ist es notwendig, dass die nationalen Schwellenwerte erreicht werden. Die GAFA-Unternehmen werden die Schwellenwerte unproblematisch erreichen.[262] Bei Start-ups ist das Erreichen der Umsatzschwelle(n) jedoch regelmäßig problematisch, da die Zielunternehmen aufgrund ökonomischer Besonderheiten innovativer Geschäftsmodelle häufig (noch) keine oder nur geringe Umsätze generieren und daher die – im Rahmen der 10. GWB-Novelle von EUR 5 Millionen auf EUR 17,5 Millionen erhöhte – Inlandumsatzschwelle nach § 35 Abs. 1 Nr. 2 GWB nicht erreichen. Gerade Start-ups in diesem Sektor setzten zunächst stark auf das Wachstum ihrer Nutzerbasis bzw. ihrer Größe, sodass Umsätze anfangs kaum oder gar nicht generiert werden.[263]

Das Risiko solcher Schutzlücken kann zwar dadurch begrenzt werden, dass das Zusammenschlussvorhaben in anderen EU-Staaten der Kontrolle der jeweiligen Wettbewerbsbehörden unterfällt bzw. aufgrund einer Verweisung durch

262 Die Microsoft Corp. („Microsoft") erzielte im Geschäftsjahr 2020 einen weltweiten Umsatz von ca. USD 143 Milliarden (Microsoft Geschäftsbericht 2020, S. 7, abrufbar unter: https://www.annualreports.com/HostedData/AnnualReports/PDF/NASDAQ_MSFT_2020.pdf, zuletzt abgerufen am 10.03.2021); Amazon erzielte im Geschäftsjahr 2020 einen weltweiten Umsatz von ca. USD 386 Milliarden (Amazon, Mitteilung v. 02.02.2020 zu den Geschäftsergebnissen des Jahres 2020 und dem CEO-Wechsel, S. 12, abrufbar unter: https://s2.q4cdn.com/299287126/files/doc_financials/2020/q4/Amazon-Q4-2020-Earnings-Release.pdf, zuletzt abgerufen am 10.03.2021). In Deutschland erzielte Amazon 2019 einen Umsatz von ca. USD 22,23 Milliarden (Amazon 10-K Jahresbericht 2019, S. 68, abrufbar unter: https://d18rn0p25nwr6d.cloudfront.net/CIK-0001018724/4d39f579-19d8-4119-b087-ee618abf82d6.pdf, zuletzt abgerufen am 10.03.2021); Alphabet Inc. („Alphabet"), der Mutterkonzern von Google setzte im Geschäftsjahr 2020 weltweit ca. USD 182,5 Milliarden um (Alphabet 10-K Jahresbericht 2020, S. 66, abrufbar unter: https://abc.xyz/investor/static/pdf/20210203_alphabet_10K.pdf, zuletzt abgerufen am 10.03.2021); Apple erzielte im Geschäftsjahr 2019 einen weltweiten Umsatz von ca. USD 274,5 Milliarden (Apple 10-K Jahresbericht 2020, S. 39, abrufbar unter: https://s2.q4cdn.com/470004039/files/doc_financials/2020/ar/_10-K-2020-(As-Filed).pdf zuletzt abgerufen am 10.03.2021); Facebook erzielte im Geschäftsjahr 2020 weltweite Umsätze in Höhe von ca. USD 85,9 Milliarden (Facebook 10-K Jahresbericht 2020, S. 66, abrufbar unter: http://d18rn0p25nwr6d.cloudfront.net/CIK-0001326801/4dd7fa7f-1a51-4ed9-b9df-7f42cc3321eb.pdf, zuletzt abgerufen am 10.03.2021).

263 Regierungsbegründung zur 9. GWB-Novelle, BT-Drs. 18/10207, S. 71; Monopolkommission, Sondergutachten 68, Rn. 459.

die Mitgliedstaaten gemäß Art. 22 Abs. 1 FKVO von der Europäischen Kommission („Kommission") untersucht wird, aber nicht vollständig ausgeschlossen werden. Es bedarf daher eines Aufgreifinstruments, das geeignet und hinreichend flexibel ist, die Aufkäufe zu erfassen, bei denen der Umsatz das wettbewerbliche Potential des Zielunternehmens nicht angemessen widerspiegelt.

2. Transaktionswert-Schwelle

Mit Einführung der Transaktionswert-Schwelle soll eine Lücke im deutschen Fusionskontrollregime geschlossen werden, indem solche Zusammenschlüsse erfasst werden, die trotz noch fehlender oder nur geringer Umsätze des Zielunternehmens erheblichen Einfluss auf den Wettbewerb haben.[264]

a. Hintergrund unter Berücksichtigung der Umsatzschwellenwerte

Dem Umstand, dass die meisten GAFA-Akquisitionen nicht von an Umsätzen orientierten Aufgreifschwellen (wie z.B. im Rahmen der FKVO oder auch des GWB) erfasst wurden, ist der deutsche Gesetzgeber mit der Einführung eines Transaktionsschwellenwertes in § 35 Abs. 1a Nr. 3 GWB jedenfalls teilweise entgegengetreten.[265]

Der deutsche Gesetzgeber hat im Rahmen der am 9. Juni 2017 in Kraft getretenen 9. GWB-Novelle eine zusätzliche Aufgreifschwelle in Form der Transaktionswert-Schwelle in § 35 Abs. 1a GWB eingeführt und sich dabei am US-amerikanischen Size of Transaction Test orientiert.[266] Nach dem Hart-Scott-Rodino Antitrust Improvements Act of 1976 (Sec. 7A Clayton Act, 15 U. S. C. § 18 a) ist ein Vorhaben anmeldepflichtig, wenn der Umfang der Transaktion USD 376 Millionen übersteigt.[267] Liegt der Wert über USD 92 Millionen, aber

---

264 Regierungsbegründung zur 9. GWB-Novelle, BT-Drs. 18/10207, S. 70.

265 Regierungsbegründung zur 9. GWB-Novelle, BT-Drs. 18/10207, S. 72; *Podszun/Kersting*, ZRP 2019, 34 (35).

266 Regierungsbegründung zur 9. GWB-Novelle, BT-Drs. 18/10207, S. 72.

267 Vgl. zu den aktuellen HSR-Schwellenwertanpassungen FTC, Blogpost v. 17.02.2021, HSR threshold adjustments and reportability for 2021 (abrufbar unter: https://www.ftc.gov/news-events/blogs/competition-matters/2021/02/hsr-threshold-adjustments-reportability-2021, zuletzt abgerufen am 10.03.2021).
Die Schwellenwerte des Size of Transaction Test werden jährlich auf Grundlage der Veränderung des Bruttosozialprodukts angepasst. Die oben genannten Schwellenwerte gelten für Transaktionen, die an oder nach dem 04.03.2020 abgeschlossen werden.

unter USD 368 Millionen, besteht eine Anmeldepflicht nur dann, wenn die Beteiligten zusätzlich bestimmte Umsatzschwellen überschreiten.[268]

Anders als im US-amerikanischen Recht ist die Transaktionswert-Schwelle gemäß § 35 Abs. 1a GWB im deutschen Recht subsidiär zu den Umsatzschwellen ausgestaltet,[269] auch wenn der Wortlaut nicht darauf hindeutet. In seinem Leitfaden zur Transaktionswert-Schwelle spricht das BKartA aber explizit von einem „Auffangtatbestand“, der greifen soll, wenn das „Zielunternehmen im Inland Umsatzerlöse erzielte, die unter EUR 5 Millionen lagen, und diese Umsatzerlöse die Marktposition und das Wettbewerbspotential angemessen widerspiegeln“[270]. Erfasst werden sollen im Ergebnis nur Transaktionen, bei denen der Umsatz des Zielunternehmens dessen Marktpotential nicht angemessen widerspiegelt, nicht aber alle Transaktionen, bei denen die zweite Inlandsumsatzschwelle nicht erreicht wird. Der Anwendungsbereich der Transaktionswert-Schwelle ist insoweit teleologisch zu reduzieren.[271]

Außerdem stellt das deutsche Recht anders als das US-amerikanische Recht auf den Wert der Gegenleistung und nicht den Wert des Erworbenen ab, da dies den Vorteil eines leichter ermittelbaren Wertes haben soll.[272] Beträgt der Wert der Gegenleistung für den Zusammenschluss mehr als EUR 400 Millionen und ist das Zielunternehmen in erheblichem Umfang im Inland tätig, besteht auch dann eine Anmeldepflicht, wenn das zu erwerbende Unternehmen in Deutschland Umsätze von weniger als EUR 17,5 Millionen erzielt, der Umsatz der beteiligten Unternehmen weltweit EUR 500 Millionen übersteigt und ein beteiligtes Unternehmen Umsatzerlöse von mehr als EUR 50 Millionen erzielt hat.

---

268 Der Size of Person Schwellenwert ist im Allgemeinen erfüllt, wenn eine Partei der Transaktion einen Jahresnettoumsatz oder ein Gesamtvermögen von USD 184 Millionen oder mehr und die andere Partei einen Jahresnettoumsatz oder ein Gesamtvermögen von USD 18,4 Millionen oder mehr aufweist. In jedem Fall ist die operative Partei die oberste Muttergesellschaft der an der potenziell meldepflichtigen Transaktion beteiligten Partei.

269 Regierungsbegründung zur 9. GWB-Novelle, BT-Drs. 18/10207, S. 72.; *BKartA/BWB*, Leitfaden Transaktionswert-Schwellen, Rn. 3.

270 BKartA/BWB, Leitfaden Transaktionswert-Schwellen, Rn. 82. Mit Erhöhung der Inlandsumsatzschwelle auf EUR 17,5 Millionen sind die Voraussetzungen nun erfüllt, wenn das Zielunternehmen im Inland Umsatzerlöse erzielte, die unter EUR 17,5 Millionen lagen.

271 *Pohlmann/Wismann*, WuW 2017, 257 (260), *Esser/Höft*, NZKart 2017, 259 (261); *Mayr*, NZKart 2019, 205 (206).

272 Regierungsbegründung zur 9. GWB-Novelle, BT-Drs. 18/10207, S. 73.

b. Situation vor Einführung der Transaktionswert-Schwelle

Vor Einführung der Transaktionswert-Schwelle war ein Zusammenschlussvorhaben nur in den Fällen anzumelden, in denen entweder einen Zusammenschluss nach Art. 3 Abs. 1 FKVO oder nach § 37 Abs. 1 GWB vorlag, und die Umsatzschwellen nach Art. 1 Abs. 2 oder Abs. 3 FKVO bzw. § 35 Abs. 1 GWB erfüllt waren. Die Zusammenschlusskontrolle nach der FKVO ist dabei gegenüber der Kontrolle nach dem GWB vorrangig.

Bisher unterlag gemäß § 35 Abs. 1 GWB ein Zusammenschlussvorhaben dem deutschen Fusionskontrollregime nur, wenn im letzten Geschäftsjahr vor dem Zusammenschluss die beteiligten Unternehmen insgesamt weltweit Umsatzerlöse von mehr als EUR 500 Millionen und im Inland mindestens ein beteiligtes Unternehmen Umsatzerlöse von mehr als EUR 25 Millionen (heute EUR 50 Millionen) und ein anderes beteiligtes Unternehmen Umsatzerlöse von mehr als EUR 5 Millionen (heute EUR 17,5 Millionen) erzielt haben. Dies hatte zur Folge, dass der Erwerb umsatzschwacher bzw. umsatzloser Unternehmen auch dann nicht anmeldepflichtig war, wenn der Erwerber Milliardenumsätze generierte.[273]

c. Wert der Gegenleistung als maßgebliches Kriterium der Transaktionswert-Schwelle

Zentraler Begriff der neuen, transaktionswertbezogenen Aufgreifschwelle ist der Wert der Gegenleistung.

aa. Begriff

Nach § 38 Abs. 4a GWB umfasst die relevante Gegenleistung alle Vermögensgegenstände und sonstige geldwerte Leistungen, die der Veräußerer vom Erwerber im Zusammenhang mit dem Zusammenschluss erhält (Kaufpreis), zuzüglich des Wertes etwaiger vom Erwerber übernommener Verbindlichkeiten. Anhand welcher Methode dieser Wert zu bestimmen ist, gibt der Gesetzgeber nicht vor, vielmehr soll jede anerkannte Wertbestimmungsmethode zulässig sein, abgesehen von einer Wertbestimmung nach Liquidationswerten.[274] Relevante Vermögensgegenstände umfassen sämtliche Geldzahlungen, darüber hinaus aber auch die Übertragung von Stimmrechten, Wertpapieren, Sachanlagen und immateriellen Vermögensgegenständen, die der Veräußerer anstelle eines Kaufpreises erhält. Ebenso können Zinsen, Investitionsverpflichtungen oder Ausschüttungen

273 Monopolkommission, Sondergutachten 68, Rn. 454.
274 Regierungsbegründung zur 9. GWB-Novelle, BT-Drs. 18/10207, S. 78.

relevant sein. Zudem sollen auch Gegenleistungen erfasst sein, die an den Eintritt bestimmter Bedingungen geknüpft sind, wie sogenannte Earn-out-Klauseln[275] sowie vereinbarte zusätzliche Zahlungen, wenn zu einem zukünftigen Zeitpunkt bestimmte Umsatz- oder Gewinnziele erreicht werden. Ebenfalls zu berücksichtigen sind Zahlungen für einen vereinbarten Wettbewerbsverzicht des Veräußerers.[276]

bb. Höhe

Die Höhe des Schwellenwerts von EUR 400 Millionen wurde laut der Gesetzesbegründung so gewählt, dass dieser „nur wirtschaftlich bedeutende Fälle der Fusionskontrolle unterwirft und dabei hinreichend Spielräume im Spannungsfeld zwischen Innovationsförderung und notwendigem Schutz vor einer Vermachtung von Märkten bietet“[277]. So soll gewährleistet werden, dass der fusionskontrollrechtliche Schutz sichergestellt wird, gleichzeitig aber trotzdem nur die gesamtwirtschaftlich bedeutsamsten Fälle erfasst werden und damit Irrtumskosten reduziert werden.[278] Der Referentenentwurf sah ursprünglich einen Transaktionsschwellenwert in Höhe von EUR 350 Millionen vor,[279] wurde später aber auf EUR 400 Millionen angehoben. Die Monopolkommission sah sogar einen Wert von EUR 500 Millionen als sinnvoll an.[280] Nach einer Auswertung der größten Start-up-Transaktionen in Deutschland gab es 2013 und 2014 nur je eine Übernahme eines in Deutschland tätigen Unternehmens, die einen Kaufpreis von EUR 350 Millionen überstieg.[281] Das spricht für eine geringe praktische Relevanz der Transaktionswert-Schwelle. Hinzu kommt, dass die breiten Schwankungen hinsichtlich der Wertbestimmung in dessen Entstehungsprozess deutlich machen, wie willkürlich die Schwelle letztendlich gesetzt ist.[282]

---

275 Durch Earn-out-Klauseln verpflichtet sich der Käufer zur Zahlung eines Zusatzpreises, der von der (positiven) Entwicklung des Zielgeschäfts abhängig ist.

276 Regierungsbegründung zur 9. GWB-Novelle, BT-Drs. 18/10207, S. 77.

277 Regierungsbegründung zur 9. GWB-Novelle, BT-Drs. 18/10207, S. 73.

278 Regierungsbegründung zur 9. GWB-Novelle, BT-Drs. 18/10207, S. 73.

279 BMWi, Entwurf eines Neunten Gesetzes zur Änderung des Gesetzes gegen Wettbewerbsbeschränkungen (9. GWB-ÄndG) – Referentenentwurf, S. 20.

280 Monopolkommission, Sondergutachten 68, Rn. 461.
Es muss diesbezüglich aber darauf hingewiesen werden, dass die Monopolkommission zu diesem Zeitpunkt in ihrem 68. Sondergutachten nicht von einer subsidiären Ausgestaltung der Transaktionswert-Schwelle ausging.

281 Regierungsbegründung zur 9. GWB-Novelle, BT-Drs. 18/10207, S. 74.

282 *Meyer-Lindemann* in Kersting/Podszun, Die 9. GWB-Novelle, Kapitel 12 Rn. 27.

cc. Relevanter Zeitpunkt der Wertermittlung

Insbesondere bei Wertpapieren wird der Wert der Gegenleistung im Zeitablauf schwanken. Es stellt sich daher die Frage nach dem relevanten Zeitpunkt der Wertermittlung. Maßgeblich für die Frage der Anmeldepflicht ist der Zeitpunkt des Vollzugs des Zusammenschlusses. Steht dieser aufgrund von Wertschwankungen zum Zeitpunkt der Anmeldung noch nicht fest, kann in der Anmeldung der Wert der Gegenleistung auf den Zeitpunkt der Prüfung der Anmeldepflicht durch die Zusammenschlussparteien bezogen werden. Übersteigt der Wert nach der Anmeldung EUR 400 Millionen nicht, kann die Anmeldung zurückgezogen werden. Gleiches gilt im umgekehrten Fall, sodass ein nicht anmeldepflichtiges Vorhaben anmeldepflichtig werden kann.[283]

dd. Earn-out-Klausel

Insbesondere im Start-up Bereich findet man vermehrt Vereinbarungen über eine mögliche nachträgliche Kaufpreiserhöhung, sog. Earn-out-Klauseln.[284] Im Fall der Vereinbarung einer solchen Klausel werden zwar 100 % der Gesellschafts- und Geschäftsanteile veräußert, der Käufer verpflichtet sich aber zur Zahlung einer zusätzlichen Summe, wenn sich das Geschäft wie im Businessplan des Verkäufers vorgesehen oder sogar besser entwickelt.[285] Das hat den Vorteil, dass trotz abweichender Kaufpreisvorstellungen aufgrund einer unterschiedlichen Einschätzung einer zukünftigen Gewinnentwicklung der Unternehmenskauf vollzogen werden kann.[286]

Ob und in welcher Höhe solche optionalen Summen letztendlich gezahlt werden, wird zum Zeitpunkt des Vollzugs regelmäßig noch nicht festzustellen sein. Den Maximalbetrag anzusetzen, würde der Realität aber in den meisten Fällen nicht gerecht. Es sind daher gängige Abzinsungsmethoden zu nutzen. Durch die Abzinsung zukünftiger risikoreicher Beträge auf den Stichtag kann der Wert der Zahlungen zu einem einheitlichen Zeitpunkt ermittelt werden.[287]

---

283 BKartA/BWB, Leitfaden Transaktionswert-Schwellen, Rn. 28.

284 *Hilgard*, BB 2010, 2912 (2913).

285 *Darby*, Practical Guide to Mergers, Acquisitions and Business Sales, S. 7 f.; *Hübner* in Scherer, Unternehmensnachfolge, § 3 Rn. 24.

286 *Hilgard*, BB 2010, 2912 (2912 f.).

287 BKartA/BWB, Leitfaden Transaktionswert-Schwellen, Rn. 30; *Barth/Dos Santos Goncalves*, GWR 2017, 289 (291).

d. Inlandsaktivität

Das Erfordernis einer erheblichen Inlandstätigkeit nach § 35 Abs. 1a Nr. 4 GWB des zu erwerbenden Zielunternehmens schränkt die Anwendbarkeit der Transaktionswert-Schwelle ein. Hintergrund ist, dass Fälle, die im Wesentlichen die Übernahme eines im Ausland tätigen Unternehmens betreffen, nicht erfasst werden sollen.[288]

aa. Kriterien

Es ist diesbezüglich auf branchenspezifische und nicht umsatzbezogene Kriterien abzustellen,[289] da Zusammenschlüsse in umsatzstarken Branchen bereits anhand der Umsatzschwellen angemessen beurteilt werden können. Je nach Branche und Tätigkeit unterscheiden sich die Kriterien zur Bestimmung einer erheblichen Inlandstätigkeit und die dafür maßgeblichen, aussagekräftigen Kriterien und Faktoren variieren, [290] bzw. können sich auch über Zeit verändern und weiterentwickeln. Im digitalen Bereich wären geeignete Kriterien z.B. sogenannte „Monthly Active User“ (MAU) „unique visitors“[291] oder „daily active users“[292]. Von einer Inlandstätigkeit ist daher z.B. auszugehen, wenn Nutzer im Inland die Angebote des Zielunternehmens in Anspruch nehmen. Gleiches gilt auch bei Unentgeltlichkeit der Leistung.[293]

bb. Marktbezug

Die Inlandstätigkeit muss einen Marktbezug aufweisen. Eine Monetarisierung ist hierfür nicht erforderlich, sodass der Marktbezug auch gegeben sein kann, wenn eine Leistung nicht durch Geld entlohnt wird, sondern z.B. der Nutzer Werbung konsumiert oder eine zunächst kostenfreie Leistung später kostenpflichtig wird.[294]

---

288 BKartA/BWB, Leitfaden Transaktionswert-Schwellen, Rn. 64.

289 Regierungsbegründung zur 9. GWB-Novelle, BT-Drs. 18/10207, S. 75; *Barth/Dos Santos Goncalves*, GWR 2017, 289 (292).

290 Regierungsbegründung zur 9. GWB-Novelle, BT-Drs. 18/10207, S. 75.

291 Regierungsbegründung zur 9. GWB-Novelle, BT-Drs. 18/10207, S. 75.

292 BKartA/BWB, Leitfaden Transaktionswert-Schwellen, Rn. 67.

293 BKartA/BWB, Leitfaden Transaktionswert-Schwellen, Rn. 72.

294 BKartA/BWB, Leitfaden Transaktionswert-Schwellen, Rn. 76 ff.

cc. Erheblichkeit

Die Inlandstätigkeit muss darüber hinaus einen erheblichen Umfang aufweisen. Der Gesetzgeber hat diesbezüglich keine zahlenmäßige Festlegung getroffen. Das BKartA gibt in seinem Leitfaden zur Transaktionswert-Schwelle an, eine Erheblichkeit zu verneinen, wenn das zu erwerbende Unternehmen in Deutschland Umsätze von unter EUR 5 Millionen erzielt hat. Durch die Erhöhung der zweiten Inlandsumsatzschwelle – auch im Rahmen der Transaktionswert-Schwelle – von EUR 5 Millionen auf EUR 17,5 Millionen im Rahmen der 10. GWB-Novelle ist davon auszugehen, dass eine Erheblichkeit zu verneinen ist, wenn das zu erwerbende Unternehmen in Deutschland Umsätze von unter EUR 17,5 Millionen erzielt hat. Die Anwendbarkeit dieses Umsatzkriteriums steht jedoch unter der Prämisse, dass die Umsätze sowohl die Marktposition als auch das wettbewerbliche Potential des Zielunternehmens adäquat widerspiegeln. Spiegeln die Umsätze im Inland die Marktposition und das wettbewerbliche Potential des Zielunternehmens nicht adäquat wider, ist die das Kriterium der Erheblichkeit nach den oben genannten branchenspezifischen und nicht umsatzbezogenen Kriterien (im digitalen Bereich z.B. Monthly Active User" (MAU) „unique visitors"[295] oder „daily active users") zu bestimmen.[296]

Welchen Umfang diese branchenspezifischen Kriterien aufweisen müssen, lässt sich mangels entsprechender Fallpraxis noch nicht abschließend sagen.[297] Fest steht zumindest, dass lediglich marginale Tätigkeiten nicht erfasst werden sollen. Der Umfang sollte zudem bei in umsatzstarken Branchen tätigen Unternehmen, dem vom BKartA geforderten EUR 5 Millionen bzw. mit Erhöhung der zweiten Inlandsumsatzschwelle EUR 17,5 Millionen Umsatz in Deutschland entsprechen. Hinsichtlich der Zahl der MAU sieht das BKartA beispielsweise eine Million Nutzern als unstreitig ausreichend an, um von einer erheblichen Inlandstätigkeit sprechen zu können. Eine Erheblichkeit wird jedoch auch bei einer geringeren Anzahl von Nutzern zu bejahen sein: Einerseits sind eine Million MAU sehr hoch angesetzt, wenn man bedenkt, dass das Unternehmen mit den meisten aktiven Usern in Deutschland, Facebook, „nur" ca. 30 Millionen monatlich aktive Nutzer[298], gefolgt von Instagram mit ca. 15 Millionen aktiven

---

295 Regierungsbegründung zur 9. GWB-Novelle, BT-Drs. 18/10207, S. 75.

296 BKartA/BWB, Leitfaden Transaktionswert-Schwellen, Rn. 82.

297 BKartA/BWB, Leitfaden Transaktionswert-Schwellen, Rn. 88 Fn. 40.

298 *Roth*, Offizielle Facebook Nutzerzahlen für Deutschland, AllFacebook.de v. 19.03.2019 (abrufbar unter: https://allfacebook.de/zahlen_fakten/offiziell-facebook-nutzerzahlen-deutschland, zuletzt abgerufen am 10.03.2021).

Nutzern[299], aufweist. Setzt man diese Nutzerzahlen mit den Umsätzen ins Verhältnis, wird aber deutlich, dass auch bei monatlichen aktiven Nutzern von unter einer Million die Erheblichkeitsschwelle erreicht werden wird.

Auch aus Gründen der Rechtssicherheit erscheint es sinnvoller, die Aktivitäten des Zielunternehmens in Deutschland in Relation zur Tätigkeit der gesamten Branche in Deutschland zu bewerten.[300] In Deutschland erzielen ca. 3 % der Unternehmen einen Umsatz von über EUR 5 Millionen und knapp 2 % einen Umsatz von über EUR 17,5 Millionen.[301] Diese Zahl schließt aber auch Unternehmen ein, die nicht in umsatzstarken Branchen aktiv sind, sodass der Umsatz möglicherweise kein ausreichender Indikator für deren wirtschaftlichen Erfolg ist. Der Prozentsatz der Unternehmen, die Umsätze von über EUR 5 Millionen bzw. EUR 17,5 Millionen erzielen, gleichzeitig die Umsätze das angemessene Bewertungskriterium darstellen, wird daher höher sein. Jedenfalls wird man aber zumindest bei einer Tätigkeit unter 3 % bzw. unter 2 % der relevanten Kriterien nur von einer marginalen Tätigkeit ausgehen können und die Erheblichkeit in diesem Fall verneinen müssen.

e. Erfassen von Aufkäufen von Start-ups im digitalen Bereich

Das Ziel der Einführung der Transaktionswert-Schwelle war es, Zusammenschlüsse zu erfassen, bei denen die Umsätze des möglicherweise noch kleinen Zielunternehmens nur sehr gering oder nicht existent sind, wie es in digitalen Wirtschaftsbereichen der Fall sein kann.[302] Ob sie jedoch geeignet ist, Aufkäufe in diesem Sektor umfassend zu erfassen ist zweifelhaft.

aa. Inlandsaktivität

Branchenspezifische Kriterien eignen sich grundsätzlich, die Inlandstätigkeit von Unternehmen, bei denen der Umsatz nicht zwingend deren Marktpotential

299 *Roth*, Offizielle Nutzerzahlen: Instagram in Deutschland und Weltweit, AllFacebook.de v. 06.10.2020 (abrufbar unter: https://allfacebook.de/instagram/instagram-nutzer-deutschland, zuletzt abgerufen am 10.03.2021).

300 *Kahlenberg/Heim*, BB 2017, 1155 (1156).

301 Statistisches Bundesamt, Umsatzsteuerstatistik (Voranmeldungen), Fachserie 14 Reihe 8.1, 2018, S. 13 (abrufbar unter: https://www.destatis.de/DE/Themen/Staat/Steuern/Umsatzsteuer/Publikationen/Downloads-Umsatzsteuern/umsatzsteuer-2140810187004.pdf?__blob=publicationFile, zuletzt abgerufen am 10.03.2021).

302 Regierungsbegründung zur 9. GWB-Novelle, BT-Drs. 18/10207, S. 71.

widerspiegelt, angemessen bewerten zu können, wobei die genauen Kriterien noch unbestimmt sind und im Einzelfall variieren können.

bb. Höhe der Transaktionswert-Schwelle

Auch die Festsetzung des Transaktionsschwellenwertes auf EUR 400 Millionen ist grundsätzlich geeignet, vereinzelte Aufkäufe im digitalen Bereich zu erfassen, wie beispielsweise den viel diskutierten Aufkauf von WhatsApp durch Facebook. Der Wert erscheint aber zu hoch, um die wettbewerblich relevanten Fälle in diesem Zusammenhang allseitig zu erfassen. Dies indizieren auch die breiten Schwankungen hinsichtlich der Wertbestimmung im Rahmen des Entstehungsprozesses des Wertes. Zudem hat eine Vielzahl der Erwerbe von Start-ups durch GAFA-Unternehmen, unabhängig von der Frage, ob es sich um eine *killer acquisition* handelt oder nicht, in der Vergangenheit den Wert von EUR 400 Millionen unterschritten, so z.B. ganz aktuell beim Aufkauf des Techstart-ups Pointy LLC[303] am 14.01.2020 durch Alphabet zu einem Kaufpreis von ca. USD 163 Millionen.[304] Betrachtet man die GAFA-Übernahmen, deren Übernahmepreis öffentlich zugänglich ist, stellt man fest, dass etwa ein Drittel der Zielunternehmen sogar niedriger als USD 50 Millionen bewertet wurden.[305] Genau diese Unternehmen können es aber sein, die aufgrund disruptiver Innovationen später zu Konkurrenten der GAFA-Unternehmen werden. Außerdem kann auch die Vielzahl der Aufkäufe für das wettbewerbliche Schadenspotential maßgeblich sein.[306] Dies kann im Rahmen der Transaktionswert-Schwelle aber nicht berücksichtigt werden.

---

303 Pointy soll dazu beitragen herauszufinden, welche physischen Vorräten lokale Geschäfte haben. Dafür stellt Pointy eine kleine, physische Box zur Verfügung, die von jedem Einzelhändler mit einem Barcode-Scanner verwendet werden kann, der diese dann online anzeigt.

304 *Lunden*, Google acquires Pointy, a startup to help brick-and-mortar retailers list products online, for $163M, Techcrunch v. 14.01.2020 (abrufbar unter: https://techcrunch.com/2020/01/14/google-is-buying-pointy-a-startup-that-helps-brick-and-mortar-retailers-list-products-online/, zuletzt abgerufen am 10.03.2021).
Weitere Beispiele für Aufkäufe von Google, die (unabhängig von einer fehlenden Tätigkeit in Deutschland) nicht unter die Transaktionswert-Schwelle von EUR 400 Millionen fallen würden: Der Erwerb von Superpod am 3. Januar 2019 (Kaufpreis ca. USD 60 Millionen) oder von Sigmoid Labs (Kaufpreis ca. EUR 40 Millionen).

305 Vgl. *Latham et al.*, CPI Antitrust Chronicle Mai 2020 Vol. 2 Nr. 2, 26 (32).

306 Vgl. Monopolkommission, Policy Brief 4, Januar 2020, S. 7.

Darüber hinaus birgt ein so hoch angesetzter Wert insbesondere im Start-up-Bereich die Gefahr, dass der Aufkaufzeitpunkt noch weiter vorverlegt wird, um so der Aufgreifschwelle nicht zu unterfallen, ermöglicht durch große finanzielle Mittel und auf Datenanalysen basierenden Frühwarnsystemen, die es den Unternehmen ermöglichen, potentielle Konkurrenten frühzeitig zu lokalisieren. Diese Bedenken sind auch nicht unbegründet. So sind beispielsweise die von Facebook aufgekauften Unternehmen im Schnitt nur zweieinhalb Jahre alt.[307] Analysiert man die Aufkäufe der anderen GAFA-Unternehmen, zeigt sich ein ähnliches Muster.[308]

f. Bisherige Bedeutung der Transaktionswert-Schwelle

Die Bundesregierung ging bei der Einführung der Transaktionswert-Schwelle von einer Fallzahl im niedrigen einstelligen Bereich aus.[309]

Insgesamt befasste sich das BKartA im Rahmen der neuen Transaktionswert-Schwelle nach § 35 Abs. 1a GWB bisher mit 60 Fällen. In 34 Fällen wurde eine informelle Anfrage gestellt. In 29 Fällen teilte das BKartA den Unternehmen mit, dass keine Anmeldung erforderlich sei. In 19 von 29 Fällen war dies auf einen fehlenden Inlandsbezug zurückzuführen. Angemeldet wurden letztlich 31 Zusammenschlüsse, wovon wiederum 19 freigegeben wurden. In zehn Fällen wurde die Anmeldung zurückgenommen. Zwei Fälle prüft das BKartA derzeit noch.[310]

Die bisherige Bedeutung der Transaktionswert-Schwelle hält sich daher in Grenzen.

g. Zwischenergebnis

Für Deutschland liegen keine gesicherten statistischen Angaben über den Wert der Gegenleistung bei Unternehmenszusammenschlüssen vor, da der Wert der Gegenleistung in Deutschland nicht meldepflichtig ist und als Geschäftsgeheimnis in der Öffentlichkeit für gewöhnlich nicht preisgegeben wird.[311] Auch anhand einer Analyse der bisher aufgrund der Transaktionswert-Schwelle angemeldeten

307 Lear-Report, Einf. S. 2.

308 Lear-Report, Einf. S. 2.

309 Regierungsbegründung zur 9. GWB-Novelle, BT-Drs. 18/10207, S. 43.

310 Unterrichtung durch die Bundesregierung, Bericht gemäß § 18 Absatz 8 und § 43a des Gesetzes gegen Wettbewerbsbeschränkungen, BT-Drs. 19/26136 S. 3.

311 Regierungsbegründung zur 9. GWB-Novelle, BT-Drs. 18/10207, S. 75.

Zusammenschlüsse lässt sich aufgrund der geringen Anzahl nicht beantworten, ob die wettbewerbsrelevanten Zusammenschlüsse unter die Transaktionswert-Schwelle fallen. Besonders große Transaktionen, wie der Zusammenschluss von Facebook und WhatsApp würden nach Einführung der Transaktionswert-Schwelle nun dem deutschen Fusionskontrollregime unterfallen. Der Wert von EUR 400 Millionen erscheint aber zu hoch, um alle wettbewerblich relevanten Fälle zu erfassen. Die Transaktionswert-Schwelle dient in Deutschland lediglich als subsidiäres Instrument innerhalb der Aufgreifinstrumente, das nur in Ausnahmefällen greift, und führt auch aufgrund mangelnder Flexibilität nicht zu einer umfassenden Kontrollmöglichkeit des Erwerbs von Start-ups durch große Plattformunternehmen. In jedem Fall gibt sie keine ausreichende Antwort auf die Frage, wie Aufkäufe im digitalen Bereich erfasst werden können.

3. Im Rahmen der 10. GWB-Novelle neu eingeführtes Aufgreifinstrument

Im Rahmen der 10. GWB-Novelle wurde, für viele überraschend, mit § 39a GWB eine Regelung in das GWB aufgenommen, derzufolge das Anmelderegime der Fusionskontrolle eine erhebliche Ergänzung erfährt: Das BKartA kann nach § 39a GWB bestimmte Unternehmen dazu verpflichten, jeden Zusammenschluss anzumelden. Dafür muss nach § 39a Abs. 1 GWB das erwerbende Unternehmen weltweit Umsätze von mehr als EUR 500 Millionen erzielt haben sowie Anhaltspunkte dafür bestehen, dass durch den zukünftigen Zusammenschluss der Wettbewerb im Inland in den genannten Wirtschaftszweigen behindert werden kann. Zudem muss das Unternehmen in den genannten Wirtschaftszweigen einen Anteil von mindestens 15 % am Angebot oder an der Nachfrage von Waren oder Dienstleistungen in Deutschland haben. Das Zielunternehmen muss Umsatzerlöse von mehr als EUR 2 Millionen erzielen, von denen wiederum mehr als 2/3 im Inland erwirtschaftet werden. Die Verfügung nach Abs. 1 setzt gemäß Abs. 3 zudem voraus, dass das BKartA auf einem der betroffenen Wirtschaftszweige zuvor eine Untersuchung nach § 32e GWB durchgeführt hat.

Die Anmeldepflicht sowie das damit einhergehende Vollzugsverbot sollen gemäß § 39a Abs. 4 S. 1 GWB ab Zustellung der Entscheidung für drei Jahre gelten.

a. *Hintergrund*

Hintergrund der Einführung dieses Aufgreifinstruments in das GWB ist, dass das BKartA festgestellt hatte, dass insbesondere in der Entsorgungswirtschaft große Player, insbesondere das Entsorgungsunternehmen Remondis SE & Co.

KG („Remondis") zahlreiche kleine regionale Wettbewerber aufkauften, weshalb sich auch die Bezeichnung „Remondisklausel" etabliert hat. Die von diesen regionalen Unternehmen erzielten Umsätze erreichten die Aufgreifschwellenwerte meistens nicht und unterfielen daher nicht der Fusionskontrolle.[312] Das wettbewerbliche Schadenspotential kann aber trotz der geringen Größe der Zielunternehmen enorm sein, und muss hinsichtlich dessen nicht hinter einem Zusammenschluss zweier bundesweit tätiger Wettbewerber zurückstehen.[313] Durch das neue Aufgreifinstrument soll daher diese potentielle Lücke der Fusionskontrolle auf Regionalmärkten geschlossen werden. Der neue § 39a Abs. 1 GWB soll dem BKartA ein Tätigwerden ermöglichen, bevor in bestimmten regionalen Märkten eine marktbeherrschende Stellung dieser großen Player entstehen kann.[314]

b. Vorherige Sektoruntersuchung gemäß § 32e GWB

Die Pflicht einen Zusammenschluss nach § 39a Abs. 1 GWB beim BKartA anzumelden setzt nach § 39a Abs. 3 GWB überdies voraus, dass das Amt auf einem der betroffenen Wirtschaftszweige zuvor eine Sektoruntersuchung gemäß § 32e GWB durchgeführt haben muss, „mittels derer die Strukturen und Wettbewerbsbedingungen auf dem betroffenen Wirtschaftszweig untersucht und analysiert wurden"[315]. Die Sektoruntersuchung muss aufgrund der Möglichkeit sich ändernder Marktverhältnisse aktuell sein und soll in einen zeitlichen Zusammenhang mit der Aufforderung der Anmeldung des Zusammenschlusses nach § 39a Abs. 1 GWB stehen.[316] Mehrere Jahre zurückliegende Sektoruntersuchungen erfüllen diese Voraussetzung nicht und stellen ausdrücklich keinen tauglichen Anknüpfungspunkt dar.[317] Wie weit eine Sektoruntersuchung zurückliegen darf, um noch in einem zeitlichen Zusammenhang mit der Aufforderung der Anmeldung des Zusammenschlusses zu stehen, wird in der Gesetzesbegründung nicht weiter konkretisiert und bleibt daher abzuwarten. Bisher hat das

---

312 BKartA, Pressemitteilung v. 13.12.2018, B4-77/18 – *Remondis/Helene Münteferring-Gockeln* (abrufbar unter: https://www.bundeskartellamt.de/SharedDocs/Meldung/DE/Pressemitteilungen/2018/13_12_2018_Remondis.html, zuletzt abgerufen am 10.03.2021).
313 Monopolkommission, Policy Brief 4, Januar 2020, S. 7.
314 Regierungsbegründung zur 10. GWB-Novelle, BT-Drs. 19/23492, S. 95.
315 Regierungsbegründung zur 10. GWB-Novelle, BT-Drs. 19/23492, S. 95.
316 Regierungsbegründung zur 10. GWB-Novelle, BT-Drs. 19/23492, S. 95.
317 Regierungsbegründung zur 10. GWB-Novelle, BT-Drs. 19/23492, S. 95.

BKartA noch keine Sektoruntersuchung im digitalen Kontext durchgeführt.[318] Bevor eine solche durchgeführt wurde, kann eine Aufforderung der Anmeldung des Zusammenschlusses nach § 39a Abs. 1 GWB jedenfalls nicht erfolgen.

c. *Anwendbarkeit der Regelung auf Aufkäufe von Start-ups im digitalen Bereich*

Unabhängig davon, dass die Vorschrift sich nicht in das System der deutschen Fusionskontrolle einfügt, allgemein zu unbestimmt ist und auch in prozessualer Hinsicht Fragen aufwirft, erscheint es fraglich, ob durch die Einführung des § 39a GWB die wirklich problematischen Fälle auf Regionalmärkten erfasst werden,[319] stellt sich die Frage, ob durch das neue Aufgreifinstrument kritische Zusammenschlüsse auch im Digitalsektor erfasst werden könnten.

Es bestehen jedenfalls drei Faktoren, auf Grund derer § 39a GWB nicht geeignet erscheint, Aufkäufe von Start-ups im digitalen Bereich wirksam zu erfassen.

aa. *Inlandsumsatzschwelle*

Die Frage, ob der in § 39 Abs. 2 Nr. 2 GWB geforderte Inlandsbezug von 2/3 bei Start-ups im digitalen Bereich grundsätzlich erreicht wird, kann nicht so pauschal beantwortet werden, wie man es in einem Sektor, der überproportional stark von Internationalisierung geprägt ist, erwarten würde. Der Deutsche Startup Monitor („DSM“) des Bundesverbandes Deutscher Start-ups gilt als die wichtigste Studie über junge Unternehmen in Deutschland. Nach dessen Erkenntnissen stellt der „Heimatmarkt“ weiterhin eine wichtige Basis für die Start-ups dar. 84,9 % der Umsätze der untersuchten deutschen Start-ups generierten diese im Inland – Tendenz steigend.[320] Trotz der großen Bedeutung des Heimatmarktes steigen die Umsätze im Ausland jedoch proportional zur Größe des Unternehmens. Unternehmen mit mindestens 50 Mitarbeitern erzielen

---

318 Bisherige Sektoruntersuchungen des Amtes bezogen sich auf Zement und Transportbeton, Submetering, Nachfragemacht im Lebensmitteleinzelhandel, Duale Systeme, Walzasphalt, Fernwärme, Erdgas, Milch, Kraftstoffe, Stromerzeugung, Stromgroßhandel, Heizstrom und Außenwerbung.

319 Vgl. hierzu *Gröss/Mersch*, NZKart 2020, 119 (122 f.); Monopolkommission, Policy Brief 4, Januar 2020, S. 8.

320 Der DSM 2020 setzt sich nicht mit der Bedeutung des Heimatmarktes auseinander, sodass keine Zahlen für 2020, sondern nur für 2019 abrufbar sind, Bundesverband Deutsche Startups, DSM 2019, S. 52 (abrufbar unter: https://deutscherstartupmonitor.de/wp-content/uploads/2020/09/dsm_2019.pdf, zuletzt abgerufen am 10.03.2021).

bereits 38,7 % ihrer Umsätze außerhalb Deutschlands. Darüber hinaus streben 66,1 % der Start-ups eine (stärkere) Internationalisierung an, die sich auch zukünftig in den Umsätzen widerspiegeln wird.[321] Die wettbewerbliche Bedeutung von Unternehmen wächst grundsätzlich mit der Größe des Unternehmens. Gleichzeitig würden sie aber von der neuen Aufgreifschwelle zumindest im digitalen Bereich tendenziell seltener erfasst werden, zumal bei digitalen Start-ups eine zunehmend internationale Ausrichtung denkbar ist.[322] Das Kriterium der 2/3 Inlandsumsatzschwelle ist daher kein geeignetes Kriterium, um problematische Aufkäufe von Start-ups im Digitalsektor zu erfassen.[323]

bb. Umsatz des Zielunternehmens

Insbesondere würden aber nur solche Zusammenschlüsse der Fusionskontrolle unterliegen, bei denen das Zielunternehmen einen Umsatz von mindestens EUR 2 Millionen generiert. Lediglich 12,4 % der im Rahmen der DSM untersuchten Start-ups erzielte Umsätze von über EUR 2 Millionen.[324] Untersucht wurden jedoch auch Start-ups, die nicht im Digitalsektor tätig sind. Von den untersuchten Start-ups lassen sich 2/3 einem digitalen Geschäftsmodell zuordnen.[325] Gerade im Digitalsektor generieren Start-ups häufig (noch) keine oder nur geringe Umsätze. Der Anteil digitaler Start-ups, die über EUR 2 Millionen Umsätze erzielen, wird daher deutlich unter 12,4 % liegen. Umsätze stellen im Digitalsektor in den meisten Fällen kein geeignetes Kriterium zur Bewertung

---

321 Bundesverband Deutsche Startups, DSM 2020, S. 50 (abrufbar unter: https://www.pwc.de/de/branchen-und-markte/start-up-monitor-dsm-2020.pdf, zuletzt abgerufen am 10.03.2021).

322 *Fier et al.*, Internationalisierung junger Unternehmen, F.A.Z. Online v. 04.03.2004 (abrufbar unter: https://www.faz.net/aktuell/wirtschaft/start-up-internationalisierung-junger-unternehmen-1148522.html, zuletzt abgerufen am 10.03.2021); Bundesverband Deutsche Startups, DSM 2020, S. 50 (abrufbar unter: https://www.pwc.de/de/branchen-und-markte/start-up-monitor-dsm-2020.pdf, zuletzt abgerufen am 10.03.2021).

323 So auch *Gröss/Mersch*, NZKart 2020, 119 (123).

324 Bundesverband Deutsche Startups, DSM 2020, S. 44 (abrufbar unter: https://www.pwc.de/de/branchen-und-markte/start-up-monitor-dsm-2020.pdf, zuletzt abgerufen am 10.03.2021).

325 Bundesverband Deutsche Startups, DSM 2020, S. 24 (abrufbar unter: https://www.pwc.de/de/branchen-und-markte/start-up-monitor-dsm-2020.pdf, zuletzt abgerufen am 10.03.2021).

des Start-ups dar. Das Aufgreifkriterium wird der Bewertung von Start-ups im digitalen Bereich daher nicht gerecht.

cc. Nicht horizontale Zusammenschlüsse

Darüber hinaus hebt die Gesetzesbegründung explizit die Gefahr von Erwerben auf dem gleichen sachlich relevanten Markt durch einen Player hervor.[326] Im Rahmen der *killer acquisitions* im digitalen Bereich sind die erworbenen Start-ups jedoch regelmäßig (noch) auf sachlich unterschiedlichen Märkten tätig. Das verdeutlicht, dass der Gesetzgeber eine Erfassung von Aufkäufen von Start-ups im digitalen Bereich nicht im Blick hatte.

d. Kritik

Darüber hinaus gibt es auch unabhängig von der Frage der Geeignetheit hinsichtlich der Erfassung von Aufkäufen von Start-ups im digitalen Bereich verschiedene Kritikpunkte.

aa. Systemfremde

Die Vorschrift passt nur schlecht in das System der deutschen Fusionskontrollregelungen. Derzeit ist deren Geltungsbereich eröffnet, wenn ein Zusammenschluss i.S.v. § 37 GWB vorliegt und die Schwellenwerte des § 35 GWB überschritten sind. Liegt bereits eine der Voraussetzungen nicht vor, unterliegt der Zusammenschluss nicht der Fusionskontrolle. Die Remondisklausel wirkt daher im System dieser klaren Kriterien wie ein Fremdkörper.

bb. Unbestimmtheit

Gleichzeitig ist die neue Regelung zu unbestimmt. So spricht ihr Wortlaut lediglich davon, dass Anhaltspunkte bestehen müssen, dass der Wettbewerb im Inland in den genannten Wirtschaftszweigen erheblich behindert werden kann. Dies schafft einerseits Transaktionsunsicherheiten für die an dem Zusammenschluss beteiligten Unternehmen und enthält aufgrund des unbestimmten Wortlauts keine wirkliche Begrenzung hinsichtlich der Aufgreifbefugnis des BKartA, da unklar bleibt, welche Qualität diese Anhaltspunkte haben müssen.[327]

Auch der Begriff des Wirtschaftszweiges ist mit Unsicherheiten behaftet. Grundsätzlich ist der Begriff weiter zu verstehen, als derjenige des Marktes

---

326 Regierungsbegründung zur 10. GWB-Novelle, BT-Drs. 19/23492, S. 95.

327 So auch *Bechtold*, NZKart 2020, 47 (49).

im kartellrechtlichen Sinne[328] und bezeichnet im Allgemeinen ein Bündel von Märkten, auf denen eine Mehrzahl von Unternehmen gleichermaßen tätig ist.[329] Seine Bestimmung liegt letztlich im Ermessen der Kartellbehörde.[330]

Der Begriff des Wirtschaftszweiges wird im GWB bereits seit einiger Zeit verwendet. An ihn wurden bisher aber keine unmittelbaren Rechtsfolgen geknüpft. Daher bestand bisher auch kein dringendes Erfordernis für die Schaffung einer belastbaren Definition. Dies hat sich mit der Einführung des neuen Aufgreifinstruments in § 39a GWB geändert. Die Eingrenzung des Wirtschaftszweiges ist nun ausschlaggebend für den Umfang der Rechtsfolgen, da sich die Pflicht der betroffenen Unternehmen, zukünftig jeden Zusammenschluss anzumelden, gemäß § 39a Abs. 1 GWB auf diese beschränkt. Mag ein Rückgriff auf die Klassifikation der Wirtschaftszweige des Statistischen Bundesamts (WZ 2008) zwar eine gewisse praktische Hilfestellung geben, gelingt es dadurch nicht, eine belastbare Definition derselbigen zu schaffen. Wird ein relevanter Markt mittels des Bedarfsmarktkonzepts ermittelt, gibt es kein vergleichbares ökonomisches Konzept zur Bestimmung eines Wirtschaftszweiges. Es bleibt insoweit abzuwarten, wann und in welchem Umfang sich das BKartA mit der Definition der Wirtschaftszweige näher auseinandersetzen wird. Da das Aufgreifinstrument des § 39a GWB nur nach vorheriger Sektoruntersuchung gemäß § 32e GWB greift, ist davon auszugehen, dass sich das BKartA bereits im Rahmen dieser näher mit der Definition des jeweiligen Wirtschaftszweiges auseinandersetzen wird, sodass die Abgrenzung bereits im Rahmen des § 32e GWB erfolgt.[331]

4. Verweisung eines Zusammenschlusses nach Art. 22 FKVO

Art. 22 FKVO regelt die Verweisung von Zusammenschlüssen ohne gemeinschaftsweite Bedeutung i. S. d. Art. 1 FKVO, die aber den Handel zwischen Mitgliedstaaten beeinträchtigen, und den Wettbewerb im Hoheitsgebiet der antragstellenden Mitgliedstaaten erheblich zu beeinträchtigen drohen, an die Kommission.

328 *Bach* in Immenga/Mestmäcker GWB, § 32e Rn. 15.
329 *Bechtold/Bosch* in Bechtold/Bosch GWB, § 32e Rn. 3.
330 Regierungsbegründung zur 10. GWB-Novelle, BT-Drs. 19/23492, S. 95.
331 *Steinvorth/Gassser*, WuW 2021, 155 (157).

a. Hintergrund

Die Regelung wurde ursprünglich auf Wunsch derjenigen Mitgliedstaaten – insbesondere der Niederlande –, die noch keine nationale Fusionskontrolle durchführten, in die FKVO 4064/89 im Jahr 1990 aufgenommen.[332] Daher spricht man im Zusammenhang mit Art. 22 FKVO auch von der „holländischen Klausel" bzw. „niederländischen Klausel".[333]

aa. Normzweck und Normentwicklung

Telos dieser Klausel war es, eine Fusionskontrolle auch in den Fällen durchzuführen, in denen ein Zusammenschluss seine Wettbewerbswirkungen in einem Mitgliedsstaat entfaltete, der keine nationale Fusionskontrolle durchführte.[334]

Seit ihrer Einführung wurde die Vorschrift lediglich zurückhaltend verändert. Mit der Reform der FKVO 1998 wurde ein Tätigwerden der Kommission auch auf den gemeinsamen Antrag mehrerer Mitgliedstaaten hin möglich, unter anderem um parallele Fusionskontrollprüfungen durch verschiedene Mitgliedstaaten zu vermeiden.[335]

Seit 2004 kann die Kommission nach Art. 22 Abs. 5 FKVO zudem Mitgliedstaaten von sich aus auffordern, einen Verweisungsantrag zu stellen, wenn die Voraussetzungen des Art. 22 Abs. 1 FKVO aus ihrer Sicht vorliegen.

bb. Anforderungen an den Verweisungsantrag

Art. 22 Abs. 1 FKVO nennt vier Voraussetzungen, die für die Stellung eines Verweisungsantrages kumulativ erfüllt sein müssen. Zunächst muss ein Zusammenschluss i.S.v. Art. 3 FKVO vorliegen. Daneben dürfen die Schwellenwerte des Art. 1 Abs. 2, 3 FKVO nicht erreicht werden, jedoch trotzdem der Handel zwischen den Mitgliedstaaten beeinträchtigt werden und eine erhebliche Beeinträchtigung des Wettbewerbs im Hoheitsgebiet mindestens eines Mitgliedstaats drohen.

---

332 Zu diesem Zeitpunkt verfügten Belgien, Dänemark, Griechenland, Italien, Luxemburg, die Niederlande, Portugal und Spanien noch über kein nationales Fusionskontrollregime.

333 Vgl. z.B. *Kamburoglou*, WuW 1993, 273 (279 f.); *Klees*, EuZW 2003, 197 (199); *Buntscheck* in Wachter, Praxis des Handels- und Gesellschaftsrechts, § 26 Rn. 151.

334 *Schreitter/Urban*, NZKart 2020, 637 (639); *Schild* in MüKo WettbR FKVO, Art. 22 Rn. 2, *Westermann* in LMRKM FKVO, Art. 22 Rn. 2.

335 *Westermann* in LMRKM FKVO, Art. 22 Rn. 2.

Ein Zusammenschluss ist nach Ansicht der Kommission geeignet, den Wettbewerb im Hoheitsgebiet mindestens eines Mitgliedstaats erheblich zu beeinträchtigen, wenn „nach einer vorläufigen Analyse ein wirkliches Risiko besteht, dass das Vorhaben erhebliche nachteilige Auswirkungen auf den Wettbewerb hat und daher genau geprüft werden sollte“[336].

Inhaltlich bedarf der Verweisungsantrag des Mitgliedstaates eines förmlichen Schreibens unter Darlegung der konkret relevanten wettbewerbsrechtlichen Gesichtspunkte aus Art. 22 Abs. 1 FKVO. [337] Es genügen keine reinen Vermutungen, sondern es müssen konkrete Anhaltspunkte für eine (mögliche) Beeinträchtigung genannt werden.[338]

cc. Rechtsfolgen des Verweisungsantrags

Sind die Tatbestandsvoraussetzungen erfüllt, entscheidet die Kommission über den Antrag nach pflichtgemäßem Ermessen, im Rahmen dessen insbesondere das Subsidiaritätsprinzip des Art. 5 EUV, die Rechtssicherheit sowie der Grundsatz der einzigen Anlaufstelle zu beachten sind.[339] Nach den ECA-Grundsätzen können zudem einige weitere Kriterien für die Entscheidung über eine Verweisung bedeutsam werden.[340] Geht die fusionskontrollrechtliche Prüfungsbefugnis auf die Kommission über, prüft die Kommission die Wettbewerbsauswirkungen in den antragsstellenden Mitgliedstaaten nach Maßgabe der in Art. 22 Abs. 4 FKVO genannten Vorschriften.[341] Ansonsten untersucht die Kommission den

---

336 Kommission, Mitteilung über die Verweisung von Fusionssachen (2005/C 56/02), Rn. 44.

337 *Körber* in Immenga/Mestmäcker FKVO, Art. 22 Rn. 18.

338 *Schreitter/Urban*, NZKart 2020, 637 (638).

339 Kommission, Mitteilung über die Verweisung von Fusionssachen (2005/C 56/02), Rn. 44.

340 ECA, Grundsätze für die Anwendung von Art. 4 Abs. 5 und Art. 22 der Europäischen Fusionskontrollverordnung durch die nationalen Wettbewerbsbehörden, 2005, Rn. 19.

341 Die Kommission darf die Folgen eines Zusammenschlusses nur für das Hoheitsgebiet des oder der Mitgliedstaaten prüfen, die den Fall verwiesen haben. So heißt es in Rn. 50 der Mitteilung der Kommission über die Verweisung von Fusionssachen (2005/C 56/02): „Akzeptiert die Kommission die Zuständigkeit für ein Vorhaben, enden die innerstaatlichen Verfahren in den verweisenden Mitgliedstaaten, und die Kommission prüft den Zusammenschluss nach Artikel 22 Absatz 4 Fusionskontrollverordnung für die antragstellenden Mitgliedstaaten.“

an sie verwiesenen Zusammenschluss eigenständig, ohne Hilfe der Mitgliedstaaten und grundsätzlich so, als hätte er unionsweite Bedeutung.

Art. 22 Abs. 4 FKVO sieht lediglich zwei zu berücksichtigende Besonderheiten für den Fristbeginn sowie für das Vollzugsverbot vor. So darf der Zusammenschluss während der gesamten Dauer der Prüfung durch die Kommission nicht vollzogen werden, wenn er zu dem Zeitpunkt, zu dem die Kommission den beteiligten Unternehmen den Eingang eines Verweisungsantrags mitgeteilt hat, noch nicht vollzogen worden ist, Art. 22 Abs. 4 S. 2 FKVO. Wurde der Zusammenschluss bereits vollzogen, so kann die Kommission den Unternehmen nach Maßgabe des Art. 8 Abs. 4 FKVO Maßnahmen zur Rückgängigmachung aufgeben.

dd. Bisherige Bedeutung der Vorschrift

Die bisherige Anzahl der Verweisungen durch die Mitgliedstaaten an die Kommission ist gering. Bis 1997 wurden aufgrund des Art. 22 FKVO 4064/89 lediglich vier Zusammenschlussvorhaben an die Kommission verwiesen.[342] In allen vier Fällen verfügten die verweisenden Mitgliedstaaten nicht über ein eigenes nationales Fusionskontrollregime. Auch mit der Reform der FKVO 1998 kam es zu keinem signifikanten Anstieg der Verweisungen durch die Mitgliedstaaten an die Kommission.[343] Art. 22 FKVO 4064/89 kam insgesamt nur selten zur Anwendung und war somit in seiner bisherigen Bedeutung überschaubar.

Bis heute wurden in toto 43 Anträge nach Art. 22 FKVO an die Kommission gestellt, von denen sie 39 – und damit die weit überwiegende Zahl – angenommen hat.[344] Zudem führte die Kommission bei Verweisungen nach Art. 22 FKVO überproportional häufig Phase-II Untersuchungen durch. Während bei allen Anmeldungen lediglich bei ca. 2,5 % der Zusammenschlussvorhaben eine Phase-II Untersuchung eröffnet wird, erfolgt bei fast der Hälfte der angenommenen Verweisungsanträgen nach Art. 22 FKVO eine Phase-II Untersuchung.[345] Auch wenn nur eine geringe Anzahl an Zusammenschlussvorhaben nach Art. 22 FKVO an die Kommission verwiesen wird, kann aus der hohen

---

342 Kommission, Merger Statistics, 2021 (abrufbar unter: https://ec.europa.eu/competition/mergers/statistics.pdf, zuletzt abgerufen am 31.05.2021).

343 Kommission, Merger Statistics, 2021 (abrufbar unter: https://ec.europa.eu/competition/mergers/statistics.pdf, zuletzt abgerufen am 31.05.2021).

344 Kommission, Merger Statistics, 2021 (abrufbar unter: https://ec.europa.eu/competition/mergers/statistics.pdf, zuletzt abgerufen am 31.05.2021).

345 Vgl. *Schreitter/Urban*, NZKart 2020, 637 (640).

Anzahl an eröffneten Phase-II Untersuchungen geschlussfolgert werden, dass die Mitgliedstaaten vornehmlich besonders kritische Fälle an die Kommission verwiesen haben.

b. Aktuelle Entwicklungen

Im September 2020 hat *Margrethe Vestager*, die Vizepräsidentin und Kommissarin für Digitales, in einer Rede angekündigt, dass die Kommission eine Anpassung ihrer Verwaltungspraxis zu mitgliedstaatlichen Verweisungsanträgen nach Art. 22 FKVO plant.[346] So solle künftig jeder Mitgliedstaat einen mitgliedstaatlichen Verweisungsantrag an die Kommission stellen können, auch wenn der geplante Zusammenschluss nicht die Aufgreifkriterien des nationalen Fusionskontrollregimes erreicht und die nationale Wettbewerbsbehörde folglich nach ihren eigenen Fusionskontrollregeln gar nicht für den Fall zuständig wäre. Hintergrund dieser (geplanten) Änderung war das Ziel der Schaffung zusätzlicher Flexibilität bei der Prüfung von Transaktionen, die unterhalb der nationalen Fusionskontrollschwellen liegen, aber dennoch den Wettbewerb beeinträchtigen könnten.[347]

aa. Änderung der Verweisungspraxis

Im März 2021 hat die Kommission die Ergebnisse ihrer Evaluierung zu Zuständigkeits- und Verfahrensaspekten im Bereich der europäischen Fusionskontrolle vorgestellt.[348] Sie hat außerdem in entsprechenden Leitlinien[349] dargelegt, welche Kategorien von Zusammenschlussvorhaben für eine Verweisung nach Art. 22 FKVO infrage kommen und welche Kriterien im Rahmen

---

346 *Vestager*, The future of EU merger control, Rede bei der 24. jährlichen Wettbewerbskonferenz der International Bar Association, 11.09.2020 (abrufbar unter: https://ec.europa.eu/commission/commissioners/2019-2024/vestager/announcements/future-eu-merger-control_en, zuletzt abgerufen am 10.03.2021).

347 *Vestager*, The future of EU merger control, Rede bei der 24. jährlichen Wettbewerbskonferenz der International Bar Association, 11.09.2020 (abrufbar unter: https://ec.europa.eu/commission/commissioners/2019-2024/vestager/announcements/future-eu-merger-control_en, zuletzt abgerufen am 10.03.2021).

348 Kommission, Commission Staff Working Document, Evaluation of procedural and jurisdictional aspects of EU merger control v. 26.03.2021, SWD (2021) 66 final, im Folgenden: „Staff Working Document".

349 Kommission, Leitfaden zur Anwendung des Verweisungssystems nach Artikel 22 der Fusionskontrollverordnung auf bestimmte Kategorien von Vorhaben (2021/C 113/01), im Folgenden: „Art. 22 Leitfaden".

der Ermessensausübung hinsichtlich der Annahme eines Verweisungsantrags nach Art. 22 FKVO von Relevanz sind. Wie bereits im September 2020 angekündigt, sehen die nun erschienenen Leitlinien vor, dass die Kommission auch dann Zusammenschlussvorhaben untersuchen kann, die nicht die nationalen Aufgreifkriterien des Fusionskontrollregimes des verweisenden Mitgliedstaats erreichen.[350] Für diese neue Vorgehensweise bedarf es aufgrund des weiten Wortlauts des Art. 22 Abs. 1 FKVO keiner formellen Änderungen der EU-Fusionskontrollvorschriften.

Bisher riet die Kommission den nationalen Wettbewerbsbehörden von einer Verweisung nach Art. 22 FKVO ausdrücklich ab, wenn der Zusammenschluss die Schwellen des nationalen Fusionskontrollregimes nicht erreichte, da solche Transaktionen in der Regel keine signifikanten Auswirkungen auf den internen Markt hätten.[351]

bb. Zu erfassende Kategorien von Zusammenschlussvorhaben

In der Regel sollen sich diejenigen Kategorien von Vorhaben für eine Verweisung nach Art. 22 FKVO eignen, „bei denen der Umsatz mindestens eines der beteiligten Unternehmen nicht dessen tatsächliches oder künftiges Wettbewerbspotenzial widerspiegelt“[352]. Als nicht abschließende Beispiele nennt die Kommission Start-ups mit erheblichem wettbewerblichen Potential und noch geringen Umsätzen – insbesondere in Digitalbereich –[353], wichtige Innovatoren, Unternehmen mit wichtiger oder potenziell wichtiger Wettbewerbskraft oder einen Zugang zu wettbewerbsrelevanten Vermögenswerten wie z. B. Rohstoffe, Infrastruktur, Daten sowie Unternehmen, die wichtigen Input für andere Wirtschaftszweige anbieten.[354] Die Kategorien von Zusammenschlussvorhaben, für die die Kommission eine Verweisung favorisiert, lassen sich darüber hinaus anhand von der Kommission im Rahmen ihrer Untersuchung identifizierten Transaktionen aus den Jahren 2015 – 2019 veranschaulichen. Die Kommission konzentrierte sich in diesem Zusammenhang insbesondere auf Transaktionen mit einem Wert von mehr als EUR 1 Milliarde oder mit einem GAFAM-Unternehmen als Zusammenschlusspartei.[355]

---

350 Kommission, Art. 22 Leitfaden, Rn. 11.
351 Kommission, Staff Working Document, Rn. 56; Kommission, Art. 22 Leitfaden, Rn. 8.
352 Kommission, Art. 22 Leitfaden, Rn. 19.
353 Kommission, Art. 22 Leitfaden, Rn. 9.
354 Kommission, Art. 22 Leitfaden, Rn. 19.
355 Kommission, Staff Working Document, Rn. 99.

cc. Verfahren

Nach Art. 22 Abs. 1 FKVO hat ein Mitgliedstaat einen Verweisungsantrag innerhalb von 15 Arbeitstagen, nachdem der Zusammenschluss bei ihm angemeldet wurde oder, falls eine Anmeldung nicht erforderlich ist, anderweitig zur Kenntnis gebracht worden ist, bei der Kommission zu stellen.

Die Kenntniserlangung liegt nach dem neuen Leitfaden der Kommission dann vor, wenn „hinreichende Informationen vorliegen, um vorläufig beurteilen zu können, ob die einschlägigen Kriterien für die Beurteilung des Verweisungsantrags erfüllt sind“[356]. Sowohl die Zusammenschlussparteien als auch Dritte können solche Informationen über das Zusammenschlussvorhaben vorlegen.[357]

Dass ein Vorhaben bereits vollzogen wurde, schließe die Möglichkeit nicht aus, dass ein Mitgliedstaat eine Verweisung beantragt. Eine Verweisung sei aber regelmäßig nicht mehr angemessen, wenn mehr als sechs Monate seit dem Vollzug des Zusammenschlusses vergangen sind. In Ausnahmesituationen, zum Beispiel wegen des Ausmaßes der potenziellen Wettbewerbsbedenken, könne eine spätere Verweisung jedoch angemessen sein.[358]

dd. Zusammenschlussvorhaben Illumina/GRAIL

Dass die Kommission die Änderung ihrer Verweisungspraxis umgehend umzusetzen versucht, zeigt ihr Vorgehen im Zusammenhang mit dem geplanten Zusammenschluss von Illumina Inc. („Illumina“), einem US-amerikanischen Hersteller von Geräten für Gentechnik und dem für seinen Bluttest zur Früherkennung von Krebs bekannten Unternehmen GRAIL („Grail“).

(1) Hintergrund

Im September 2020 verkündete Illumina, Grail erwerben zu wollen.[359] Die USD 7,1 Milliardentransaktion wurde von der US-amerikanischen FTC näher untersucht. Sie verkündete daraufhin am 30.03.2021, gegen die geplante Übernahme aufgrund vertikaler Wettbewerbsbedenken vorgehen zu wollen.[360]

---

356 Kommission, Art. 22 Leitfaden, Rn. 28.

357 Kommission, Art. 22 Leitfaden, Rn. 24 f.

358 Kommission, Art. 22 Leitfaden, Rn. 21.

359 Illumina, Pressemitteilung v. 21.09.2020 (abrufbar unter: https://investor.illumina.com/news/press-release-details/2020/Illumina-to-Acquire-GRAIL-to-Launch-New-Era-of-Cancer-Detection/default.aspx, zuletzt abgerufen am 06.02.2021).

360 FTC, Pressemitteilung v. 30.03.2021 (abrufbar unter: https://www.ftc.gov/news-events/press-releases/2021/03/ftc-challenges-illuminas-proposed-acquisition-cancer-detection, zuletzt abgerufen am 06.02.2021).

In der EU erreichte das Vorhaben weder die europäischen noch die nationalen Schwellenwerte. Grail hat bis dato weder ein Produkt auf den Markt gebracht noch Umsätze in der EU erzielt. Im Februar 2021 und damit vor Erscheinen der neuen Leitlinien forderte die Kommission die nationalen Wettbewerbsbehörden auf, den Zusammenschluss an sie zu verweisen. Auf die Aufforderung der Kommission hin verwies die französische Wettbewerbsbehörde den Zusammenschluss an jene.[361] Der französischen Wettbewerbsbehörde folgten Belgien, Griechenland, Island, die Niederlande und Norwegen.[362] Das BKartA hat sich dem Verweisungsantrag hingegen nicht angeschlossen. Dass die französische Wettbewerbsbehörde der Aufforderung der Kommission federführend nachkam, ist nicht verwunderlich, da sie diese Änderung der Verweisungspraxis bereits seit längerer Zeit gefordert hatte.[363]

(2) Ersuchen von Rechtsschutz vor nationalen Gerichten

Illumina ging in einigen Mitgliedstaaten gegen die gestellten Verweisungsanträge vor. Die in Frankreich und den Niederlanden vor den nationalen Gerichten eingelegten Beschwerden gegen die Verweisungsanträge der niederländischen sowie der französischen Wettbewerbsbehörden hatten jedoch keinen Erfolg. Das Bezirksgericht Den Haag wies die Klage, dass die niederländische ACM nicht befugt sei, sich dem Verweisungsantrag der französischen Wettbewerbsbehörde anzuschließen, weil die nationalen niederländischen Schwellenwerte nicht erreicht werden, ab.[364]

Der französische Conseil d'État sah sich bereits als nicht zuständig an, da eine solche Entscheidung in die Zuständigkeit der europäischen Gerichte falle.[365]

---

361 Kommission, Pressemitteilung v. 20.04.2021 (abrufbar unter: https://ec.europa.eu/commission/presscorner/detail/en/mex_21_1846, zuletzt abgerufen am 02.06.2021).

362 Kommission, Pressemitteilung v. 20.04.2021 (abrufbar unter: https://ec.europa.eu/commission/presscorner/detail/en/mex_21_1846, zuletzt abgerufen am 02.06.2021).

363 Autorité de la concurrence, Pressemitteilung v. 20.04.2021 (abrufbar unter: https://www.autoritedelaconcurrence.fr/en/press-release/european-commission-opens-review-illuminas-acquisition-grail-under-procedure-article?utm_source=dlvr.it&utm_medium=facebook, zuletzt abgerufen am 02.06.2021).

364 Rechtbank Den Haag, Entscheidung v. 31.03.2021, C/09/609526/KG ZA 21-284 – *Illumina-Grail/De Staat der Nederlanden (Ministerie van Economische Zaken en Klimaat)*, ECLI:NL:RBDHA:2021:3128.

365 Conseil d'État, Entscheidung v. 01.04.2021, N° 450878– *Illumina-Grail/Autorité de la concurrence*, ECLI:FR:CEORD:2021:450878.20210401 Rn. 4.

(3) Annahme des Verweisungsantrags durch die Kommission

Am 20.04.2021 verkündete die Kommission den Verweisungsantrag anzunehmen und forderte Illumina zur Anmeldung des Zusammenschlussvorhabens auf. Die Voraussetzungen des Art. 22 FKVO seien erfüllt, da (i) Grails wettbewerbliche Bedeutung sich nicht in seinem Umsatz widerspiegle, (ii) „das aus dem Zusammenschluss hervorgehende Unternehmen den Zugang zu Sequenzern und Reagenzien der nächsten Generation einschränken oder die Preise zum Nachteil der im Bereich der genomischen Krebstests tätigen Konkurrenten von GRAIL nach der Übernahme erhöhen" und (iii) genomische Krebstests zu einem „Wendepunkt im Kampf gegen Krebs" werden könnten.[366]

(4) Klage Illuminas vor dem EuG

Illumina hat am 28. April 2021 Klage gegen die Kommission vor dem EuG eingereicht.[367] Illumina beantragt unter anderem, den Beschluss der Kommission gemäß Art. 22 Abs. 3 FKVO, mit dem diese den von der Autorité de la Concurrence gestellten Verweisungsantrag nach Art. 22 Abs. 1 FKVO angenommen hat, ebenso wie den Verweisungsantrag selbst, für nichtig zu erklären. Dabei stützt Illumina die Klage unter anderem darauf, dass die Kommission für die Prüfung des Zusammenschlusses nicht zuständig war, und dass die Kommission mit ihrem Beschluss, den Zusammenschluss zu prüfen, das berechtigte Vertrauen sowie die Rechtssicherheit von Illumina verletzt.[368]

(a) Unzuständigkeit der Kommission

Illumina begründet die Unzuständigkeit der Kommission unter anderem damit, dass diese in ihrem Beschluss verkannt habe, dass der Regelungszweck von Art. 22 FKVO fehlerhaft beurteilt und der Wortlaut von Art. 22 FKVO fehlerhaft ausgelegt wird.[369]

Dem ist insoweit zuzustimmen, als das die Möglichkeit einer Verweisung trotz Nichterreichens der nationalen Fusionskontrollschwellenwerte sich nicht

---

366 Kommission, Pressemitteilung v. 20.04.2021 (abrufbar unter: https://ec.europa.eu/commission/presscorner/detail/en/mex_21_1846, zuletzt abgerufen am 02.06.2021).

367 Illumina, Klage vor dem EuG v. 28.04.2021, T-22/21 – *Illumina/Kommission*, ABl. C 252 v. 28.06.2021, S. 27-28.

368 Illumina, Klage vor dem EuG v. 28.04.2021, T-22/21 – Illumina/Kommission, ABl. C 252 v. 28.06.2021, S. 27-28.

369 Illumina, Klage vor dem EuG v. 28.04.2021, T-22/21 – Illumina/Kommission, ABl. C 252 v. 28.06.2021, S. 27-28.

mit der Entstehungsgeschichte und dem damit einhergehenden verfolgten Ziel der Norm vereinbaren lässt, eine Fusionskontrolle auch in den Fällen durchzuführen, in denen ein Zusammenschluss seine Wettbewerbswirkungen in einem Mitgliedsstaat entfaltet, dieser aber über kein nationales Fusionskontrollregime verfügte.[370] So macht es einen signifikanten Unterschied, ob den Mitgliedstaaten ein Verweisungsrecht und damit der Kommission ein mögliches Prüfungsrecht zugestanden wird, weil der antragstellende Mitgliedstaat über kein eigenes Fusionskontrollregime verfügt, oder, ob die Voraussetzungen für die Anwendbarkeit dieses Fusionskontrollregimes lediglich nicht erfüllt sind.[371] Denn in letzterem Fall haben sich die Mitgliedstaaten durch die Normierung ihrer nationalen Schwellenwerte selbst dazu entschieden, dass Zusammenschlüsse, die die nationalen Schwellenwerte nicht erreichen, nicht der Fusionskontrolle unterliegen sollen.[372] So hat auch der deutsche Gesetzgeber die Schwellenwerte im Rahmen der 10. GWB-Novelle bewusst nicht erhöht, sondern gesenkt.[373]

Auch der Zweck der Norm spricht dagegen, den Mitgliedstaaten in diesen Fällen ein Verweisungsrecht einzuräumen. Art. 22 FKVO soll eine „Feinsteuerung" der Zuständigkeitsverteilung zwischen der Kommission und Mitgliedstaaten ermöglichen. Dies setzt aber gerade voraus, dass der Zusammenschluss der Fusionskontrolle der Mitgliedstaaten unterfällt.[374] Für diese Sichtweise spricht auch der Wortlaut des Art. 22 Abs. 3 Unterabs. 3 FKVO, der die Anwendbarkeit einer nationalen Fusionskontrolle vor der Stellung eines Verweisungsantrags implizit voraussetzt.[375]

(b) Verletzung des berechtigten Vertrauens und der Rechtssicherheit

Die Vertrauens- und Rechtssicherheitsverletzung begründet Illumina damit, dass das Aufforderungsschreiben bereits vor Veröffentlichung der neuen Leitlinien versandt worden sei.[376] Zu dieser Zeit war es erklärte Praxis der Kommission, die Mitgliedstaaten daran zu hindern, bei fehlender eigener nationalen Zuständigkeit Verweisungsanträge an die Kommission zu stellen.[377]

---

370 *Bechtold et al.* in Bechtold/Bosch FKVO, Art. 22 Rn. 10.
371 *Schreitter/Urban*, NZKart 2020, 637 (640 f.).
372 *Bechtold et al.* in Bechtold/Bosch FKVO, Art. 22 Rn. 12.
373 Siehe hierzu näher unter Gliederungspunkt C I 1.
374 *Bechtold et al.* in Bechtold/Bosch FKVO, Art. 22 Rn. 12.
375 *Wagemann* in Wiedemann, Handbuch des Kartellrechts, § 17 Rn. 163.
376 Illumina, Klage vor dem EuG v. 28.04.2021, T-22/21 – Illumina/Kommission, ABl. C 252 v. 28.06.2021, S. 28.
377 Kommission, Staff Working Document, Rn. 56; Kommission, Art. 22 Leitfaden, Rn. 8.

Die Kommission könnte gegen eine Verletzung des Vertrauensschutzes von Illumina einwenden, dass Kommissarin Vestager bereits am 11. September 2020 im Rahmen einer Rede erklärte, dass es eine Änderung der Verweisungspraxis der Kommission in Bezug auf Fälle nach Art. 22 FKVO geben werde, mit der Folge, dass auch Zusammenschlüsse, die nicht den nationalen Fusionskontrollregelungen unterfallen, an die Kommission verwiesen werden können.[378]

Dagegen spricht jedoch, worauf Illumina zurecht hinweist, dass Kommissarin Vestager in dieser Rede deutlich machte, dass es erst nach dem Erlass neuer Leitlinien zu einer Änderung der Verweisungspraxis kommen werde.[379] So sprach sie davon, dass zunächst eine genaue Anleitung zu erstellen sei, wie und wann Verweisungen nach Art. 22 FKVO zu erfolgen haben und von der Kommission angenommen werden können.[380]

Die Entscheidung des EuG bleibt abzuwarten. Dass die Kommission bzw. einige Mitgliedstaaten bereits so frühzeitig von der neuen Verweisungspraxis Gebrauch machen, zeigt jedenfalls, dass der in seiner bisherigen Bedeutung durchaus überschaubare Art. 22 FKVO vermutlich stark an Bedeutung gewinnen wird.

c. *Erfassen von Aufkäufen von Start-ups im digitalen Bereich*

Wenn bereits die nationalen zumeist umsatzbasierten Schwellenwerte nicht erreicht werden, werden auch die höher angesetzten umsatzbasierten Schwellenwerte der Kommission nach Art. 1 Abs. 2, 3 FKVO nicht erreicht werden. Da die Anforderungen an die Zwischenstaatlichkeit relativ niedrig sind und bereits eine potentielle Beeinträchtigung des Handels zwischen den Mitgliedstaaten als ausreichend angesehen wird,[381] wird auch die Bejahung dieser Voraussetzung in aller Regel keine große Hürde darstellen. Gleiches gilt für die drohende

---

378 Vgl. *Vestager*, The future of EU merger control, Rede bei der 24. jährlichen Wettbewerbskonferenz der International Bar Association, 11.09.2020 (abrufbar unter: https://ec.europa.eu/commission/commissioners/2019-2024/vestager/announcements/future-eu-merger-control_en, zuletzt abgerufen am 10.03.2021).

379 Illumina, Klage vor dem EuG v. 28.04.2021, T-22/21 – Illumina/Kommission, ABl. C 252 v. 28.06.2021, S. 28.

380 *Vestager*, The future of EU merger control, Rede bei der 24. jährlichen Wettbewerbskonferenz der International Bar Association, 11.09.2020 (abrufbar unter: https://ec.europa.eu/commission/commissioners/2019-2024/vestager/announcements/future-eu-merger-control_en, zuletzt abgerufen am 10.03.2021).

381 Vgl. EuG, Urteil v. 15.12.1999, T-22/97 – *Kesko Oy/Kommission*, ECLI:EU:T:1999:327, Rn. 103 f.

erhebliche Beeinträchtigung des Wettbewerbs im Hoheitsgebiet mindestens eines Mitgliedstaats, zumindest in den Fällen, in denen es um den Aufkauf noch kleiner Unternehmen geht, die aber über ein großes Wettbewerbspotential verfügen. Dies zeigen auch die expliziten Ausführungen der Kommission in ihren Leitlinien, dass Start-ups mit einem erheblichen wettbewerblichen Potential, aber noch geringen Umsätzen, von Art. 22 FKVO erfasst werden sollen.[382]

Durch die Änderung der Verweisungspraxis wird es daher durchaus möglich sein, Aufkäufe von Start-ups im digitalen Bereich zu erfassen, die die Schwellenwerte aufgrund (noch) fehlender Umsätze nicht erreichen. Dies zeigt auch der Fall *Illumina/Grail*. Gerade bei den hier analysierten Zusammenschlüssen wird regelmäßig ein Unternehmen involviert sein, dessen Umsatz „nicht dessen tatsächliches oder künftiges Wettbewerbspotenzial widerspiegelt"[383]. Die neue Verweisungspraxis ist daher u.a. auf das Erfassen von Aufkäufen von Start-ups im digitalen Bereich zugeschnitten.

d. Kritik

Neben der bereits erläuterten Unvereinbarkeit mit der Entstehungsgeschichte sowie dem mit der Norm verfolgten Zweck sprechen weitere Argumente gegen die Möglichkeit eines Verweisungsantrags durch einen Mitgliedstaat, in dem die Voraussetzungen für eine Anmeldung auf nationaler Ebene nicht gegeben sind.

aa. Unklarer Fristbeginn

Es zeigen sich außerdem verschiedene Schwierigkeiten im Zusammenhang mit dem Fristbeginn. Insbesondere stellt sich die Frage, wann die 15-Tage-Frist nach Art. 22 Abs. 1 Unterabs. 2 FKVO in der Praxis tatsächlich zu laufen beginnt.

Die 15-Tage-Frist beginnt grundsätzlich zu laufen, wenn der Zusammenschluss bei dem betreffenden Mitgliedstaat angemeldet wurde oder, falls eine Anmeldung nicht erforderlich ist, ihm anderweitig zur Kenntnis gebracht worden ist. Da in den hier besprochenen Fällen eine Anmeldung im Zweifelsfall nicht erforderlich ist, stellt sich die Frage, ab wann von einer ausreichenden Kenntniserlangung auszugehen ist. Nach den Ausführungen im Leitfaden zu Art. 22 FKVO soll das Tatbestandsmerkmal so verstanden werden, dass der nationalen Kartellbehörde „hinreichende Informationen vorliegen, um vorläufig beurteilen zu können, ob die einschlägigen Kriterien für die Beurteilung

382 Kommission, Art. 22 Leitfaden, Rn. 19.
383 Kommission, Art. 22 Leitfaden, Rn. 19.

des Verweisungsantrags erfüllt sind".[384] Es bleibt aber unklar, ob und wann die Informationen im Einzelfall ausreichend sind, um eine vorläufige Beurteilung über das Vorliegen der relevanten Kriterien vorzunehmen.[385] Da im gesetzlichen Regelfall die Frist erst durch eine Anmeldung ausgelöst wird, ist es durchaus denkbar, dass auch im Fall der anderweitigen Kenntniserlangung eine umfassende Informationsgrundlage gefordert werden wird.[386]

Es stellt sich außerdem die Frage, wie lange in der Praxis mit einem Verweisungsantrag gerechnet werden muss. Auch wenn die Kommission eine Verweisung mehr als sechs Monate nach dem Vollzug des Zusammenschlusses regelmäßig nicht mehr als angemessen ansieht, kann in Ausnahmesituationen eine spätere Verweisung erfolgen.[387] Wie viel später eine solche Verweisung noch angemessen ist, erläutert die Kommission jedoch nicht.

In der Transaktionspraxis besteht daher – insbesondere angesichts des Entflechtungsrisikos – die Gefahr, dass sich die Zusammenschlussparteien, ohne rechtlich dazu verpflichtet zu sein, faktisch dazu gezwungen sehen, proaktiv die zuständigen nationalen Kartellbehörden zu kontaktieren, um die 15-tägige Frist auszulösen und so Rechtssicherheit zu erlangen.[388] Die sich daraus ergebenden Risiken und Unwägbarkeiten hinreichend zu prognostizieren, wird für Zusammenschlussparteien kaum möglich sein. Dem hilft auch die Möglichkeit einer informellen Konsultation bei der Kommission nicht ab, da diese lediglich unter Vorbehalt erteilt wird und folglich für die Zusammenschlussparteien nur wenig attraktiv sein wird.[389]

bb. Einflussnahme auf die nationalen Kartellbehörden

Es ist darüber hinaus nicht von der Hand zu weisen, dass die Anwendung des Art. 22 FKVO im konkreten Einzelfall durch politische Einflussnahme – insbesondere in Zeiten eines zunehmenden Wirtschaftsprotektionismus – gesteuert werden kann, da das Antragsrecht nicht unmittelbar bei den nationalen Wettbewerbsbehörden liegt, sondern den Mitgliedstaaten zusteht.[390] In Deutschland ist die Kompetenz zur Stellung eines Verweisungsantrags nach Art. 22 FKVO bloß

384 Kommission, Art. 22 Leitfaden, Rn. 28.
385 *Bischke/Brack*, NZG 2021, 638 (641).
386 *Schreitter/Urban*, NZKart 2020, 637 (641).
387 Kommission, Art. 22 Leitfaden, Rn. 21.
388 *Schreitter/Urban*, NZKart 2020, 637 (642); *Bischke/Brack*, NZG 2021, 638 (641).
389 *Völkel*, NZKart 2021, 262 (263).
390 *Schreitter/Urban*, NZKart 2020, 637 (643).

an das BKartA delegiert. Es bedarf für den Verweisungsantrag der Zustimmung des BMWi. Ohne eine solche darf das BKartA nicht tätig werden.[391]

Es ist außerdem zu befürchten, dass die Kommission im Zuge ihrer neuen Verweisungspraxis durch die Aufforderung zur Verweisung nach Art. 22 Abs. 5 FKVO zusätzlichen Druck auf die jeweiligen Mitgliedstaaten auszuüben versuchen wird, einen Verweisungsantrag an sie zu stellen.[392]

cc. Unklare Rechtsschutzmöglichkeiten

Es besteht zum jetzigen Zeitpunkt zudem noch keine ausreichende Klarheit darüber, inwieweit gegen Verweisungsentscheidungen der Mitgliedstaaten sowie der Kommission vor den Gerichten vorgegangen werden kann.

Zunächst ist fraglich, inwieweit gerichtlich gegen die Verweisungsentscheidungen der nationaler Wettbewerbsbehörden vorgegangen werden kann. Teilweise wird vertreten, dass gegen das Verhalten nationaler Wettbewerbsbehörden grundsätzlich Rechtsschutz nur vor den innerstaatlichen Gerichten in Betracht kommt.[393] Diese Sichtweise ist jedoch keineswegs zwingend, da der Verweisungsantrag auch als nicht zu trennender Teilakt von einer möglichen Prüfung durch die Kommission angesehen werden kann.[394]

Die Zusammenschlussparteien können jedoch nach h.A. gegen die Annahme des Verweisungsantrags im Wege der Nichtigkeitsklage nach Art. 263 AEUV i.V.m. Art. 256 Abs. 1 AEUV i.V.m. Art. 51 der Satzung des Gerichtshofs vor dem EuG vorgehen,[395] wie es derzeit auch Illumina tut.[396] Deutliche zeitliche Verzögerungen sind hierdurch jedoch vorprogrammiert.

---

391 Vgl. *Körber* in Immenga/Mestmäcker FKVO, Art. 22 Rn. 15.

392 *Schreitter/Urban*, NZKart 2020, 637 (643).

393 *Dittert* in Schröter/Jakob/Klotz/Mederer, Art. 22 Rn. 36.

394 So entschied z.B. der französische Conseil d'État jüngst, dass die Verweisungsentscheidung untrennbar mit der Prüfung der Transaktion durch die Kommission verbunden sei und daher unter die Kontrolle des EuG und nicht in seine Zuständigkeit falle, Conseil d'État, Entscheidung v. 01.04.2021, N° 450878, ECLI:FR:CEORD:2021:450878.20210401 – *Illumina-Grail/Autorité de la concurrence*, Rn. 4.

395 *Bechtold et al.* in Bechtold/Bosch FKVO, Art. 22 Rn. 17; *Körber* in Immenga/Mestmäcker FKVO, Art. 22 Rn. 51; a.A. *Dittert* in Groeben et al. VO (EG) 139/2004, Art. 22 Rn. 33.

396 Illumina, Pressemitteilung v. 29.04.2021 (abrufbar unter: https://www.illumina.com/company/news-center/press-releases/press-release-details.html?newsid=e2c75c6a-6cbe-4e45-b8a6-6d90d40c253e, zuletzt abgerufen am 02.06.2021).

e. *Zwischenergebnis*

Durch Art. 22 FKVO ist es grundsätzlich möglich, die hier beschriebenen Aufkäufe von Start-ups zu erfassen. Die von der Kommission gewünschte Verweisungspraxis bringt jedoch nicht zu unterschätzende Unsicherheiten mit sich. Unabhängig davon, dass sich Art. 22 FKVO in seiner geplanten Form nicht in das System der europäischen Fusionskontrolle einfügen würde, ist es im Falle einer solchen Einführung unerlässlich, dass die beschriebenen Aufkäufe von den Aufgreifinstrumenten der nationalen Fusionskontrollregime erfasst werden. Ansonsten droht eine – vermeidbare – große Rechtsunsicherheit für die betroffenen Unternehmen. Denn durch die in den neuen Leitlinien dargelegte Verweisungspraxis würde das ausdifferenzierte Zuständigkeitssystem zwischen der europäischen und den nationalen Wettbewerbsbehörden untergraben. Die Konsequenz einer möglichen Lücke im nationalen Fusionskontrollregime darf nicht sein, einen Verweisungsantrag für jeden, möglicherweise die Kriterien des Art. 22 Abs. 1 FKVO erfüllenden Zusammenschluss zu stellen. Logische Konsequenz muss vielmehr sein, das eigene nationale Fusionskontrollregime so zu novellieren, dass die Zusammenschlüsse von diesen Regimen erfasst werden. Sollte das BKartA eine Verweisung trotzdem für sinnvoll erachten, steht ihr eine solche – unter Voraussetzung der Zustimmung des BMWi – weiterhin frei. Es ist darüber hinaus ohnehin nur wenig verständlich, weshalb ein Zusammenschluss, der in keinem der Mitgliedstaaten anzumelden ist, von der Kommission untersucht werden kann. Aufgrund des weiten Wortlauts der Norm ist dies zwar auch ohne Gesetzesänderung grundsätzlich möglich, widerspricht aber dem Zweck der Vorschrift, die bisher – auch aufgrund ihrer Komplexität – nur geringe praktische Bedeutung hatte. Darüber hinaus ist eine zurückhaltende Normanwendung sowohl seitens der Mitgliedstaaten als auch der Kommission für die Schaffung von Transaktionssicherheit unabdingbar. Vor diesem Hintergrund ist es zu begrüßen, dass das BKartA sich dem Verweisungsantrag in der Sache *Illumina/Grail* jedenfalls nicht angeschlossen hat.

Außerdem könnte diese Verweisungsmöglichkeit aufgrund der daraus folgenden Unsicherheiten für Exit-Strategien der Start-ups eine abschreckende Signalwirkung für Wagniskapitalgeber und andere Investoren haben.[397] Ob die Zweckentfremdung des Art. 22 FKVO wirklich dem Ziel, ein aussichtsreiches Umfeld für die Gründung innovativer Unternehmen zu gewährleisten, dient, ist höchst fraglich.

397 *Völkel*, NZKart 2021, 262 (263).

5. Zusammenfassung mehrerer Zusammenschlussvorgänge

Darüber hinaus stellt sich vor dem Hintergrund, dass die Vermutung besteht, dass die GAFA-Unternehmen gezielt Unternehmen aufkaufen, die später zu potentiellen Wettbewerbern werden könnten, die Frage, ob der einzelne Zusammenschlussvorgang den alleinigen rechtlichen Anknüpfungspunkt für die wettbewerbsrechtliche Beurteilung darstellen muss. Es ist daher zu klären, ob eigentlich separate Zusammenschlussvorgänge ein einheitliches Zusammenschlussvorhaben bilden, das als Ganzes vom BKartA geprüft wird. Liegen die Voraussetzungen für eine einheitliche Betrachtung der einzelnen Zusammenschlussvorgänge vor, können diese in einem Verfahren zusammengefasst und somit gemeinsam geprüft werden. In Absprache mit dem BKartA ist es zudem möglich, unproblematische einzelne Zusammenschlussvorgänge separat zu prüfen, sodass diese vorzeitig freigegeben werden können.[398]

Die Möglichkeit der einheitlichen Betrachtung ist für die formelle Fusionskontrolle u.a. dahin gehend von Relevanz, dass es für die Frage der Umsatzberechnung entscheidend ist, wer die beteiligten Unternehmen sind.[399]

a. *Aufkaufstrategien großer Internetunternehmen*

Der Furman-Report spricht im Hinblick auf die Aufkäufe von Start-ups durch die GAFA-Unternehmen von einer „*killer acquisition strategy*".[400] Daneben gehen deutsche Quellen von systematischen Aufkaufstrategien aus.[401] Eine Erwerbsstrategie der GAFA-Unternehmen anzunehmen, erscheint nicht fernliegend, wenn man sich z.B. ansieht, dass Alphabet in den letzten 20 Jahren ca. 240 Unternehmen aufgekauft hat.[402] Das wettbewerbliche Schadenspotential, das sich aus einer solchen Anzahl von Aufkäufen ergibt, kann von erheblicher wettbewerblicher Bedeutung sein und muss nicht hinter dem eines Zusammenschlusses zweier etablierter Wettbewerber zurückstehen.[403]

---

398 Vgl. hinsichtlich der Möglichkeit der separaten Prüfung unproblematischer Teilakte die Überlegungen in BKartA, Beschluss v. 31.03.2015, B 2-96/14 – *Edeka/Kaiser's Tengelmann*, BeckRS 2015, 9385, Rn. 72.

399 *Thomas* in Immenga/Mestmäcker, § 37 Rn. 270.

400 Furman-Report, Rn. 3.51.

401 Marktmacht-Studie, S. 125 ff.; Bericht Wettbewerbskommission 4.0, S. 65 ff.

402 *Mascarenhas*, Google's Appetite This Week Explained, Crunchbase v. 14.01.2020 (abrufbar unter: https://news.crunchbase.com/news/googles-appetite-this-week-explained/, zuletzt abgerufen am 10.03.2021).

403 Vgl. Monopolkommission, Policy Brief 4, Januar 2020, S. 7.

Im Rahmen der deutschen Fusionskontrolle ist es unter bestimmten Voraussetzungen möglich, mehrere Erwerbsvorgänge zusammenzufassen und gemeinsam zu prüfen.

b. Grenzen der Berücksichtigung

Um mehrere Erwerbe zusammenfassen zu können und damit als einen einheitlichen Zusammenschlussvorgang zu bewerten, muss (i) die Identität der Erwerber vorliegen, (ii) ein Kontrollerwerb stattgefunden haben und (iii) eine gegenseitige wirtschaftliche und oder rechtliche Abhängigkeit gegeben sein.[404]

Die beiden ersten Voraussetzungen werden im Fall der hier beschriebenen Aufkäufe unproblematisch zu bejahen sein. Schwieriger wird es dagegen sein, eine gegenseitige wirtschaftliche und/oder rechtliche Abhängigkeit festzustellen. Voraussetzung einer solchen Abhängigkeit ist jedenfalls, dass die einzelnen Zusammenschlusstatbestände jeweils voneinander abhängig sind, also ohne den jeweils anderen Erwerbsvorgang nicht stattgefunden hätten.[405] Das OLG Düsseldorf stellt diesbezüglich fest, dass ein einheitlicher Zusammenschluss i.S.v. § 37 Abs. 1 Nr. 1 GWB vorliegt, wenn die Erwerbsvorgänge bei wirtschaftlicher Betrachtung „ein einheitlicher Vorgang" sind.[406]

Es gibt keine Hinweise darauf, dass eine solche gegenseitige wirtschaftliche und/oder rechtliche Abhängigkeit bei den beschriebenen GAFA-Aufkäufen vorliegt. An eine solche könnte man denken, wenn die Aufkäufe auf demselben relevanten Markt erfolgen. Die Aufkäufe erfolgen aber grundsätzlich auf verschiedensten Märkten.[407] Es kam jedoch in der Vergangenheit vor, dass GAFA-Unternehmen mehrere Aufkäufe auf dem gleichen relevanten Markt vornahmen. So kaufte Facebook im November 2019 Beat Games s.r.o. („Beat games") und im Februar 2020 Sanzaru Games Inc. („Sanzaru Games").[408] Bei

---

404 Vgl. OLG Düsseldorf, Beschluss v. 23.08.2017 – VI-Kart 5/16 (V) – *Edeka/Kaiser's Tengelmann*, Rn. 27 (juris); *Thomas* in Immenga/Mestmäcker, § 37 Rn. 270 f.

405 Vgl. EuG, Urteil v. 23.02.2006, T-282/02– *Cementbouw*, ECLI:EU:T:2006:64, Rn. 102 ff.

406 Vgl. OLG Düsseldorf, Beschluss v. 23.08.2017 – VI-Kart 5/16 (V) – *Edeka/Kaiser's Tengelmann*, Rn. 27.

407 Monopolkommission, Sondergutachten 68, Rn. 22; Lear-Report, S. 12.

408 Vgl. hinsichtlich des Erwerbs von Beat Games *Verdu*, Oculus-Blog v. 26.11.2019, WELCOMING BEAT GAMES TO FACEBOOK (abrufbar unter: https://www.oculus.com/blog/welcoming-beat-games-to-facebook/?locale=de_DE, zuletzt abgerufen am 10.03.2021); vgl. hinsichtlich des Erwerbs von Sanzaru Games *Verdu*, WELCOMING SANZARU GAMES TO FACEBOOK, Oculus-Blog v. 25.02.2020 (abrufbar

Beat Games handelt es sich um das Unternehmen, dass hinter der Entwicklung des beliebten VR Spiels Beat Saber steht. Auch bei Sanzaru Games handelt es sich um einen Entwickler von VR Spielen. Beide Unternehmen wurden nach ihrem Erwerb in Oculus Studios integriert.[409] Allein der Umstand, dass die Aufkäufe auf demselben relevanten Markt erfolgen, darf jedoch für die Feststellung einer gegenseitigen Abhängigkeit nicht ausreichen, sollten keine weiteren Indizien hinzukommen. Ansonsten würde der Begriff der wirtschaftlichen bzw. rechtlichen Abhängigkeit ausgehöhlt.

6. *Killer acquisitions* als Missbrauch der marktbeherrschenden Stellung

Unabhängig von den Fusionskontrollregelungen können Zusammenschlüsse den Vorschriften zum Missbrauch der marktbeherrschenden Stellung nach §§ 19 ff. GWB unterfallen.

a. Anwendbarkeit

Die Anwendung dieser Vorschriften auf Unternehmenszusammenschlüsse war bisher allerdings eher von theoretischer als von praktischer Bedeutung. Aufgrund des weiten Schutzbereichs des § 19 GWB, dessen Ziel insbesondere der „Bestandsschutz für den verbleibenden Restwettbewerb“[410] ist, wird die Möglichkeit einer Kontrolle des Zusammenschlusses mittels des Verbots des Missbrauchs der marktbeherrschenden Stellung heute quasi unstrittig anerkannt.[411]

aa. Hintergrund

In Bezug auf Art. 102 AEUV hatte die Kommission bereits in ihrem Konzentrationsmemorandum 1965 betont, dass ein marktbeherrschendes Unternehmen, das durch einen Zusammenschluss mit weiteren Unternehmen eine

---

unter: https://www.oculus.com/blog/welcoming-sanzaru-games-to-facebook/, zuletzt abgerufen am 10.03.2021).

409 *Verdu*, WELCOMING BEAT GAMES TO FACEBOOK, Oculus-Blog v. 26.11.2019 (abrufbar unter: https://www.oculus.com/blog/welcoming-sanzaru-games-to-facebook/, zuletzt abgerufen am 10.03.2021); *Verdu*, WELCOMING SANZARU GAMES TO FACEBOOK, Oculus-Blog v. 25.02.2020 (abrufbar unter: https://www.oculus.com/blog/welcoming-sanzaru-games-to-facebook/, zuletzt abgerufen am 10.03.2021).

410 *Jung* in Grabitz et al. AEUV, Art. 102 Rn. 10.

411 Marktmacht-Studie, S. 125; *Jung* in Grabitz et al. AEUV, Art. 102 Rn. 10; *Podszun/Kersting*, ZRP 2019, 34 (35); *Fuchs* in Immenga/Mestmäcker GWB, § 19 Rn. 69.

monopolistische Marktstruktur herbeiführt, seine marktbeherrschende Stellung i.S.d. Art. 102 AEUV ausnutze.[412] Gleichsam stellte der EuGH die Möglichkeit der Anwendung des Art. 102 AEUV auf Unternehmenszusammenschlüsse im Rahmen seiner Continental Can Entscheidung fest. Diese Entscheidung stützte der EuGH einerseits auf das Erfordernis einer harmonisierenden Auslegung von Art. 101 AEUV und Art. 102 AEUV, da das Interesse, den Restwettbewerb zu erhalten, das in Art. 101 Abs. 3b AEUV zum Ausdruck komme, auch im Rahmen des Art. 102 AEUV durchgesetzt werden müsse.[413] Andererseits müsse es Art. 3 Abs. 3 EUV i.V.m. dem Protokoll Nr. 27 (entspricht heute dem in der Entscheidung genannten Art. 3 Abs. 1g EGV) erst recht verbieten, dass der Wettbewerb über Zusammenschlussvorgänge (vollständig) ausgeschaltet wird, wenn dieser doch die Errichtung eines Systems vorsieht, das den Wettbewerb vor Verfälschungen schützt.[414]

bb. Voraussetzungen

In seiner Continental Can-Entscheidung hat der EuGH folgende Voraussetzungen aufgestellt, bei deren Vorliegen ein Zusammenschluss den Missbrauch einer marktbeherrschenden Stellung darstellt:

Es muss sich um ein (i) Unternehmen mit marktbeherrschender Stellung handeln, (ii) der Zusammenschluss muss diese Stellung verstärken und (iii) dadurch eine wesentliche Behinderung des Wettbewerbs (aufgrund des Beherrschungsgrades), in dem Sinne, dass nur von diesem Unternehmen abhängige Unternehmen auf dem Markt bestehen bleiben oder die verbleibenden Wettbewerber kein ausreichendes Gegengewicht darstellen, drohen.

Parallel zu den Grundsätzen, die der EuGH in seiner Continental Can-Entscheidung im europäischen Kartellrecht entwickelt hat, wird man Zusammenschlüsse daher nicht aus dem Anwendungsbereich des § 19 GWB herausnehmen können.

---

412 Kommission, Das Problem der Unternehmenskonzentration auf dem gemeinsamen Markt, 1966, Teil Ziff. 25 ff.; *Jung* in Grabitz et al. AEUV, Art. 102 Rn. 328.

413 Vgl. EuGH, Urteil v. 23.02.1973, C 6/72 – *Continental Can*, ECLI:EU:C:1973:22, Rn. 25.

414 Vgl. EuGH, Urteil v. 23.02.1973, C 6/72 – *Continental Can*, ECLI:EU:C:1973:22, Rn. 24.

b. Konsequenzen der Anwendbarkeit

Die folgenschwerste Konsequenz einer Anwendung der §§ 19 GWB ff. auf Zusammenschlüsse ist die Möglichkeit einer Kontrolle des Zusammenschlusses unterhalb der Aufgreifschwellen der Fusionskontrolle nach § 35 GWB. Anders als im Rahmen der präventiven Fusionskontrolle können Zusammenschlüsse, die die Voraussetzungen des § 19 GWB erfüllen, ex-post aufgelöst werden. Um zu vermeiden, dass das ausdifferenzierte System der präventiven Fusionskontrolle unterlaufen wird und Rechtsunsicherheiten entstehen, ist es elementar, dass bestandskräftige Freigabeentscheidungen des BKartA wirksam bleiben.[415] Eine Durchsetzung des Missbrauchsverbots, das an konkrete missbräuchliche Verhaltensweisen nach erfolgtem Zusammenschluss anknüpft, bleibt selbstverständlich möglich.

c. Anwendbarkeit auf Aufkäufe im digitalen Bereich

Hinsichtlich der Anwendbarkeit der Vorschriften des Missbrauchsverbots auf *killer acquisitions* zeigen sich verschiedene mögliche Anknüpfungspunkte. Insbesondere drei Anknüpfungspunkte sind in diesem Zusammenhang denkbar:

(i) Die Bewertung des Zusammenschlusses selbst als missbräuchliche Ausnutzung einer marktbeherrschenden Stellung,
(ii) Die Art hinsichtlich des Zusammenschlusses in Form eines feindlichen Zusammenschlusses, d.h. gegen den eigentlichen Willen des Mitbewerbers,
(iii) Die Aufkaufstrategie als missbräuchliche Handlung.

Inwieweit hier die Voraussetzungen des § 19 GWB tatsächlich erfüllt sind, ist jedoch eine Frage der materiell-rechtlichen Beurteilung und daher zu einem späteren Zeitpunkt genauer zu beleuchten.[416] Jedenfalls besteht die Möglichkeit einer Kontrolle von Zusammenschlüssen, die sich als *killer acquisitions* herausstellen auch im Rahmen des Missbrauchs der marktbeherrschenden Stellung.

d. Zwischenergebnis

Durch die Behandlung als Missbrauch der marktbeherrschenden Stellung könnte so zumindest der Prognoseunsicherheit der Ex-ante-Fusionskontrolle begegnet werden. Möglicherweise bietet daher die Behandlung von *killer acquisitions* als Missbrauch der marktbeherrschenden Stellung eine Alternative zur

---

415 *Fuchs* in Immenga/Mestmäcker GWB, § 19 Rn. 69.
416 Siehe hierzu näher unter Gliederungspunkt D II 4.

Fusionskontrolle. Trotzdem bringt die Behandlung von Zusammenschlüssen als Missbrauch der marktbeherrschenden Stellung nicht zu vernachlässigende Probleme mit sich. Einerseits ist die Fusionskontrolle explizit auf Zusammenschlüsse zugeschnitten und absichtlich präventiv ausgestaltet, sodass man sich die Frage stellen muss, ob das Missbrauchsverbot konzeptionell die richtige Grundlage für die Beurteilung eines Zusammenschlusses darstellt, zumal eine nachträgliche Rückgängigmachung des Zusammenschlusses den legitimen Interessen der Zusammenschlussparteien entgegenstehen kann und kein zeitlich bestimmter Ablauf, wie im Rahmen der Fusionskontrolle, gewährleistet wäre.[417] Andererseits kann die Wettbewerbsbehörde unabhängig von dem einzelnen Zusammenschluss agieren und die bisherige Aufkaufhistorie eines Digitalkonzerns in ihre wettbewerbliche Analyse mit einbeziehen und eine mögliche missbräuchliche Strategie identifizieren. Inwieweit dies gelingen kann, soll im Rahmen der materiell-rechtlichen Bewertung näher untersucht werden. Jedenfalls sollte die Beurteilung von kritischen Transaktionen nach den Grundsätzen des Missbrauchsverbots nicht von vornherein abgelehnt werden.

7. Zwischenergebnis

Die derzeitigen Aufgreifmöglichkeiten reichen nicht aus, um die beschriebenen Aufkäufe angemessen zu erfassen. Die Umsatzschwellen berücksichtigen nicht, dass viele digitale Unternehmen anfangs nur geringe oder keine Umsätze generieren. Durch die Transaktionswert-Schwelle werden nur die größten Transaktionen vom deutschen Fusionskontrollregime erfasst, wie z.B. der Zusammenschluss von Facebook und WhatsApp. Sie berücksichtigt auch nicht, dass der Wert der Gegenleistung auch unter EUR 400 Millionen liegen kann und trotzdem wettbewerbsrechtlich relevant sein kann. Auch nicht berücksichtigt wird im Rahmen der Aufgreifschwellen der deutschen Fusionskontrolle, dass auch die Anzahl der Transaktionen die Problematik und Wettbewerbsrelevanz ausmachen kann. Die Aufkäufe kleinerer Start-ups werden, wie bereits dargestellt, insbesondere aufgrund der Umsatzschwelle von EUR 2 Millionen auch nicht von der neuen Aufgreifschwelle des § 39a GWB erfasst werden, sodass die deutsche Fusionskontrolle nur in Einzelfällen *auf killer acquisitions* anwendbar ist. Auch vor dem Hintergrund der neuen Verweisungspraxis der Kommission ist es unerlässlich, dass die beschriebenen Aufkäufe von den Aufgreifinstrumenten der nationalen Fusionskontrollregime erfasst werden.

---

417 Marktmacht-Studie, S. 125.

II. Alternative Lösungsansätze

Es stellt sich damit die Frage, ob und wie *killer acquisitions* durch alternative Aufgreifinstrumente erfasst werden können, sodass das deutsche Fusionskontrollregime in der Lage ist, Unternehmenserwerbe, die sich als *killer acquisitions* darstellen, angemessen zu erfassen. Es bedarf daher eines, nicht ausschließlich von den bisherigen Umsatz- und Transaktionswert-Schwellen abhängigen, Aufgreifinstruments, das die Besonderheiten des Digitalsektors angemessen berücksichtigt. Dieses Instrument muss hinreichend flexibel und derart ausgestaltet sein, dass die Prüfungskapazitäten des BKartA nicht durch eine zu große Zahl an Anmeldungen überlastet werden. Gleichzeitig muss den beteiligten Unternehmen genug Rechtssicherheit geboten werden, um die Attraktivität des digitalen Sektors für Gründer und Investoren zu gewährleisten, und so die Wettbewerbsfähigkeit zu erhalten und Innovationshemmungen vermieden werden.[418]

1. Absenkung bestehender Schwellenwerte

Die nächstliegende Möglichkeit ist sicherlich die Absenkung der bestehenden Schwellenwerte, d.h. einerseits der Umsatzschwellenwerte sowie alternativ des Transaktionsschwellenwertes, um dadurch eine größere Zahl von Zusammenschlussvorhaben erfassen zu können.

a. Absenkung der Umsatzschwellenwerte

Kritisch für die Erfassung von *killer acquisitions* innerhalb der deutschen Fusionskontrolle ist primär der Wert der 2. Inlandumsatzschwelle in Höhe von EUR 17,5 Millionen nach § 35 Abs. 1 Nr. 2 GWB. Diesen abzusenken wäre jedoch aus verschiedenen Gründen nicht sinnvoll. Einerseits würde eine Absenkung dieser Schwelle dazu führen, dass deutlich mehr Zusammenschlüsse der Kontrolle durch das BKartA unterlägen, ohne dass diese zwingend von wettbewerbsrechtlicher Relevanz sind. Andererseits erzielen junge Unternehmen im digitalen Bereich anfangs teilweise gar keine Umsätze, sodass auch eine abgesenkte Inlandsumsatzschwelle zur Erfassung der *killer acquisitions*, wenn überhaupt, nur bedingt beitragen könnte. Die Absenkung der zweiten Inlandsumsatzschwelle ist daher gegenwärtig nicht zu empfehlen, zumal diese im Rahmen der 10. GWB-Novelle gerade erst auf EUR 17,5 Millionen erhöht wurden.

---

418 Bericht Wettbewerbskommission 4.0, S. 65.

b. Absenkung des Transaktionsschwellenwertes

Eine Absenkung des Transaktionsschwellenwertes erscheint grundsätzlich empfehlenswert, da der Wert aktuell nur vereinzelt Aufkäufe im digitalen Bereich erfassen kann, und die meisten GAFA-Akquisitionen den Wert von EUR 400 Millionen nicht erreichen. Auch wenn die Transaktionswert-Schwelle nur die gesamtwirtschaftlich relevantesten Fälle erfassen soll, ist der derzeitige Wert zu hoch angesetzt, um *killer acquisitions* ausreichend erfassen zu können. Das Herabsetzen der Transaktionswert-Schwelle birgt aber nichtsdestotrotz die Gefahr, dass der Erwerbszeitraum noch weiter vorverlegt würde, was zwar Unsicherheiten für das erwerbende Unternehmen mit sich bringt, aber auch dazu führt, dass sich der Wert der Gegenleistung verringert. Trotzdem wäre jedoch eine Herabsetzung der Transaktionswert-Schwelle zu befürworten, um mehr relevante Transaktionen zu erfassen. Insgesamt wird dies aber nicht zur Erfassung von *killer acquisitions* ausreichen. Um diese umfassend zu erfassen, wäre die Transaktionswert-Schwelle so niedrig anzusetzen, dass zu viele Transaktionen unter diese Schwelle fielen. Dies würde sowohl das BKartA als auch die Unternehmen unangemessen belasten.

Nach § 43 a GWB hat das Bundesministerium für Wirtschaft und Energie den gesetzgebenden Körperschaften nach Ablauf von drei Jahren nach Inkrafttreten der Vorschrift über die Erfahrungen mit den Regelungen von § 35 Abs. 1a GWB zu berichten. Es bleibt abzuwarten, ob es infolgedessen zu einer Absenkung der Schwelle kommen wird.

2. Anknüpfung an die Umsätze nur eines Unternehmens

Vor dem Hintergrund, dass viele Start-ups im digitalen Bereich anfangs oftmals keine oder nur sehr geringe Umsätze erzielen, die erwerbenden Unternehmen aber als globale Superplayer Milliardenumsätze generieren, wäre es denkbar, nur an die Umsätze des erwerbenden Unternehmens anzuknüpfen.

a. Rechtslage in Schweden

Eine vergleichbare Regelung besteht beispielsweise in Schweden. Selbst wenn der zweite Schwellenwert (d.h. mindestens zwei der beteiligten Unternehmen generieren in Schweden jeweils einen Umsatz von mehr als SEK 200 Millionen) nicht von allen beteiligten Unternehmen erreicht wird, ist die Wettbewerbsbehörde befugt, die Anmeldung des Zusammenschlusses anzuordnen, wenn „besondere Gründe" (d.h. besondere materielle Wettbewerbsbedenken) vorliegen.[419]

419 Vgl. Schwedisches Wettbewerbsgesetz (2008:579) (Konkurrenslagen, SFS 2008:579) v.

Zusammenschlüsse können in diesem Zusammenhang auch freiwillig angemeldet werden.[420] Obwohl immer noch relativ selten, hat die schwedische Wettbewerbsbehörde solche Anmeldungen in einer Reihe von Fällen angeordnet.

Der Begriff der „besonderen Gründe“ ist im schwedischen Wettbewerbsgesetz nicht legaldefiniert, der Gesetzgeber betont aber seinen Charakter als Ausnahme. Es müssen (nicht außergewöhnliche) Anzeichen, für eine „gewisse Stärke“ der Beeinträchtigung des Wettbewerbs zu befürchten sein. Letztendlich sei ausreichend, dass der Zusammenschluss den Wettbewerb auf dem Markt in nennenswertem Umfang verhindern, einschränken oder verfälschen könne. Als Beispiel dafür nennt die schwedische Wettbewerbsbehörde in ihren Leitlinien die Fälle, dass ein starkes Unternehmen kleinere Wettbewerber auf einem konzentrierten Markt durch aufeinanderfolgende Übernahmen erwirbt, wobei jedoch jede einzelne Übernahme von geringer Bedeutung ist, und ein starkes Unternehmen auf einem konzentrierten Markt ein neu gegründetes Unternehmen erwirbt, das möglicherweise die Stellung des Erwerbers infrage stellen könnte.[421] Beschwerden von z.B. Kunden und Wettbewerbern können ebenfalls besondere Gründe für eine Anmeldepflicht darstellen, wenn die schwedische Wettbewerbsbehörde die vorläufige Einschätzung trifft, dass die geäußerten Bedenken so beschaffen sind, dass der Wettbewerb infolge des Zusammenschlusses möglicherweise ernsthaft beeinträchtigt werden könnte.[422]

18.06.2008, Kapitel IV § 7 Nr. 1 (abrufbar unter: https://lagen.nu/2008:579#K4, zuletzt abgerufen am 10.03.2021).

420 Vgl. Schwedisches Wettbewerbsgesetz (2008:579) (Konkurrenslagen, SFS 2008:579) v. 18.06.2008, Kapitel IV § 7 Nr. 2 (abrufbar unter: https://lagen.nu/2008:579#K4, zuletzt abgerufen am 10.03.2021).

421 Konkurrensverket, Guidance from the Swedish Competition Authority for the notification and ex-amination of concentrations between undertakings, 11.01.2018, Nr. 23 (abrufbar unter: http://www.konkurrensverket.se/globalassets/english/competition/guidance_notification_and_examination_of_concentrationsny.pdf, zuletzt abgerufen am 10.03.2021).

422 Konkurrensverket, Guidance from the Swedish Competition Authority for the notification and examination of concentrations between undertakings, 11.01.2018, Nr. 23 (abrufbar unter: http://www.konkurrensverket.se/globalassets/english/competition/guidance_notification_and_examination_of_concentrationsny.pdf, zuletzt abgerufen am 10.03.2021).

b. Übertragung auf die deutsche Fusionskontrolle

Würde man dieses Modell auf die deutsche Fusionskontrolle übertragen, könnte man entweder ganz auf den Inlandsumsatz der beteiligten Unternehmen oder nur auf den eines der Unternehmen verzichten. Da der Bezug zum Inland im Rahmen der nationalen Fusionskontrolle gegeben sein sollte, kommt realistischerweise nur die Letztere der beiden Optionen in Betracht. Die Vorschriften über die Zusammenschlusskontrolle fänden daher in Deutschland Anwendung, wenn im letzten Geschäftsjahr vor dem Zusammenschluss

- die beteiligten Unternehmen insgesamt weltweit Umsatzerlöse von mehr als 500 Millionen Euro erzielt haben,
- im Inland mindestens ein beteiligtes Unternehmen Umsatzerlöse von mehr als 50 Millionen Euro erzielt hat,
- eines der Unternehmen, das keine Inlandsumsätze von mehr als 17,5 Millionen Euro erzielt, eine hinreichende Inlandsaktivität aufweist und
- besondere Wettbewerbsbedenken bestehen.

aa. Hinreichende Inlandsaktivität

Das Kriterium der hinreichenden Inlandsaktivität soll sicherstellen, dass die Übernahmen von primär im Ausland tätigen Unternehmen nicht erfasst werden. Es ist diesbezüglich nicht auf umsatzbezogene, sondern Kriterien abzustellen, die je nach Branche variieren können. Eine Festlegung auf absolute Grenzwerte wäre dabei nicht sachgerecht. Es kann diesbezüglich auf den Leitfaden des BKartA zu den Transaktionsschwellen verwiesen werden, in dem ebenfalls eine hinreichende Inlandsaktivität gefordert wird.[423]

bb. Subsidiarität und Ausnahmecharakter

Dieses neue Aufgreifinstrument darf den bereits bestehenden Aufgreifinstrumenten gegenüber nur von subsidiärer Bedeutung sein, da diese sonst obsolet wären. Zudem darf die Regelung nur einen Ausnahmecharakter besitzen, um einerseits das BKartA nicht zu stark zu belasten und gleichzeitig die Flexibilität für Unternehmenskäufe in Deutschland auch im digitalen Bereich nicht zu stark einzuschränken.

---

423 BKartA/BWB, Leitfaden Transaktionswert-Schwellen, Rn. 64 ff.

cc. Zeitliche Ausgestaltung

Zugleich sollte die Möglichkeit der Anordnung des Zusammenschlusses aber zeitlich begrenzt werden, um sowohl ein wirksames Eingreifen der Wettbewerbsbehörde zu ermöglichen, als auch den Zusammenschlussparteien eine angemessene Rechtsicherheit zu gewährleisten. Aufgrund der Möglichkeit einer freiwilligen Notifizierung können die Zusammenschlussparteien der Gefahr einer eventuellen Rückabwicklung selbst begegnen, indem sie den Zusammenschluss vor dessen Vollzug bei der Wettbewerbsbehörde anmelden, sodass beispielsweise ein Überprüfungszeitraum von bis zu zwei Jahren nicht per se unangemessen erscheint.

dd. Zwischenergebnis

Die Übertragung der schwedischen Regelung in das System der deutschen Fusionskontrolle wäre bei Erweiterung dieser Regelung grundsätzlich möglich. Die Begründung der schwedischen Leitlinien erinnert von ihrem Motiv her zunächst an die der Remondisklausel. Ebenso wie die Remondisklausel wäre diese Art der Aufgreifschwelle dem deutschen Fusionskontrollregime aber systemfremd. Sie könnte aber gegenüber der Remondisklausel die bessere Alternative darstellen, wenn die Regelung auch *killer acquisitions* erfassen könnte. Zudem muss ein angemessener Ausgleich zwischen der Rechtssicherheit für die an der Transaktion beteiligten Unternehmen und der Möglichkeit der Überprüfung u.U. wettbewerbsrechtlich relevanter Zusammenschlüsse sichergestellt werden. Auch in der deutschen Fusionskontrolle müsste es daher als einen ersten Schritt die Möglichkeit einer freiwilligen Anmeldung durch die Unternehmen geben, die befürchten müssen, diesem neuen Aufgreifinstrument zu unterfallen. Darüber hinaus müsste aber zur Gewährleistung der Rechtssicherheit die Möglichkeit der Anordnung des Zusammenschlusses zeitlich begrenzt werden. Weiterhin müssten die „besonderen Wettbewerbsbedenken" näher konkretisiert werden, wie dies auch in den schwedischen Leitlinien zumindest ansatzweise getan wurde.

c. Übertragung auf Aufkäufe von Start-ups im digitalen Bereich

Mit dieser Art des Aufgreifinstruments wäre es möglich, verschiedenste Unternehmenserwerbe durch GAFA-Unternehmen zu erfassen. Der Umstand, dass das jeweilig Zielunternehmen keine oder nur geringe Umsätze erzielt, wäre nicht problematisch. Auch das Erreichen eines bestimmten Transaktionswertes wäre keine Voraussetzung für eine Überprüfung. Dem Schein nach wären damit alle Probleme, die sich hinsichtlich der Aufgreifschwellen im Zusammenhang mit *killer acquisitions* stellen, gelöst.

aa. Potentieller Wettbewerb

Es bleibt die Frage bestehen, wann von besonderen Wettbewerbsbedenken ausgegangen werden kann. Denkbar wäre unter anderem eine Fokussierung auf den Erwerb potentieller Wettbewerber.

(1) Schweden

In den Leitlinien zur schwedischen Fusionskontrolle wird auf horizontale und vertikale Zusammenschlüsse Bezug genommen. Hinsichtlich horizontaler Zusammenschlüsse soll es insbesondere entscheidend sein, ob die Zusammenschlussparteien zusammen einen hohen Marktanteil erreichen würden oder sehr nahe Wettbewerber sind. Vertikale Zusammenschlüsse seien regelmäßig wettbewerbsrechtlich bedenklich, wenn der Käufer und das Zielunternehmen auf verschiedenen Ebenen einer Lieferkette tätig sind.[424] In den Leitlinien wird auch auf den Fall eingegangen, dass ein marktstarkes Unternehmen auf einem konzentrierten Markt ein neu gegründetes Unternehmen erwirbt, das die Stellung des Erwerbers infrage stellen könnte.[425]

(2) Deutschland

Killer acquisitions sind dadurch gekennzeichnet, dass sie in einer Phase erfolgen, in der sich das Start-up (noch) auf einem Nischenmarkt des erwerbenden Unternehmens bewegt, sodass es (noch) keinen aktuellen Wettbewerber darstellt. Die zu erwerbenden Unternehmen können aber in der Lage sein, potenziell und signifikant die Position des bereits etablierten Unternehmens zu bedrohen. Die Feststellung des Bestehens potentiellen Wettbewerbs und somit auch einer möglichen *killer acquisition* setzt voraus, dass es dem Unternehmen wirtschaftlich möglich und realistisch ist, auf dem Markt des anderen Unternehmens in einer (im Einzelfall zu bestimmenden) angemessenen Zeit als Wettbewerber

---

424 Konkurrensverke*t*, Guidance from the Swedish Competition Authority for the notification and examination of concentrations between undertakings, 11.01.2018, Nr. 24 (abrufbar unter:http://www.konkurrensverket.se/globalassets/english/competition/guidance_notification_and_examination_of_co3ncentrationsny.pdf, zuletzt abgerufen am 10.03.2021).

425 Konkurrensverket, Guidance from the Swedish Competition Authority for the notification and examination of concentrations between undertakings, 11.01.2018, Nr. 23 (abrufbar unter:http://www.konkurrensverket.se/globalassets/english/competition/guidance_notification_and_examination_of_concentrationsny.pdf, zuletzt abgerufen am 10.03.2021).

aufzutreten. Als potentielle Konkurrenten kommen weitgehend Unternehmen infrage, die auf sachlich benachbarten bzw. vor- oder nachgelagerten Märkten tätig sind.[426] Die Strategien und Ressourcen des Unternehmens sowie etwaige Marktzutrittsschranken müssen bei der Auferlegung der Anmeldepflicht von der Wettbewerbsbehörde in den Blick genommen werden. Die Einschätzung, wie sich das Start-up ohne den Zusammenschluss entwickelt hätte, ist jedoch nicht unproblematisch, sondern mit vielen Prognoseunsicherheiten behaftet. In dynamischen Märkten kann die Entwicklung des Start-ups auf dessen unabhängige Entscheidungen, VC-Investments oder auf ein Unternehmen, das das Start-up kauft und integriert, zurückzuführen sein.[427] Für die Untersagung eines Zusammenschlusses aufgrund eines potentiellen Wettbewerbsverhältnisses ist eine gewisse Wahrscheinlichkeit für deren Eintritt erforderlich – die bloße Möglichkeit reicht nicht aus.[428] Demgegenüber muss für eine Anmeldepflicht die bloße Möglichkeit eines potentiellen Konkurrenzverhältnisses ausreichen, um bereits die materielle Prüfung nicht vorwegzunehmen und dem BKartA die Möglichkeit zu geben, sich im Fall dieser materiellen Überprüfung ein umfassendes Bild von den Wettbewerbsbedingungen zu machen, benötigte Dokumente und Geschäftsdaten der Unternehmen einzufordern und bei Bedarf mit Marktteilnehmern zu sprechen sowie Marktbefragungen durchzuführen. Sonst bestünde die Gefahr, BKartA im Vorhinein unnötig zu belasten und eine zu diesem Zeitpunkt nicht adäquat zu treffende Beurteilung zu verlangen.

bb. Aufkaufstrategie

In den schwedischen Leitlinien werden auch die aufeinanderfolgenden Übernahmen von Unternehmen als möglicher Grund für das Vorliegen von besonderen materiellen Wettbewerbsbedenken genannt. Auch dies stellt einen möglichen Anknüpfungspunkt dar, wobei eine exakte Analyse sowie die Frage ob die Aufkaufstrategie der Abschottung des Kernmarktes dienen soll, im Rahmen der materiell-rechtlichen Überprüfung genauer zu beleuchten ist.

---

426 *Christiansen/Knebel* in MüKo WettbR, § 36, Rn. 163.

427 BCA/ACM/Luxembourg Conseil de la concurrence, Joint memorandum on challenges faced by competition authorities in a digital world, 10.10.2019, S. 3.

428 Vgl. BGH, Urteil v. 19.06.2012, KVR 15/ 11- *Haller Tagblatt*, WuW/E DE-R 3965 (3701).

cc. Überragende marktübergreifende Bedeutung

Auch eine „überragende marktübergreifende Bedeutung“ des erwerbenden Unternehmens für den Wettbewerb, wie es im Rahmen der Novellierung der Missbrauchskontrolle im Rahmen der 10. GWB-Novelle mit § 19a GWB eingeführt wurde, kann der Feststellung wettbewerbsrechtlicher Bedenken in der Fusionskontrolle dienen. Durch die Einführung des § 19a GWB sollen Unternehmen adressiert werden, die in erheblichem Umfang auf Märkten i.S.d. § 18 Abs. 3a GWB tätig sind, also ihren Schwerpunkt im Bereich des Digitalsektors bzw. digitaler Geschäftsmodelle haben. Hierdurch wird ersichtlich auf die GAFA-Unternehmen abgezielt, die sich gerade dadurch auszeichnen, als „digitale Ökosysteme“ auf verschiedenen Märkten tätig zu sein und die dortige Marktstellung kontinuierlich auszubauen sowie auf weitere Märkte zu übertragen.

d. Zwischenergebnis

Durch dieses Aufgreifinstrument wäre es möglich, verschiedenste Unternehmenserwerbe durch GAFA-Unternehmen zu erfassen. Insbesondere im Verhältnis zur Remondisklausel stellt dieses Aufgreifinstrument die bessere Alternative dar. Für eine Anmeldungspflicht muss in Bezug auf das Vorliegen potentiellen Wettbewerbs bereits dessen Möglichkeit ausreichend sein. Die Frage, ob es sich tatsächlich um einen potentiellen Wettbewerber handelt, ist dann eine Frage der materiell-rechtlichen Prüfung nach erfolgter Anmeldung. Neben dem potentiellen Wettbewerb könnte es zudem sinnvoll sein, an eine Aufkaufstrategie anzuknüpfen. Auch eine „überragende marktübergreifende Bedeutung“ der erwerbenden Unternehmen für den Wettbewerb sollte bei der Feststellung „besonderer Gründe“ berücksichtigt werden. Es müsste jedoch eine zeitliche Begrenzung einer möglichen Notifizierungsaufforderung geschaffen werden, um die beteiligten Unternehmen nicht unangemessen zu benachteiligen, sodass das Aufgreifinstrument der schwedischen Fusionskontrolle nicht uneingeschränkt zu empfehlen ist.

3. Schwellenwerte auf Basis von Marktanteilen

Da der Marktanteil Aufschluss über den derzeitigen Stand sowie Rückschlüsse auf die Unabhängigkeit eines Unternehmens im Verhältnis zu seinen Wettbewerbern geben kann, spielt er bei der wettbewerblichen Beurteilung in fast allen Jurisdiktionen eine große Rolle. Einzelne Jurisdiktionen innerhalb der EU, so beispielsweise Spanien, berücksichtigen die Marktanteile bereits bei der Frage, ob ein Zusammenschlussvorhaben anmeldepflichtig ist, und wenden neben den gängigen umsatzbezogenen Schwellenwerten auch Marktanteilsschwellen an.[429] Überschreiten die Marktanteile der Zusammenschlussbeteiligten in diesen Ländern eine bestimmte Schwelle, ist das Vorhaben unabhängig von den Umsätzen der Parteien bei der jeweiligen Wettbewerbsbehörde anzumelden.

a. Rechtslage in Spanien

In Spanien ist ein Zusammenschlussvorhaben unabhängig von den Umsätzen der beteiligten Unternehmen nach Art. 8 Abs. 1a Ley de defensa de la competencia[430] anmeldepflichtig, wenn der Zusammenschluss zum Erwerb oder einer Verstärkung eines Marktanteils von 30 % oder mehr auf dem spanischen Markt oder eines Teils dessen führt. Bis Dezember 2019 wurden in Spanien 50,56 % und damit die Mehrheit der Zusammenschlussvorhaben unter der Marktanteilsschwelle angemeldet.[431] Durch die Marktanteilsschwelle des spanischen Fusionskontrollregimes war es nach Aussage der Direktorin der spanischen Wettbewerbsbehörde CNMC, *Beatriz de Guindos*, erst möglich sechs Zusammenschlüsse durch Plattformunternehmen, die die Umsatzschwellenwerte nicht erreichten, alleine im Jahr 2019 zu untersuchen.[432] In Spanien wird das Festhalten an der Marktanteilsschwelle von der CNMC u.a. dadurch gerechtfertigt, dass es diese als wichtiges Werkzeug auch hinsichtlich der steigenden Digitalisierung ansieht.[433]

b. Übertragung auf die deutsche Fusionskontrolle

Das deutsche Fusionskontrollregime verfügt aktuell nicht über eine Marktanteilsschwelle. Die Marktanteile der Zusammenschlussparteien sind jedoch im Rahmen der materiellen Prüfung der Fusionskontrolle von großer Bedeutung.

---

429 Auch das Vereinigte Königreich verfügt über eine Marktanteilsschwelle, den „Share of supply" – Test.

430 Gesetz Nr. 15/2007 zum Schutz des Wettbewerbs (Ley 15/2007, de 3 de julio, de Defensa de la Competencia), veröffentlicht im Boletín Oficial del Estado Nr. 159 vom 04.07.2007, in Kraft seit 01.09.2007 (abrufbar unter: https://www.boe.es/buscar/act.php?id=BOE-A-2007-12946, zuletzt abgerufen am 10.03.2021).

431 *Figueroa*, Spanish Antitrust – Year in Review, Kluwer Competition Law Blog, 14.01.2020 (abrufbar unter: http://competitionlawblog.kluwercompetitionlaw.com/2020/01/14/spanish-antitrust-year-in-review/#_ftn6, zuletzt abgerufen am 10.03.2021).

432 *De Guindos*, CPI Antitrust Chronicle Oktober 2019 Vol. 1(2), 44 (46).

433 *De Guindos*, CPI Antitrust Chronicle Oktober 2019 Vol. 1(2), 44 (46).

Der Einstieg in die materiell-rechtliche Prüfung eines Zusammenschlusses erfolgt in der Regel über den Marktanteil der Zusammenschlussbeteiligten und ihrer Wettbewerber, um zu sehen, inwiefern ein Zusammenschluss potentiell wettbewerblich problematisch sein könnte und daher eingehendere Ermittlungen erfordert. Zudem kann das Kriterium darüber Aufschluss geben, über welches Ausmaß an Marktmacht die am Zusammenschluss beteiligten Unternehmen verfügen.[434] Das deutsche Recht enthält in § 18 Abs. 4 und Abs. 6 GWB sog. Marktbeherrschungsvermutungen. Eine Einzelmarktbeherrschung wird gemäß § 18 Abs. 4 GWB ab einem Marktanteil von 40 % vermutet, eine kollektive Marktbeherrschung gemäß § 18 Abs. 6 Nr. 1 GWB wenn maximal drei Unternehmen zusammen einen Marktanteil ab 50 %, sowie gemäß § 18 Abs. 6 Nr. 2 GWB maximal fünf Unternehmen einem Marktanteil ab 2/3 aufweisen. Die gesetzliche Vermutungsschwelle bildet dabei aber keine starre Grenze, sodass alle Fälle mit gemeinsamen Marktanteilen über diesen Werten per se als problematisch, alle mit geringeren Marktanteilen per se als unproblematisch eingestuft werden.[435] Zumindest wenn keine anderen Kriterien festgestellt werden, die der Indizwirkung der Marktanteile entgegenstehen, wird aber eine marktbeherrschende Stellung angenommen. Diese grundsätzliche Indizwirkung der Marktanteile bleibt auch unter dem SIEC-Test bestehen.[436]

Grundsätzlich ist dem deutschen Fusionskontrollrecht die Berücksichtigung von Marktanteilen also nicht fremd. Es wäre zudem grundsätzlich möglich, eine Marktanteilsschwelle in das Anmelderegime der deutschen Fusionskontrolle zu integrieren. Ebenso wie in der spanischen Fusionskontrolle könnte die Marktanteilsschwelle neben den bestehenden Umsatzschwellen oder alternativ auch subsidiär zum Einsatz kommen. Um eine materiell-rechtliche Prüfung nicht vollends vorwegzunehmen sollte eine solche Schwelle jedoch prozentual unter den Marktbeherrschungsschwellen des § 18 Abs. 4 und Abs. 6 GWB angesetzt sein, z.B. in Höhe von 25 % oder 30 %, da sie auch nicht zu niedrig angesetzt werden sollte, um nicht zu viele Zusammenschlussvorhaben zu erfassen.

c. Grenzen von Marktanteilsschwellen

Marktanteilsschwellen bringen jedoch einige Nachteile mit sich, da sie bereits im Rahmen der Prüfung der Zuständigkeit eine umfassende materiell-rechtliche Analyse erfordern. Anders als Umsätze, die sich eindeutig bemessen lassen, ist

434 BKartA, Leitfaden zur Marktbeherrschung in der Fusionskontrolle, S. 10 Rn. 25.
435 BKartA, Leitfaden zur Marktbeherrschung in der Fusionskontrolle, S. 10 Rn. 25 Fn. 27.
436 *Christiansen/Knebel* in Müko WettbR, § 36 Rn. 135 f.

für die Bestimmung des Marktanteils eine umfassende materiell-rechtliche Analyse in Form der Bestimmung des sachlich und geographisch relevanten Marktes sowie die Feststellung der jeweiligen Marktanteile erforderlich. Dies ist nicht nur mühsam, sondern auch mit vielen Unsicherheiten verbunden:[437] Inwieweit Produkte bzw. Dienstleistungen aus Sicht der Marktgegenseite austauschbar sind, ist dabei immer eine Frage des Einzelfalls, beruhend auf einer normativen Wertung. Daran schließt sich die Entscheidung für oder gegen eine Einbeziehung in den relevanten Markt an. Der wettbewerbsrechtlich relevante Markt ist nämlich keine festgelegte Wettbewerbsgröße, sondern eine Art „normativer Zweckbegriff", unter den der jeweilige Sachverhalt subsumiert werden muss.[438]

Ein weiterer Grund für die Unsicherheit bei der Berücksichtigung von Marktanteilsschwellen besteht darin, dass das BKartA weder an frühere eigene Marktabgrenzungen noch an Marktabgrenzungen der Kommission gebunden ist, sondern diese vielmehr bei jedem neuen Zusammenschlussvorhaben neu vorzunehmen hat.[439] Das geschieht vor dem Hintergrund, dass sich Produkte, Dienstleistungen und Präferenzen der Marktgegenseite stetig ändern, was die Marktabgrenzung zu einem dynamischen Prozess macht.[440]

d. Übertragung auf Aufkäufe im digitalen Bereich

Dass in Spanien das Festhalten an der Marktanteilsschwelle von der CNMC u.a. dadurch gerechtfertigt wird, dass es diese als wichtiges Werkzeug hinsichtlich der steigenden Digitalisierung ansieht,[441] deutet zunächst darauf hin, dass eine Marktanteilsschwelle auch zur Erfassung von *killer acquisitions* durch die Fusionskontrollregelungen geeignet ist.

aa. Aufgreifen bedeutsamer Zusammenschlüsse im digitalen Bereich

Das gilt umso mehr vor dem Hintergrund, dass in Spanien anders als in vielen anderen EU-Staaten in den letzten Jahren einige aufsehenerregende Zusammenschlüsse im digitalen Kontext anmeldepflichtig waren und die betroffenen Unternehmen in den anderen Staaten eine nicht weniger relevante Position innehatten.

---

437 *Buccirossi et al.*, Ital. Antitrust Rev. Nr. 3 2014, 166 (167).

438 *Wolf* in MüKo WettbR, § 18 Rn. 10.

439 Vgl. z.B. BKartA, Beschluss v. 02.08.2017, B4–31/17 – *Rhenus/REMONDIS/G. R. I./VSB*, Rn. 133; *Thomas* in Immenga/Mestmäcker GWB, § 36 Rn. 68.

440 *Thomas* in Immenga/Mestmäcker GWB, § 36 Rn. 68.

441 *De Guindos*, CPI Antitrust Chronicle Oktober 2019 Vol. 1(2), 44 (46).

(1) *Zusammenschlüsse* Facebook/WhatsApp *und* Apple/Shazam

Bedeutsame Fälle, wie die Zusammenschlüsse Facebook und WhatsApp[442] sowie von Apple und Shazam Entertainment Ltd („Shazam")[443], die die Umsatzschwellenwerte der EU-Fusionskontrolle nicht erreichten, konnten von der Kommission u.a. trotzdem kontrolliert werden, da sie der Marktanteilsschwelle des spanischen Fusionskontrollregimes unterfielen und so über Art. 4 Abs. 5 FKVO bzw. Art. 22 Abs. 1 FKVO an die Kommission verwiesen werden konnten.[444]

Der wohl bekannteste Fall ist der Kauf von WhatsApp durch Facebook im Jahr 2014 zu einem Kaufpreis von ca. EUR 19 Milliarden. WhatsApp erzielte trotz dieser enormen Kaufpreissumme zu diesem Zeitpunkt keine nennenswerten Umsätze, sodass das Vorhaben weder die europäischen noch die deutschen Umsatzschwellen erreichte. In Spanien erreichten die Übernahmeparteien zwar nicht die nationalen Umsatzschwellen, aber auf dem spanischen Markt für consumer communications apps einen konsolidierten Marktanteil von über 30 %, sodass sie die Marktanteilsschwelle des Art. 8 Abs. 1a Ley de defensa de la competencia überschritten und das Vorhaben somit in Spanien anmeldepflichtig war.[445] Neben Spanien war das Vorhaben zudem in Zypern sowie in Großbritannien anmeldepflichtig. Allerdings fiel der Zusammenschluss in Zypern zwar unter die Umsatzschwellen, diese waren jedoch so weitreichend, dass sie aufgrund völkerrechtlicher Angreifbarkeit überarbeitet werden mussten und wurden.[446] In Großbritannien wurde das Vorhaben aufgrund des „Share of supply"-Tests untersucht, der aufgrund des freiwilligen Anmelderegimes quasi immer anwendbar ist.[447]

Auch bei der Übernahme von Shazam durch Apple fiel das Vorhaben aufgrund konsolidierter Marktanteile von über 30 % unter die spanische Marktanteilsschwelle, wurde aber später aufgrund eines gemeinsamen Verweisungsantrages mit anderen EU-Mitgliedstaaten, nicht aber Deutschland, an die Kommission verwiesen.[448]

---

442 Kommission, Entscheidung v. 03.10.2014, Case COMP/M.7217 – *Facebook/Whatsapp.*

443 Kommission, Entscheidung v. 06.09.2018, Case M.8788 – *Apple/Shazam.*

444 Vgl. Kommission, Entscheidung v. 03.10.2014, Case COMP/M.7217 – *Facebook/Whatsapp*, Rn. 10 f.

445 Vgl. Kommission, Entscheidung v. 03.10.2014, Case COMP/M.7217 – *Facebook/Whatsapp*, Rn. 41 Fn. 13: Whatsapp hatte auf dem spanischen Mart einen Anteil von 30-40 % und Facebook einen Anteil von 5-10 %.

446 Vgl. zu dieser Problematik *Terhechte/Ritz* in Terhechte, Internationales Kartell- und Fusionskontrollverfahrensrecht, 2008, Rn. 36.12.

447 *Meyer-Lindemann* in Kersting/Podszun, Die 9. GWB-Novelle, Kapitel 12 Rn. 11.

448 Vgl. Kommission, Entscheidung v. 06.09.2018, Case M.8788 – *Apple/Shazam*, Rn. 8.

(2) Fehlende Aussagekraft der Marktanteile

Interessant ist, dass die konsolidierten Marktanteile der Parteien im Ergebnis für die inhaltliche Prüfung durch die Kommission jedoch keineswegs ausschlaggebend waren. Vielmehr stellte die Kommission bei der Überprüfung des Zusammenschlusses von Facebook und WhatsApp fest, dass in diesem Fall aufgrund einiger mildernder Faktoren die gemeinsamen Marktanteile der Parteien und die Netzwerkeffekte nicht als Indikatoren für die negativen Auswirkungen der Transaktion auf den Wettbewerb herangezogen werden können. Grund hierfür sei, dass der Sektor der Verbraucherkommunikation ein neuer und schnell wachsender Sektor sei, der sich durch häufige Markteintritte und kurze Innovationszyklen, in denen sich große Marktanteile als kurzlebig erweisen können, auszeichnet.[449] Dass die konsolidierten Marktanteile letztendlich keine ausschlaggebende Rolle innerhalb der materiellen Beurteilung spielten, spricht nicht per se gegen die Einführung einer Marktanteilsschwelle auch in der deutschen Fusionskontrolle, macht aber deutlich, dass die negativen Auswirkungen eines Zusammenschlusses im digitalen Bereich weniger an Marktanteilen, als an anderen Faktoren zu messen sind.

bb. Erfassen von Start-up-Aufkäufen durch die GAFA-Unternehmen

Untersuchungen haben gezeigt, dass GAFA-Akquisitionen in den seltensten Fällen den Erwerb aktueller Wettbewerber darstellen. Im digitalen Bereich handelt es sich bei dem Markt, auf dem das Zielunternehmen tätig ist, in den meisten Fällen lediglich um einen Randmarkt für das erwerbende Plattformunternehmen.[450] Die Aufkaufstrategie der Plattformunternehmen bezieht sich sehr breit auf innovative Internet-Start-ups auf verschiedensten Märkten. Auch wenn sich die betroffenen Märkte in Randbereichen überschneiden, kann es zwar zu horizontalen Effekten kommen, die wiederum aber nur zu einer partiellen Marktanteilsaddition führen, sollte der Randwettbewerb im Überlappungsbereich betroffen sein.[451] Das spanische Fusionskontrollregime begründet eine Anmeldepflicht jedoch auch dann, wenn lediglich eine der beiden Zusammenschlussparteien die Marktanteilsschwelle von 30 % erreicht und es nicht zu einer Marktanteilsaddition kommt.[452]

---

449 Kommission, Entscheidung v. 03.10.2014, Case COMP/M.7217 – *Facebook/Whatsapp*, Rn. 99.

450 Vgl. Sonderberater-Bericht, S. 116, Bericht Wettbewerbskommission 4.0, S. 69.

451 Vgl. dazu KG, Urteil v. 01.03.1989, Kart 14/88 – *Schleswig-Holsteinischer Anzeigenverlag*, WUW/E 4379 (4382); *Thomas* in Immenga/Mestmäcker GWB, § 36 Rn. 147.

452 Vgl. *Brokelmann*, WuW 2008, 33 (40).

Aufgrund der erheblichen Dominanz von Plattformunternehmen auf deren Hauptmärkten wird es daher nach dem spanischen Modell insbesondere bei den GAFA-Unternehmen regelmäßig zu einer Anmeldepflicht bei der Wettbewerbsbehörde kommen. Insgesamt erscheint die Marktanteilsschwelle daher auch für die Erfassung des Aufkaufs durch GAFA-Unternehmen grundsätzlich geeignet.

e. Zwischenergebnis

Die Marktanteilsschwelle hat in Spanien zum Aufgreifen einiger zum Teil europaweit, zum Teil national relevanter Zusammenschlüsse geführt. Dies wäre auch innerhalb der deutschen Fusionskontrolle zu erreichen, zumal die Berücksichtigung von Marktanteilen dem deutschen Wettbewerbsrecht nicht fremd ist. Insbesondere die Fälle mit europaweiter Relevanz, wie die Zusammenschlüsse von Facebook und WhatsApp sowie von Apple und Shazam, würden jedoch heute auch dem deutschen Fusionskontrollregime aufgrund der 2017 eingeführten Transaktionswert-Schwelle unterfallen, sodass Transaktionen in dieser Größenordnung ohnehin der Kontrolle des BKartA unterlägen. Hinsichtlich des Erwerbs von jüngeren Unternehmen stellt sich das Problem, dass es sich in den meisten Fällen nicht um aktuelle Wettbewerber, sondern – wenn überhaupt – um potentielle Wettbewerber handelt. Insbesondere im digitalen Bereich handelt es sich bei dem Markt, auf dem das Zielunternehmen tätig ist, in den meisten Fällen lediglich um einen Randmarkt für das erwerbende Plattformunternehmen.[453] Trotzdem können auch nicht horizontale Zusammenschlüsse von der Marktanteilsschwelle erfasst werden, da keine Marktanteilsaddition erforderlich ist, wenn bereits eines der Unternehmen 30 % der Marktanteile innehat. Insgesamt kommt es aber zu einer starken zusätzlichen Belastung sowohl für die Wettbewerbsbehörde als auch für die Parteien, da eine umfassende materiell-rechtliche Analyse bereits vor einer möglichen Anmeldung erfolgen muss. Folglich wird zu der Einführung einer Marktanteilsschwelle in das deutsche Recht nicht geraten.

4. Ex-post-Kontrolle

Deutschland verfügt über ein präventiv ausgestaltetes Fusionskontrollregime, d.h. es führt bei Vorliegen der jeweiligen Voraussetzungen eine Ex-ante-Kontrolle eines Zusammenschlusses durch. Einige Länder führen hingegen eine Ex-Post-Fusionskontrolle durch. Die Einführung einer „Fusionskontrolle Ex-post“ wurde auch in Frankreich intensiv diskutiert.

---

453 Sonderberater-Bericht, S. 116.

a. Hintergrund und Diskussion in Frankreich

Die französische Wettbewerbsbehörde („Autorité de la concurrence") ist der Ansicht, dass die Einführung einer neuen Ex-post-Kontrolle in das französische Recht, die sich an in anderen Ländern (z.B. in Schweden, im Vereinigten Königreich und in den Vereinigten Staaten) verwendeten Modellen orientieren solle, eine zu prüfende Option darstelle und leitete daher eine zweite[454], viermonatige Konsultation zu dieser möglichen Gesetzesänderung ein.[455] Die Diskussion in Frankreich reichte dabei von dem Vorschlag des Systems der Ex-ante-Kontrolle durch ein System der Ex-post-Kontrolle zu ersetzen bis zum Vorschlag der Implementierung einer zusätzlichen Ex-post-Überprüfungsmöglichkeit neben den ohnehin bestehenden Ex-ante-Anmeldeinstrumenten der Fusionskontrolle.[456]

b. Ausgestaltung

Nach Ansicht der französischen Wettbewerbsbehörde soll eine nachträgliche Überprüfung des Zusammenschlusses nur in einem begrenzen Zeitraum möglich sein und an das Vorliegen erheblicher wettbewerblicher Bedenken geknüpft sein. In zeitlicher Hinsicht schlägt die französische Wettbewerbsbehörde einen

---

454 Bereits im Oktober 2017 wurde eine öffentliche Konsultation eingeleitet, in der die Autorité de la concurrence eine Stellungnahme zu möglichen Gesetzesänderungen abgab und Maßnahmen vorstellte, die die Fusionskontrolle vereinfachen und modernisieren sollen.

455 Autorité de la concurrence, Modernization and simplification of merger control, Pressemitteilung v. 07.06.2018 (abrufbar unter:https://www.autoritedelaconcurrence.fr/en/communiques-de-presse/07-june-2018-modernization-and-simplification-merger-control, zuletzt abgerufen am 10.03.2021).

456 Für derartige Überlegungen vgl. Autorité de la Concurrence, Réforme du droit des concentrations et contrôle ex post, September 2018 (abrufbar unter: https://www.autoritedelaconcurrence.fr/sites/default/files/note_controle_expost.pdf, zuletzt abgerufen am 10.03.2021); Autorité de la concurrence, Modernization and simplification of merger control, Pressemitteilung v. 07.06.2018 (abrufbar unter:https://www.autoritedelaconcurrence.fr/en/communiques-de-presse/07-june-2018-modernization-and-simplification-merger-control, zuletzt abgerufen am 10.03.2021); *Blonde et al.*, La Politique de la Concurrence et les Intérêts Strategiques de L'UE, April 2019, S. 22 ff.; Bericht Wettbewerbskommission 4.0, S. 68; *De Silva*, The future of competition law, Hauptrede auf der 46. Jahreskonferenz des Fordham Competition Law Institute, 12.09.2019, S. 8 ff. (abrufbar unter: https://www.autoritedelaconcurrence.fr/sites/default/files/2019-09/keynote_article_fordham.pdf, zuletzt abgerufen am 31.03.2020).

Zeitraum zwischen sechs Monaten bis zwei Jahren vor, nach dessen Ablauf eine Ex-post-Intervention nicht mehr möglich sein soll.[457]

aa. Zeitliche Ausgestaltung

Intensiv diskutiert wurde die zeitliche Ausgestaltung der Ex-post-Kontrolle. Das Fehlen einer Frist oder eines Zeitlimits für solche Überprüfungen würde alle nicht anzeigepflichtigen Transaktionen einer beträchtlichen Unsicherheit darüber aussetzen, ob die Wettbewerbsbehörde den Zusammenschluss überprüft und eventuell dessen Rückgängigmachung anordnet. Die von der französischen Wettbewerbsbehörde vorgeschlagene zeitliche Spanne von sechs Monaten bis zwei Jahren ist sehr weit gefasst. Sechs Monate erscheinen zu kurz, um bereits Wirkungen auf den Wettbewerb hinreichend feststellen zu können, zwei Jahre dagegen zu lang, um dem legitimen Interesse der Zusammenschlussparteien nach Rechtssicherheit zu genügen, auch aufgrund dessen, dass die französische Wettbewerbsbehörde in ihrem Vorschlag keine optionale Notifizierung vorsah. Insgesamt erscheint daher eine Orientierung an einem Zeitraum von nicht mehr als zwölf Monaten aus verschiedenen Gründen sinnvoll:

Einerseits wird die Fähigkeit einer Wettbewerbsbehörde, wirksame Abhilfe zu schaffen desto später sie geschieht vermehrt Schwierigkeiten aufweisen. Haben die Zusammenschlussparteien viele ihrer Bemühungen zur Integration ihrer Betriebe und zur Erzielung von Effizienzgewinnen bzw. Kosteneinsparungen bereits abgeschlossen, so kommt es im Zweifel zu praktischen Schwierigkeiten und Herausforderungen für Abhilfemaßnahmen nach Abschluss der Veräußerung, die darauf abzielt, den Wettbewerb auf den Status quo Ex-ante (d.h. den Zustand des Wettbewerbs vor Abschluss der Transaktion) wiederherzustellen.[458] Andererseits könnte ein zu langer Zeitraum potenziell vorteilhafte Investitionen, die es dem Unternehmen ermöglichen würden, effektiver und effizienter

---

457 Autorité de la concurrence, Réforme du droit des concentrations et contrôle ex post, September 2018 (abrufbar unter: https://www.autoritedelaconcurrence.fr/sites/default/files/note_controle_expost.pdf, zuletzt abgerufen am 10.03.2021).

458 ICN, Recommended Practices for Merger Law and Ex-Post Control, Mai 2017, S. 11 IV A Kommentar 3; ABA, Comments of the American Bar Association´s Sections of Antitrust Law and International Law Regarding the French Competition Authority´s Consultation on Modernizing and Simplifying the French Merger Control Law, 28.09.2018, S. 2 (abrufbar unter: https://www.autoritedelaconcurrence.fr/sites/default/files/aba_expost_sept18.pdf, zuletzt abgerufen am 10.03.2021).

zu arbeiten, verzögern bzw. verringern.[459] Ein Zeitraum von über zwölf Monaten würde daher die Balance zwischen den öffentlichen und privaten Interessen nicht angemessen widerspiegeln.[460]

bb. Inhaltliche Ausgestaltung

Darüber hinaus müssen nach dem Vorschlag der französischen Wettbewerbsbehörde erhebliche wettbewerbliche Bedenken bestehen, um eine Ex-post-Kontrolle auszulösen.[461] Dies erinnert grundsätzlich an das schwedische Fusionskontrollregime, nach der die Anmeldung des Zusammenschlusses angeordnet werden kann, wenn neben dem Erreichen der Umsatzschwelle „besondere Gründe" (d.h. besondere materielle Wettbewerbsbedenken) vorliegen.[462] Es sollte sich bei diesen erheblichen wettbewerblichen Bedenken um einzelne Ausnahmefälle handeln, um sowohl die Behörden als auch die Parteien nicht unnötig zu belasten. Notwendig wäre es jedenfalls, diese erheblichen wettbewerblichen Bedenken näher zu definieren.

c. Möglichkeiten

Nach Ansicht der französischen Wettbewerbsbehörde liegt der Vorteil einer gezielten Ex-post-Kontrolle darin, dass sie es der Behörde ermöglichen würde, aus eigener Initiative die Transaktionen zu kontrollieren, die Wettbewerbsfragen aufwerfen können, insbesondere insofern, als sie zu beherrschenden oder

---

459 ABA, Comments of the American Bar Association's Sections of Antitrust Law and International Law Regarding the French Competition Authority's Consultation on Modernizing and Simplifying the French Merger Control Law, 28.09.2018, S. 3 (abrufbar unter: https://www.autoritedelaconcurrence.fr/sites/default/files/aba_expost_sept18.pdf, zuletzt abgerufen am 10.03.2021).

460 ABA, Comments of the American Bar Association´s Sections of Antitrust Law and International Law Regarding the French Competition Authority´s Consultation on Modernizing and Simplifying the French Merger Control Law, 30.11.2017, S.5; *Campbell/Halladay*, Re: Public Consultation — Reform of merger law and ex-post control, 28.09.2018, S.2 (abrufbar unter: https://www.autoritedelaconcurrence.fr/sites/default/files/msg_expost_sept18.pdf, zuletzt abgerufen am 10.03.2021).

461 Autorité de la concurrence, Réforme du droit des concentrations et contrôle ex post, September 2018, (abrufbar unter: https://www.autoritedelaconcurrence.fr/sites/default/files/note_controle_expost.pdf, zuletzt abgerufen am 10.03.2021).

462 Vgl. Schwedisches Wettbewerbsgesetz (2008:579) (Konkurrenslagen, SFS 2008:579) v. 18.06.2008, Kapitel IV § 7 Nr. 1 (abrufbar unter: https://lagen.nu/2008:579#K4, zuletzt abgerufen am 10.03.2021).

monopolistischen Stellungen auf bestimmten Märkten führen oder den Wettbewerb erheblich einschränken können.[463] Dem ist sicherlich dahin gehend zuzustimmen, dass ein Ex-post-Regime es den Behörden erlaubt, sich nur auf Fälle zu konzentrieren, die ein Wettbewerbsproblem aufzuwerfen scheinen. Zudem bestünde auch nicht die große Problematik, dass aufgrund (noch) geringer Umsätze des zu erwerbenden Unternehmens etwaig Schwellenwerte nicht erreicht werden, da eine Kontrolle unabhängig von diesen ex post ermöglicht würde. Auch mag im Nachhinein eine Prognose wettbewerblicher Gefahren einfacher und verlässlicher zu stellen sein als im Vorfeld des Zusammenschlusses.

d. Grenzen

So unproblematisch ist es jedoch nicht. Abgesehen davon, dass ein solches System offensichtlich große Rechts- und Investitionsunsicherheiten mit sich bringen würde, bestünde die Gefahr, dass mögliche den Wettbewerb beeinträchtigende Maßnahmen auf eine Zeit nach Ablauf dieses Überprüfungszeitraums verschoben würden.[464] So war auch die Situation im Fall des Zusammenschlusses von Facebook und WhatsApp, wo eine Zusammenführung der Daten erst zwei Jahre nach dem Zusammenschluss stattfand.[465] Diesbezüglich wäre jedoch ohnehin das Instrument des Missbrauchs der marktbeherrschenden Stellung die passende Grundlage. Sicherlich wäre es zwar wünschenswert alle potentiellen wettbewerbsschädigenden Handlungen bereits im Vorhinein (d.h. im Rahmen der Fusionskontrolle) ausschließen zu können. Unter Abwägung der verschiedenen Interessen ist dies aber nicht empfehlenswert, zumal durch die Fusionskontrolle nicht von vornhinein jede potentielle wettbewerbsschädigende Handlung infolge des Zusammenschlusses ausgeschlossen werden kann und soll. Darüber hinaus würde sich in vielen Fällen ohnehin die schwierige Frage stellen, welche nachträglichen wettbewerblichen Wirkungen dem Zusammenschluss zugerechnet werden können.[466]

Zudem geht auch der Verweis auf die Fusionskontrollregime der von der französischen Wettbewerbsbehörde genannten Staaten fehl: Insbesondere im britischen Fusionskontrollrecht ist eine Notifizierung des Zusammenschlusses

---

463 Autorité de la concurrence, Pressemitteilung v. 07.06.2018 (abrufbar unter:https://www.autoritedelaconcurrence.fr/en/communiques-de-presse/07-june-2018-modernization-and-simplification-merger-control, zuletzt abgerufen am 10.03.2021).

464 Bericht Wettbewerbskommission 4.0, S. 68.

465 Vgl. BKartA, Fallbericht v. 15.02.2019, B6-22/16 – *Facebook*, S. 1.

466 Bericht Wettbewerbskommission 4.0, S. 68.

optional. Melden die Unternehmen den Zusammenschluss jedoch nicht an, kann die Wettbewerbsbehörde ex post einschreiten. Die Entscheidung den Zusammenschluss anzumelden, um eine potentielle Rückabwicklung zu vermeiden und somit hinreichende Rechtssicherheit zu erlangen, liegt in diesen Systemen aber gerade bei den Unternehmen und nicht den Behörden.[467] Ebenso wenig vergleichbar ist die Lage in Schweden. Abgesehen davon, dass in Schweden zusätzlich an die Umsätze des erwerbenden Unternehmens angeknüpft wird, ist es den Unternehmen gestattet, den Zusammenschluss vorher freiwillig bei der Behörde anzumelden, sollte die besagte Umsatzschwelle erreicht sein und möglicherweise weitere wettbewerbliche Bedenken i.S.d. schwedischen Wettbewerbsgesetzes[468] bestehen. Der Verweis geht daher als Referenz für ein Ex-post-Kontrollregime ohne die Möglichkeit einer Notifizierung fehl.

e. *Erfassung von Aufkäufen im digitalen Bereich*

Dass die Einführung einer Ex-post-Kontrolle die Erfassung von *killer acquisitions* ermöglichen würde, wurde in der Diskussion in Frankreich als einer der Hauptgründe vorgebracht. Grundsächlich ist es sicher möglich, *killer acquisitions* mittels eines Ex-post-Fusionskontrollregimes oder eines zusätzlichen Ex-post-Aufgreifinstruments zu erfassen, da insofern der Vorteil besteht, dass auch bei Nichterreichen umsatzbezogener Schwellenwerte eine Kontrolle durch die Wettbewerbsbehörde ermöglicht würde. Die Frage ist, ob ein solches System besser geeignet ist, *killer acquisitions* zu erfassen, als in Ex-ante-Fusionskontrollsystem: Gerade bei dem Aufkauf von Start-ups durch mächtige Unternehmen bleiben Prognoseunsicherheiten auch nach dem Zusammenschluss bestehen und es wird nicht immer möglich sein, innerhalb eines kurzen Zeitraums nach dem Zusammenschluss festzustellen, ob es sich um eine *killer acquisition* handelt, zumal mögliche den Wettbewerb beeinträchtigende Maßnahmen auf eine Zeit nach Ablauf dieses Überprüfungszeitraums verschoben werden könnten. Die Probleme, die sich bei einem Ex-ante-Ansatz stellen würden, könnte daher nicht (bzw. zumindest nicht umfassend) ausgeräumt werden.

Das System der Ex-ante-Fusionskontrolle durch ein Ex-post-Fusionskontrollregime zu ersetzen, ist daher nicht geboten. Auch wenn ein Ex-post-Regime flexibler sein mag, führt es zu extremen Rechtsunsicherheiten, die nur durch

467 Bericht Wettbewerbskommission 4.0, S. 68.

468 Schwedisches Wettbewerbsgesetz (2008:579) (Konkurrenslagen, SFS 2008:579) v. 18.06.2008), Kapitel IV § 7 Nr. 2 (abrufbar unter: https://lagen.nu/2008:579#K4, zuletzt abgerufen am 10.03.2021).

die Möglichkeit einer optionalen Notifizierung ausgeräumt werden könnten. Dann besteht jedoch wiederum das Folgeproblem, dass gerade bei dem Aufkauf von Start-ups durch mächtige Unternehmen große Prognoseunsicherheiten bestehen bleiben. Die Einführung eines zusätzlichen Aufgreifinstruments, dass ein Eingreifen ex post ermöglicht, scheint dem gegenüber die bessere Alternative zu sein. Jedoch müsste auch in diesem Fall eine optionale Notifizierung möglich sein, um einen angemessenen Ausgleich zwischen dem Ziel der Kontrollmöglichkeit und ausreichender Rechtssicherheit für die Unternehmen sicherzustellen.

f. Zwischenergebnis

Das System der Ex-ante-Fusionskontrolle zum jetzigen Zeitpunkt durch ein Ex-post-Fusionskontrollregime zu ersetzen, bringt viele Nachteile mit sich und ist daher abzulehnen. Insgesamt würde sich eine Regelung zum Eingreifen im Einzelfall, wie sie in Schweden besteht, deutlich besser eignen, da aufgrund der optionalen Notifizierung und dem zusätzlichen Anknüpfen an die Umsätze eines der Unternehmen genügend Rechts- und Investitionssicherheit bei hinreichender Flexibilität gewährleistet wird.

5. Schaffung eines neuen Aufgreifinstruments

Ein Aufgreifinstrument, das es ermöglicht, in Ausnahmefällen einzugreifen und dabei hinreichend flexibel ist, aber trotzdem ein angemessenes Maß an Transaktionssicherheit garantiert, würde *killer acqusitons* daher besser gerecht werden.

Vorgeschlagen wird die Einführung einer Regelung, angelehnt an eine solche, wie sie in Schweden besteht und der Wettbewerbsbehörde ein Eingreifen in den Wettbewerb besonders gefährdenden Fällen ermöglicht. Dem BKartA sollte – ähnlich wie im Rahmen von § 39a GWB – eine Aufforderungsmöglichkeit gegebenen werden, die an bestimmte Voraussetzungen geknüpft ist.

a. Inhaltliche Ausgestaltung

Die Aufforderungsmöglichkeit sollte neben den insgesamt weltweit zu erzielenden Umsätzen in Höhe von mehr als EUR 500 Millionen lediglich an die Umsätze des erwerbenden Unternehmens geknüpft werden. Das die zweite Inlandsumsatzschwelle des § 35 Abs. 1 GWB nicht erreichende Unternehmen muss jedoch trotz dessen eine sich an Branchenkriterien bemessende hinreichende Inlandsaktivität aufweisen. Es kann diesbezüglich auf den Leitfaden des BKartA zu den Transaktionsschwellen verwiesen werden, in dem ebenfalls eine hinreichende Inlandsaktivität gefordert wird.[469] Zudem müssen aufgrund des Zusammenschlusses gewichtige wettbewerbsrechtliche Nachteile drohen.

aa. Tätigkeiten auf Märkten i.S.d. § 18 Abs. 3a GWB

Sinnvoll wäre in diesem Zusammenhang außerdem – angelehnt an den im Rahmen der 10. GWB-Novelle neu geschaffenen § 19a GWB[470] – eine Beschränkung der Regelung auf Unternehmen, die in erheblichem Umfang auf Märkten i.S.d. § 18 Abs. 3a GWB, d.h. auf mehrseitigen Märkten oder Netzwerken tätig sind, und denen eine marktübergreifende Bedeutung für den Wettbewerb zukommt. Durch eine solche Beschränkung wird sichergestellt, dass insbesondere Unternehmen mit einem Schwerpunkt im Bereich digitaler Geschäftsmodelle erfasst werden.

Für eine solche Einschränkung spricht außerdem, dass mit § 19a GWB und dem hier vorgeschlagenen neuen Aufgreifinstrument das gleiche Ziel verfolgt wird. Dem BKartA soll eine effektivere Kontrolle derjenigen großen Digitalkonzerne ermöglicht werden, denen aufgrund ihrer Entwicklung als Ökosystem eine überragende marktübergreifende Bedeutung für den Wettbewerb zukommt.[471]

Zur Gewährleistung einer hinreichenden Rechtssicherheit für Unternehmen ist § 19a GWB[472] derart ausgestaltet, dass die Verbotstatbestände erst greifen, wenn das BKartA durch Verfügung die überragende marktübergreifende Bedeutung des betroffenen Unternehmens explizit feststellt und das Verhalten

---

469 BKartA/BWB, Leitfaden Transaktionswert-Schwellen, Rn. 64 ff.

470 Vgl. für einen Überblick u.a. *Lettl*, WRP 2021, 413-424; *Nagel/Hillmer*, DB 2021, 327-332; *Schnelle/Wyrembek*, GRURPrax 2021, 432-434; *Heider/Kutscher*, WuW 2022, 134 (137 ff.).

471 Vgl. Regierungsbegründung zur 10. GWB-Novelle, BT-Drs. 19/23492, S. 63. Es stellt sich in Bezug auf § 19a GWB außerdem die durchaus praxisrelevante Frage, ob § 19a GWB möglicherweise vom DMA verdrängt wird. Der Arbeitskreis Kartellrecht hat sich jedenfalls für die parallele Anwendung der Vorschriften ausgesprochen. Vgl. für einen Überblick zum derzeitigen Stand der Diskussion: *Bongartz*, WuW 2022, 72-82; Deutscher Bundestag, Die Anwendbarkeit von § 19a GWB im Lichte des europa⊠ischen Gesetzgebungsverfahrens zum „Digital Markets Act" (abrufbar unter: https://www.bundestag.de/resource/blob/880748/856d83cb24c61822c508aa47f27e18e7/WD-7-114-21-PE-6-067-21-pdf-data.pdf, zuletzt abgerufen am 13.04.2022).

472 Über § 19a GWB hat das BKartA die Möglichkeit, durch Verfügung festzustellen, dass einem Unternehmen, das auf Märkten i.S.d. § 18 Abs. 3a GWB tätig ist, eine überragende marktübergreifende Bedeutung für den Wettbewerb zukommt. Wenn das BKartA eine solche Feststellung getroffen hat, kann es die Maßnahmen nach § 19 a II GWB ergreifen.

untersagt.[473] Gleiches sollte zur Gewährleistung der Rechtssicherheit auch für die Fusionskontrolle gelten.

bb. Gewichtige wettbewerbliche Nachteile

Das Kriterium der „gewichtigen wettbewerblichen Nachteile“ ist hinreichend flexibel, dabei aber aussagekräftiger, als die in Schweden geforderten „besonderen Gründe“, um verschiedene wettbewerblich problematische Konstellationen zu erfassen, wobei eine Konkretisierung durch die Rspr. bzw. durch das BKartA in Form von Leitlinien zu empfehlen ist.

Für die vorläufige Beurteilung durch die Wettbewerbsbehörde ist es z.B. von Bedeutung, ob die zusammengeschlossenen Unternehmen große Marktanteile erreichen oder sehr nahe Wettbewerber sind. Auch von wettbewerblicher Bedeutung ist die Möglichkeit, dass ein marktstarkes Unternehmen ein neu gegründetes Unternehmen erwirbt, das die Stellung des Erwerbers potentiell infrage stellen kann. Weiterhin empfiehlt sich eine Fokussierung hinsichtlich der Frage, ob eine Aufkaufstrategie verfolgt wird, wobei die letztendliche genauere Analyse eine Frage der materiell-rechtlichen Überprüfung des Zusammenschlusses ist. Es wird vorgeschlagen, diese Anknüpfungspunkte als einen Katalog nicht abschließender Regelbeispiele auszugestalten.

Anders als im Rahmen einer Marktanteilsschwelle käme es bei einem so ausgestalteten Aufgreifinstrument nur zu einer geringen Vorziehung der materiell-rechtlichen Prüfung. Wenn etwa die Unsicherheit hinsichtlich des Innehabens einer potentiellen Wettbewerbereigenschaft besteht, reicht bereits die Möglichkeit einer solchen zumindest für die Überprüfungsmöglichkeit der Transaktion aus.

---

473 Das BKartA hat im Dezember 2021 entschieden, dass Google dem Anwendungsbereich des § 19a GWB unterfällt, BKartA, Fallbericht v. 30.12.2021, B7-61/21 – *Google*, S. 2 ff. Das BKartA prüft derzeit noch, ob auch die anderen GAFA-Unternehmen, d.h. Facebook (BKartA, Pressemitteilung v. 28.01.2021 – *Facebook*, abrufbar unter: https://www.bundeskartellamt.de/SharedDocs/Publikation/DE/Pressemitteilungen/2021/28_01_2021_Facebook_Oculus.pdf?__blob=publicationFile&v=2) und Amazon (BKartA, Pressemitteilung v. 18.05.2021 – *Amazon*, abrufbar unter https://www.bundeskartellamt.de/SharedDocs/Publikation/DE/Pressemitteilungen/2021/18_05_2021_Amazon_19a.pdf?__blob=publicationFile&v=2) und Apple (BKartA, Pressemitteilung v. 21.06.2021 – *Apple*, abrufbar unter: https://www.bundeskartellamt.de/SharedDocs/Publikation/DE/Pressemitteilungen/2021/21_06_2021_Apple.pdf?__blob=publicationFile&v=4) unter § 19a GWB fallen.

b. *Aufgreifinstrument* sui generis

Es wird nicht verkannt, dass auch das Aufgreifinstrument der schwedischen Fusionskontrolle ex post eingesetzt werden kann, indem der Wettbewerbsbehörde die Möglichkeit eingeräumt wird, die Anmeldung des Zusammenschlusses nachträglich anzuordnen. Anders als aber von der französischen Wettbewerbsbehörde gefordert, ist es nach dem schwedischen Modell möglich, die Anmeldung des Zusammenschlusses – unter der Prämisse, dass die notwendigen Voraussetzungen erfüllt sind – bereits vor dessen Vollzug anzuordnen. Es handelt sich insoweit um ein Aufgreifinstrument *sui generis*. Die Entscheidung, wann der Zusammenschluss letztlich angemeldet wird, bleibt den Zusammenschlussparteien überlassen, die die Möglichkeit haben, den Zusammenschluss in diesem Zusammenhang freiwillig anzumelden und so dem Risiko einer möglichen Rückabwicklung selbst begegnen zu können.

c. *Möglichkeit einer optionalen Notifizierung*

Problematisch bleibt, dass die Wettbewerbsbehörde sich den Zeitpunkt der nachträglichen Überprüfung vorbehalten kann, wenn eine freiwillige Anmeldung nicht erfolgt ist. Um das Risiko einer späteren Überprüfung und einer hieraus etwaig erfolgenden Untersagung des Zusammenschlusses zu minimieren, sollte – wie auch nach dem schwedischen Modell vorgesehen – eine optionale Notifizierung möglich sein, um einen angemessenen Ausgleich zwischen dem Ziel der Kontrollmöglichkeit und ausreichender Rechtssicherheit für die Unternehmen zu gewährleisten. Aufgrund der Eingrenzung der Adressaten des Aufgreifinstruments und der damit einhergehenden überschaubaren Anzahl einschlägiger Zusammenschlüsse würde das BKartA hierdurch auch nicht unangemessen belastet.

d. *Zeitliche Ausgestaltung*

Die Möglichkeit die Anmeldung des Zusammenschlusses vorzunehmen, sollte darüber hinaus zeitlich begrenz werden. Da anders als in Frankreich eine optionale Notifizierung möglich bleibt, erscheint eine Verdopplung der in diesem Zusammenhang vorgeschlagenen zeitlichen Spanne von bis zu zwölf Monaten auf bis zu zwei Jahren angemessen. Ein Zweijahreszeitraum erscheint aber auch die äußerste zeitliche Grenze, da neben der Zurverfügungstellung der notwendigen Informationen auch vorzugsweise noch Auskunftspersonen im Unternehmen beschäftigt sind, die für Rückfragen oder ergänzende Auskünfte zur Verfügung stehen.

e. *Subsidiarität und Ausnahmecharakter*

Dieses neue Aufgreifinstrument sollte darüber hinaus den bereits bestehenden Aufgreifinstrumenten gegenüber nur von subsidiärer Bedeutung sein. Zudem darf die Regelung nur einen Ausnahmecharakter besitzen, um einerseits das BKartA nicht zu stark zu belasten und gleichzeitig die Flexibilität für Unternehmenskäufe in Deutschland auch im digitalen Bereich nicht zu stark einzuschränken.

f. *Zwischenergebnis*

Es wird vorgeschlagen, § 35 GWB um einen Abs. 1b zu ergänzen. Die Aufforderungsmöglichkeit sollte neben den insgesamt weltweit zu erzielenden Umsätzen in Höhe von mehr als EUR 500 Millionen lediglich an die Umsätze des erwerbenden Unternehmens geknüpft werden. Dieses Unternehmen muss in erheblichem Umfang auf Märkten i.S.d. § 18 Abs. 3a GWB tätig sein und diesem eine überragende marktübergreifende Bedeutung für den Wettbewerb zukommen. Das die zweite Inlandsumsatzschwelle des § 35 Abs. 1 GWB nicht erreichende Unternehmen muss trotz dessen eine, sich an Branchenkriterien bemessene hinreichende Inlandsaktivität aufweisen. Zudem müssen aufgrund des Zusammenschlusses gewichtige wettbewerbliche Nachteile drohen.

6. Zwischenergebnis

Die bestehenden umsatzbasierten Schwellenwerte sind derzeit nicht geeignet, Aufkäufe im Digitalbereich angemessen erfassen zu können. Hieran würde auch eine Absenkung dieser Werte nichts ändern, da gerade im Digitalsektor noch junge Unternehmen häufig (noch) keine oder nur geringe Umsätze erzielen. Durch eine Absenkung der Transaktionswert-Schwelle könnte man *killer acquisitions* dem gegenüber möglicherweise erfassen. Allerdings müsste der Wert dafür deutlich abgesenkt werden. Die Folge dessen wäre aber, dass sowohl das BKartA als auch die an der Transaktion beteiligten Unternehmen unverhältnismäßig stark belastet würden. Zudem würde die Gefahr von „false positives“[474] deutlich zunehmen. Eine Absenkung des Transaktionsschwellenwertes ist zwar nicht an und für sich zu beanstanden, aber zur Erfassung von *killer acquisitions* auch aus Flexibilitätsgründen abzulehnen.

474 Fälschliche Einschätzung eines Zusammenschlusses als wettbewerbswidrig.

Ein Schwellenwert auf der Basis von Marktanteilen hat in den vergangenen Jahren in Spanien auch wegen seiner Flexibilität zum Aufgreifen einiger relevanter Transaktionen im Digitalbereich geführt. Das Problem, dass das Zielunternehmen möglicherweise (noch) keine Umsätze erwirtschaftet, wirft in diesem Zusammenhang keine Probleme auf. Die oben genannten Transaktionen würden jedoch heute bereits aufgrund ihres Volumens von der deutschen Transaktionswert-Schwelle erfasst werden. Da die dann notwendige vorgezogene materiell-rechtliche Analyse sowohl die jeweilige Wettbewerbsbehörde als auch die Unternehmen stark belasten würde, gibt aber auch die Marktanteilsschwelle keine zufriedenstellende Antwort auf *killer acquisitions*.

Auch die Überlegung, das derzeitige präventive Fusionskontrollregime durch ein Ex-post-Regime zu ersetzten, ist aus verschiedenen Gründen abzulehnen. Abgesehen davon, dass das deutsche Ex-ante-Fusionskontrollregime an sich sehr gut funktioniert, bringt eine Ex-post-Kontrolle zwangsläufig gravierende Probleme, wie Rechts- und Investitionsunsicherheiten mit sich. Zudem könnten im Rahmen der gängigen Prognosezeiträume die oft starken Prognoseunsicherheiten im digitalen Sektor nicht verlässlich ausgeräumt werden.

Ein Aufgreifinstrument, das es ermöglicht, in Ausnahmefällen einzugreifen und dabei hinreichend flexibel ist, würde *killer acqusitons* daher besser gerecht werden. Vorgeschlagen wird daher die Einführung einer Regelung, vergleichbar mit einer solchen, wie sie in Schweden besteht, die an die Umsätze nur eines der Unternehmen anknüpft, und der Wettbewerbsbehörde ein Eingreifen in besonders problematischen Einzelfällen ermöglicht.

Durch die zeitliche Begrenzung von maximal zwei Jahren und dem Ausnahmecharakter der Vorschriften wird gewährleistet, dass die Transaktionsparteien nicht unangemessen benachteiligt werden.

D. Inhaltliche Kriterien zur Zusammenschlussbewertung

Unterfallen die beschriebenen Aufkäufe der Kontrolle durch die zuständige Wettbewerbsbehörde, so sieht sich das BKartA unverändert vor der Herausforderung, solche Erwerbe von Start-ups mittels der etablierten materiell-rechtlichen Beurteilungskriterien zu erfassen.

Kennzeichnend für Aufkäufe von Start-ups durch etablierte Plattformunternehmen wie das GAFA-Unternehmen im digitalen Bereich ist, dass diese regelmäßig zu einem Zeitpunkt erfolgen, in denen sich das Start-up (noch) auf einem Nischenmarkt bewegt und sich von dort aus möglicherweise in der Zukunft dem Kernmarkt des etablierten Unternehmens nähern wird und sich so zu einem späteren Zeitpunkt zu einem Wettbewerber entwickeln kann.[475] Ist es möglich nachzuweisen, dass sich das Start-up zu einem potentiellen Wettbewerber entwickeln wird, so lässt sich dies relativ einfach mithilfe des SIEC-Tests erfassen.[476] Da sich die Aufkäufe der GAFA-Unternehmen aber sehr breit auf innovative Start-ups in den unterschiedlichsten Bereichen beziehen, wird es die Wettbewerbsbehörden vor große Herausforderungen stellen, eine potentielle Wettbewerbereigenschaft nachzuweisen.[477] Darüber hinaus stellt sich die Frage, ob unabhängig von der einzelnen Transaktion auch an eine Aufkaufstrategie angeknüpft werden kann.[478]

Es muss daher ermittelt werden, ob die gesetzlichen Regelungen ausreichen, um die wettbewerblichen Probleme dieser beschriebenen Zusammenschlüsse angemessen im Rahmen der maßgeblichen Prognosezeiträume zu erfassen oder, ob es in dieser Hinsicht einer Reform des materiell-rechtlichen Kontroll- bzw. der bestehenden Beweismaßstabes oder jedenfalls einer Ergänzung der Leitlinien des BKartA bedarf.

---

475 Vgl. u.a. Sonderberater-Bericht, S. 110; Bericht Wettbewerbskommission 4.0, S. 65.

476 Marktmacht-Studie, S. 123.

477 Vgl. Marktmacht-Studie, S. 123.

478 Vgl. Marktmacht-Studie, S. 124 f., Furman-Report, Rn. 3.74 Box 3.A.

I. Hintergrund und Charakteristika der deutschen Fusionskontrolle

Die deutsche Fusionskontrolle unterwirft das externe Wachstum von Unternehmen einem Prüfungsvorbehalt. Dabei folgt sie keiner bestimmten wirtschaftswissenschaftlichen Schule, sondern wurde von verschiedenen wirtschaftswissenschaftlichen Schulen, insbesondere von den ordnungspolitischen Vorstellungen der Freiburger Schule (Ordoliberalismus), geprägt.[479] In der deutschen Fusionskontrolle wird ein Zusammenschluss gemäß § 36 Abs. 1 S. 1 GWB vom BKartA untersagt, wenn durch ihn wirksamer Wettbewerb erheblich behindert würde, insbesondere wenn zu erwarten ist, dass er eine marktbeherrschende Stellung begründet oder verstärkt. Bei dem Regelbeispiel der Begründung oder Verstärkung einer marktbeherrschenden Stellung gelten die Grundsätze des § 18 GWB, der mittelbar Bestandteil des § 36 Abs. 1 GWB ist.[480]

1. Schutzgegenstand der Fusionskontrolle

Der Schutzzweck der Fusionskontrolle ist die Verhinderung wettbewerbsbeschränkender Effekte aufgrund des Vollzugs von Zusammenschlüssen und damit einhergehend der Schutz struktureller Voraussetzungen zur Gewährleistung eines wirksamen Wettbewerbs.[481] Ein wirksamer Wettbewerb bringt positive Effekte wie z.B. niedrige Preise oder eine hohe Innovationstätigkeit mit sich. Externes Wachstum ist grundsätzlich als wettbewerbsfördernd zu beurteilen, da es Effizienzverbesserungen der sich zusammengeschlossenen Einheit ermöglicht.[482] Aus ökonomischer Sicht besteht das Ziel der Fusionskontrolle darin, die Entstehung übermäßiger Marktmacht einzelner Unternehmen zu vereiteln.[483] Bis zur 8. GWB-Novelle bezog sich dies auf die Begründung bzw. Verstärkung der marktbeherrschenden Stellung. Mit dem Übergang zum SIEC-Test in der deutschen Fusionskontrolle fand eine Ausweitung auf zusätzliche Fallgruppen statt, und rückte den Zuwachs von Marktmacht aufgrund von Zusammenschlüssen stärker in den Fokus.[484] Mit der Umstellung des § 36 GWB weg von einem

479 *Thomas* in Immenga/Mestmäcker GWB, Vorb. § 35 Rn. 3.

480 Vgl. *Bechtold/Bosch* in Bechtold/Bosch GWB, § 36 Rn. 21.

481 BKartA, Leitfaden zur Marktbeherrschung in der Fusionskontrolle, Rn. 6; *Christiansen/Knebel* in MüKo WettbR, § 36 Rn. 58.

482 *Thomas* in Immenga/Mestmäcker GWB, Vorb. § 35 Rn. 1.

483 *Christiansen/Knebel* in MüKo WettbR, § 36 Rn. 59; zum Konzept der Marktmacht vgl. ausführlich *Schwalbe/Zimmer*, Kartellrecht und Ökonomie, S. 53 ff.

484 *Christiansen/Knebel* in MüKo WettbR, § 36 Rn. 59.

reinen Marktbeherrschungstest hin zum sogenannten SIEC-Test fand zudem eine starke Angleichung der deutschen an die europäische Fusionskontrolle statt.[485]

2. Prognosecharakter der Fusionskontrolle

Nach § 36 Abs. 1 S.1 GWB ist entscheidend, ob durch den Zusammenschluss wirksamer Wettbewerb erheblich behindert würde. Es sind insoweit unter Berücksichtigung zukünftiger Entwicklungen die Marktverhältnisse bzw. die Marktstrukturen vor und nach dem Zusammenschluss miteinander zu vergleichen und eine Prognoseentscheidung zu treffen.[486] Der BGH unterscheidet zwischen den Wirkungen, die mit dem Zusammenschluss eintreten, womit die Wettbewerbsbedingungen selbst gemeint sind sowie den Wirkungen, die durch den Zusammenschluss, d.h. folglich zu einem späteren Zeitpunkt eintreten.[487] Für die Wirkungen, die mit dem Zusammenschluss eintreten, fordert der BGH, dass „jedenfalls einige Wahrscheinlichkeit“[488] dahin gehend besteht, dass sich die Wettbewerbsbedingungen ändern. Für die Wirkungen, die erst durch den Zusammenschluss eintreten, verlangt der BGH, dass diese aufgrund „konkreter Umstände mit hoher Wahrscheinlichkeit [...] alsbald“[489] eintreten. Dabei sind auch solche Umstände zu berücksichtigen, die unabhängig von den Zusammenschlussbeteiligten eintreten.

Der für die Fusionskontrolle maßgeblich Prognosezeitraum lässt sich nicht exakt bestimmen, beträgt in der Praxis regelmäßig jedoch drei bis fünf Jahre.[490]

---

485 Regierungsbegründung zur 8. GWB-Novelle, BT-Drs. 17/9852, S. 28; Zum SIEC-Test vgl. *Körber*, WuW 2014, 250–260; *Ewald*, WuW 2014, 261-281.

486 Vgl. z.B. BGH, Beschluss v. 21.02.1978, KVR 4/77 – *KFZ-Kupplungen*, WuW/E 1501 (1507); BGH, Beschluss v. 19.06.2012, KVR 15/11 – *Haller Tagblatt*, WuW/E DE-R 3695 (3697); BKartA, Leitfaden zur Marktbeherrschung in der Fusionskontrolle, Rn. 12; *Kahlenberg* in LMRKM GWB, § 36 Rn. 9 f.; *Bechtold/Bosch* in Bechtold/Bosch GWB, § 36 Rn. 10.

487 BGH, Beschluss v. 21.02.1978, KVR 4/77 – *KFZ-Kupplungen*, WuW/E 1501 (1507).

488 BGH, Beschluss v. 19.06.2012, KVR 15/11 – *Haller Tagblatt*, WuW/E DE-R 3695 (3701).

489 BGH, Beschluss v. 21.02.1978, KVR 4/77 – *KFZ-Kupplungen*, WuW/E 1501 (1507).

490 BGH, Beschluss v. 19.06.2012 – KVR 15/11 – *Haller Tagblatt*, WuW/E DE-R 3965 (3701); OLG Düsseldorf, Beschluss v. 06.09.2006, VI-Kart 13/05, *Deutsche Börse/ London Stock Exchange*, WUW/E DE-R, 1835 (1836); BKartA, Leitfaden zur Marktbeherrschung in der Fusionskontrolle, Rn. 12 Fn. 11.

II. Derzeitige Rechtslage

In der deutschen Fusionskontrolle wird ein Zusammenschluss gemäß § 36 Abs. 1 S.1 GWB vom BKartA untersagt, wenn durch ihn wirksamer Wettbewerb erheblich behindert würde. In diesem Zusammenhang stellt sich die Frage, ob die gesetzlichen Regelungen ausreichen, um die wettbewerblichen Probleme der beschriebenen Zusammenschlüsse angemessen im Rahmen der maßgeblichen Prognosezeiträume zu erfassen und inwieweit es sich darüber hinaus um einen Marktmissbrauch nach §§ 19 ff. GWB handeln kann.

1. Beurteilung der einzelnen Transaktion

Grundsätzlich wird jeder Zusammenschlussvorgang einzeln von der Wettbewerbsbehörde überprüft. Bei den Zusammenschlüssen sind verschiedene Zusammenschlusstypen zu unterscheiden, namentlich horizontale und nicht horizontale (vertikale und konglomeratische) Zusammenschlüsse.

a. Horizontale Effekte

Bei einem horizontalen Zusammenschluss sind die beteiligten Unternehmen entweder auf dem gleichen sachlich und räumlich relevanten Markt tätig und folglich direkte bzw. aktuelle Wettbewerber oder die beteiligten Unternehmen sind potentielle Wettbewerber und (noch) nicht auf dem gleichen sachlich und räumlich relevanten Markt tätig.[491]

aa. Aktuelle Wettbewerber

Ein horizontaler Zusammenschluss führt zu einer Erhöhung der Marktanteile und damit verbunden zu einer Erhöhung der Konzentration auf dem betroffenen relevanten Markt.[492] Hierdurch verändert sich die Marktstruktur durch den Zusammenschluss unmittelbar.[493] Dabei ist es unerheblich, wenn es sich um einen kleinen Wettbewerber handelt, da für die Intensität des aktuellen Wettbewerbs auch das Vorhandensein kleinerer Wettbewerber von entscheidender Relevanz ist.[494] Insofern ist es unerheblich, dass es sich bei den Start-ups um noch im Wachstum befindliche Unternehmen handelt, die als kleinere Unternehmen

---

491 Vgl. BKartA, Leitfaden zur Marktbeherrschung in der Fusionskontrolle, Rn. 21.

492 *Christiansen/Knebel* in MüKo WettbR, § 36 Rn. 133; *Hirsbrunner/Hacker* in Schröter et al., Art. 2 FKVO Rn. 371.

493 *Christiansen/Knebel* in MüKo WettbR, § 36 Rn. 133.

494 *Thomas* in Immenga/Mestmäcker GWB, § 36 Rn. 180.

zu qualifizieren sein können. Spezifisch für die erörterten Aufkäufe im digitalen Bereich ist jedoch auch, dass sie in einer so frühen Phase erfolgen, in der sich das Start-up noch auf einem Nischenmarkt bewegt und es regelmäßig an Überschneidungen der Geschäftsfelder zwischen den Zusammenschlusspartnern fehlt oder nur dort horizontale Überschneidungen bestehen, auf denen der Erwerber zum relevanten Zeitpunkt nicht über eine starke Marktposition verfügt.[495]

bb. Potentielle Wettbewerber

Nicht nur aktuelle, sondern auch potentielle Wettbewerber können die Verhaltensspielräume eines Marktakteurs auf einem relevanten Markt beeinflussen.[496] Ein solcher Aufkauf eines potentiellen Wettbewerbers kann vergleichbare wettbewerbswidrige Wirkungen wie ein Zusammenschluss zweier auf demselben Markt tätigen Unternehmen aufweisen.[497] Im Rahmen der fusionskontrollrechtlichen Prüfung zu beachtender potentieller Wettbewerb besteht auch dann, wenn erst zukünftig mit der Entstehung dieses potentiellen Wettbewerbs im Rahmen des gängigen Prognosezeitraums von drei bis fünf Jahren auszugehen ist.[498]

(1) Wirkungen eines Zusammenschlusses mit einem potentiellen Wettbewerber auf den Wettbewerb

Durch den Wegfall des potentiellen Wettbewerbers und den damit einhergehenden Wegfall einer disziplinierenden Macht kann die Stellung eines etablierten Unternehmens auf seinem Kernmarkt weiter verstärkt werden.[499] Es kann daher in bestimmten Fällen, in denen ein Unternehmen auf seinem Kernmarkt über ein hohes Maß an Marktmacht verfügt, der Erwerb eines potentiellen Wettbewerbers ausreichen, um die Untersagungsvoraussetzungen zu erfüllen, wenn

---

495 Bericht Wettbewerbskommission 4.0, S. 69.

496 OLG Düsseldorf, Beschluss v. 22.12.2010, VI-Kart 4/09 – *Anzeigengemeinschaft*, Rn. 101 (juris); BKartA, Leitfaden zur Marktbeherrschung in der Fusionskontrolle, Rn. 58; *Montag/von Bonin* in MüKo WettbR FKVO, Art. 2 Rn. 271.

497 Kommission, Leitlinien zur Bewertung horizontaler Zusammenschlüsse (2004/C 31/03), Rn. 58.

498 *Thomas* in Immenga/Mestmäcker GWB, § 36 Rn. 181 mit Hinweis auf BGH, Beschluss v. 19.06.2012, KVR 15/ 11- *Haller Tagblatt*, WuW/E DE-R 3965 (3701).

499 Vgl. BGH, Beschluss v. 18.12.1979, KVR 2/79 – *Springer/Elbe Wochenblatt I*, WuW/E 1685 (1691 f.); BGH, Beschluss v. 10.12.1991, KVR 2/90 – *Inlandstochter*, WuW/E 2731 (2737); BKartA, Be-schluss v. 20.11.2001, B9-88/1999 und B9-100/2001 – *Deutsche Post/trans-o-flex*, S. 47; Körber, NZKart 2018, 168 (171).

nach dem Zusammenschluss kein ausreichender (potentieller) Wettbewerb bzw. Wettbewerbsdruck durch andere Marktakteure mehr bestehen würde.[500]

Die entstehende wettbewerbliche Lücke gewinnt im Kontext der *killer acquisitions* im Digitalbereich dahin gehend an Bedeutung, dass es auf den Kernmärkten der großen Digitalkonzerne regelmäßig an aktuellen Wettbewerbern fehlt. In diesem Zusammenhang kann die Übernahme eines kleinen, aber potentiell sehr erfolgreichen Unternehmens durch ein marktbeherrschendes Plattformunternehmen bedeuten, dass die einzige mögliche Bedrohung dieses etablierten Unternehmens sich nicht mehr zu einem Wettbewerber entwickeln kann. Ein solcher Zusammenschluss verringert die Disziplinierung des Marktverhaltens und schafft Raum für die Ausübung von Marktmacht durch das etablierte Unternehmen.[501] Gleichzeitig kann ein solcher Zusammenschluss, wie oben[502] erläutert, mit einem potentiellen Wettbewerber zu Innovationsrückgängen führen.[503] Darüber hinaus erhöht dieses Vorgehen aufgrund der damit verbundenen Abschreckungswirkung die Marktzutrittsbarrieren für andere potentielle Konkurrenten.

(2) Herausforderungen im Zusammenhang mit der Feststellung einer potentiellen Wettbewerbereigenschaft

Es zeigen sich einige Herausforderungen im Zusammenhang mit der Feststellung einer potentiellen Wettbewerbereigenschaft, insbesondere aufgrund Start-up-spezifischer Besonderheiten.

(a) Grundsätzliche Problematik

Die Feststellung des Bestehens potentiellen Wettbewerbs setzt eine gewisse Mindestintensität voraus.[504] Die rein theoretische Möglichkeit, dass sich ein Unternehmen zu einem Wettbewerber entwickeln könnte, reicht daher nicht aus. Erforderlich ist, dass für den Markteintritt eine gewisse Wahrscheinlichkeit

---

500 Vgl. BGH, Beschl. v. 21.12.2004, KVR 26/03- *Deutsche Post/trans-o-flex*, WuW/E DE-R 1419, (1424); BKartA, Beschluss v. 20.11.2001, B9-88/1999 und B9-100/2001 – *Deutsche Post/trans-o-flex*, S. 47.

501 Lear-Report, S. 10.

502 Siehe hierzu näher unter Gliederungspunkt B II 2 e bb (2).

503 BKartA, Innovationen – Herausforderungen für die Kartellrechtspraxis, 05.10.2017, S. 20.

504 BKartA, Leitfaden zur Marktbeherrschung in der Fusionskontrolle, Rn. 60; *Thomas* in Immenga/Mestmäcker GWB, § 36 Rn. 184.

spricht.[505] Dabei müssen der wirtschaftliche Kontext sowie die Merkmale des relevanten Marktes berücksichtigt werden.[506] Der Druck, den das Zielunternehmen zukünftig auf den Käufer ausüben könnte, wird maßgeblich durch den Grad der Substituierbarkeit zwischen diesen Produkten bestimmt. Ausgehend von der Substituierbarkeit kommen als potentielle Konkurrenten der Erfahrung nach weitgehend solche Unternehmen infrage, die auf sachlich benachbarten bzw. vor- oder nachgelagerten Märkten tätig sind.[507] Die Identifizierung einer solchen Substituierbarkeit zwischen zukünftigen Produkten kann jedoch nicht auf die Analyse historischer Daten gestützt werden, da solche Daten – wenn sie denn existieren – keinen ausreichenden Indizien hinsichtlich einer zukünftigen Substituierbarkeit liefern können.[508]

(b) Digitaler Bereich

Bereits die Feststellung, ob es sich um einen direkt benachbarten Markt handelt, kann im Bereich von Aufkäufen digitaler Unternehmen Probleme bereiten. Aufgrund der hohen Dynamik und Innovationstätigkeit aufstrebender Start-ups wird es sich in vielen Fällen um ganz neue Märkte handeln. Gleichzeitig investieren etablierte Unternehmen, wie die GAFA-Unternehmen in weiter entfernte Märkte.[509] Wie diese Märkte einzuordnen bzw. abzugrenzen sind und ob diese Märkte letztlich benachbart sind, wird aufgrund der Dynamik dieser Märkte nicht ganz unproblematisch und ohne Aufwand festzustellen sein. Noch problematischer ist die Feststellung dann, wenn das Start-up noch auch gar keinem Markt aktiv ist und sich das Produkt bzw. die Dienstleistung noch in der Entwicklungsphase und damit vor der Marktreife befindet. Darüber hinaus kann in dynamischen Märkten die Entwicklung des Start-ups auf dessen unabhängige Entscheidungen, VC-Investments oder auf ein Unternehmen, das das Start-up kauft und zu integrieren plant, zurückzuführen sein.[510] Für die Untersagung eines Zusammenschlusses aufgrund eines potentiellen

---

505 Vgl. z.B. OLG Düsseldorf, Beschluss v. 04.05.2005, VI-Kart 19/04 (V) – *ÖPNV Saarland,* Rn. 54 (juris); Leitfaden zur Marktbeherrschung in der Fusionskontrolle, Rn. 60; *Thomas* in Immenga/Mestmäcker GWB, § 36 Rn. 185.

506 EuG, Urteil v. 15.09.1998, T-374/94, T-375/94, T-384/94, T-388/94 – *Euopean Night Services,* ECLI:EU:T:1998:198, Rn. 144.

507 *Christiansen/Knebel* in MüKo WettbR, § 36 Rn. 164.

508 OECD, Start-ups, Killer Acquisitions and Merger Control, Juni 2020, Rn. 83.

509 Vgl. Monopolkommission, Sondergutachten 68, Rn. 22; Lear-Report, S. 12.

510 BCA/ACM/Luxembourg Conseil de la concurrence, Joint memorandum on challenges faced by competition authorities in a digital world, 10.10.2019, S. 3.

Wettbewerbsverhältnisses ist eine gewisse Wahrscheinlichkeit für deren Eintritt erforderlich, die bloße Möglichkeit reicht nicht aus.[511] Ob und in welchem Zeitraum sich das Zielunternehmen zu einem Konkurrenten entwickeln wird oder, ob der Zusammenschluss den vielversprechendsten Weg zur kommerziellen Entwicklung und Nutzung einer neuen Technologie darstellt, ist zur Zeit der Übernahme regelmäßig unklar.[512]

(c) Problematik anhand des Zusammenschlusses Facebook/Instagram

Diese Schwierigkeiten, die sich schon bei der Identifizierung eines potentiellen Wettbewerbers ergeben, haben sich auch im Fall des Zusammenschlusses von Facebook und Instagram gezeigt: Im Jahr 2012 erwarb Facebook Instagram für USD 715 Millionen.[513] Bei dem Produkt von Instagram handelt es sich um eine kostenlose Foto-Sharing-App für Mobiltelefone, die es den Benutzern ermöglicht, Fotos zu machen und diese auf Instagram sowie in anderen sozialen Netzwerken zu teilen. Auch für Facebook war das Teilen von Fotos seit der Einführung Facebooks ein wichtiger Aspekt des Nutzerengagements innerhalb des Netzwerks. Noch im Jahr 2009 war Facebook Photos die größte Foto-Sharing-App weltweit.[514] Durch die Entwicklungen und Verbesserungen der Smartphone-Kamerafunktionen, die das Teilen von Fotos zu einer zunehmend mithilfe des Smartphones stattfindenden Aktivität machte, hatte Facebook Mühe, sein Netzwerk von einer desktopbasierten Plattform aus auf mobile Endgeräte neu auszurichten.[515] Zum Zeitpunkt des Aufkaufs durch Facebook hatte Instagram zwar bereits eine beeindruckende Nutzerbasis, erzielte aber noch keinen Umsatz, weshalb der Zusammenschluss in Deutschland und anderen Mitgliedstaaten nicht anzumelden war.

Die Wettbewerbsbehörden, die den Zusammenschluss untersuchten, namentlich die US-amerikanische FTC und die britische OFT gaben den Zusammenschluss frei. Die FTC hat den Weg für die Übernahme von Instagram durch Facebook einstimmig genehmigt und beschlossen, die kartellrechtliche nicht

511 OLG Düsseldorf, Beschluss v. 04.05.2005, VI-Kart 19/04 (V) – *ÖPNV Saarland*, Rn. 54 (juris); Leitfaden zur Marktbeherrschung in der Fusionskontrolle, Rn. 60; *Thomas* in Immenga/Mestmäcker GWB, § 36 Rn. 185.

512 Stigler-Report, S. 88.

513 OECD, Start-ups, Killer Acquisitions and Merger Control, Juni 2020, Rn. 60.

514 *Schonfeld*, Facebook Photos Pulls Away From the Pack, Techcrunch v. 22.02.2009 (abrufbar unter: https://techcrunch.com/2009/02/22/facebook-photos-pulls-away-from-the-pack/, zuletzt abgerufen am 10.03.2021).

515 *Glick et al.*, Hastings L.J. 2021 Vol. 72 Issue 3, 465 (487 f.).

öffentliche Untersuchung der Transaktion ohne weitere Maßnahmen und ohne die Nennung von Gründen abzuschließen.[516] Die britische OFT genehmigte den Zusammenschluss in Phase 1 des Fusionsprüfverfahrens. Sie sah Facebook als einen Anbieter von sozialen Netzwerken und Instagram als eine App zur gemeinsamen Nutzung von Fotos an, und ging nicht davon aus, dass die Plattformen demselben Markt angehörten.[517] Zudem gab es nach Ansicht der OFT im Bereich der Foto-Apps mehrere relativ starke Konkurrenten Instagrams, die Instagram eine stärkere Einschränkung aufzuerlegen scheinen als die neue Kamera-App von Facebook es tut. In dem Bereich sozialer Netzwerke sah die OFT keinen Grund zu glauben, dass Instagram so gut platziert ist, dass es entweder als potenzielles soziales Netzwerk oder als Anbieter von Werbeflächen in einem Wettbewerb mit Facebook hätte treten können.[518]

(aa) Probleme bei der Bewertung

Rückblickend wird man sagen müssen, dass diese Auffassung zumindest Fragen aufwirft, wenn man nicht sogar zu dem Schluss kommen muss, dass der Zusammenschluss zu Unrecht freigegeben wurde.

So erklärt die ACCC im Rahmen ihrer Digital Platform Inquiry, dass Facebook durch die Übernahme von Instagram „einen potentiellen Konkurrenten ausgeschaltet" hat und dass Instagram zum Zeitpunkt der Übernahme zumindest das Potential gehabt haben könnte, sich zu einem ernst zu nehmenden Konkurrenten zu entwickeln.[519] Instagram sei bereits zum Zeitpunkt der Übernahme eine Plattform gewesen, die wie Facebook eine Weiterentwicklung von sozialen Netzwerken darstellt, und die Aufmerksamkeit der Verbraucher auf sich zieht, die durch Werbung hätte monetarisiert werden können.[520] Dies steht auch im Einklang mit einer Aussage, die Instagramgründer und Geschäftsführers *Kevin Systrom* im Jahr 2010 getätigt haben soll, dass die Filter kein Milliardengeschäft

516 FTC, Pressemitteilung v. 22.08.2012 – *Facebook* (abrufbar unter: https://www.ftc.gov/news-events/press-releases/2012/08/ftc-closes-its-investigation-facebooks-proposed-acquisition, zuletzt abgerufen am 10.03.2021).
517 OECD, Start-ups, Killer Acquisitions and Merger Control, Rn. 60.
518 OFT, Entscheidung v. 14.08.2012, ME/5525/12 – *Facebook/Instagram*, Rn. 44.
519 ACCC, Digital Platforms Inquiry, Juni 2019, S. 52.
520 ACCC, Digital Platforms Inquiry, Juni 2019, S. 80.

seien, aber dass „das nächste Netzwerk aus Menschen bestehen wird, die daran interessiert sind, ihr Leben visuell zu teilen".[521]

Facebook trat der Ansicht der ACCC kritisch entgegen und bezeichnet die Ansicht der australischen Wettbewerbsbehörde als „völlig spekulativ". Zum Zeitpunkt der Transaktion habe das Unternehmen nicht schnell genug wachsen können, um die steigende Nachfrage zu befriedigen. Zudem habe es zu diesem Zeitpunkt mindestens zehn weitere Foto-Sharing-Apps, einige davon größer als Instagram, gegeben.[522] Diese Aussagen Facebooks bilden die Realität jedoch nicht angemessen ab:

(aaa) Zeitpunkt der Transaktion

Zunächst sollte man sich den Zeitpunkt, zu dem Facebook Instagram erworben hat näher anschauen. Facebook hatte zu diesem Zeitpunkt mit verschiedenen Problemen und einer notwendigen Reorientierung zu kämpfen.[523] Was Instagram für Facebook besonders gefährlich machte, war, dass es dort stark war, wo Facebook Schwachstellen hatte. Instagram war für mobile Endgeräte konzipiert, Facebook hingegen für Desktops. Während die Nutzung mobiler Endgeräte stetig an Bedeutung gewann, hatte Facebook Mühe, sein Netzwerk von einer Desktop-Computer-basierten Plattform auf mobile Endgeräte auszurichten.[524] Außerdem war das Teilen von Fotos mit Instagram aufgrund der Schnelligkeit sowie der unkomplizierten Handhabbarkeit benutzerfreundlicher als Facebook.[525] Instagram hatte bereits innerhalb der ersten Woche nach dem Launch der App am 06. Oktober 2010 im Apple App Store 100.000 Nutzer generiert. Ende 2010, zehn Wochen nach dem Launch der App, generierte Instagram bereits eine Millionen Nutzer.[526] Im Jahr 2012, einen Monat bevor das Unternehmen seine Übernahme

---

521 *Cain Miller*, A Photo-Sharing App With Bigger Aspirations, New York Times Online Bits v. 19.10.2010 (abrufbar unter: https://bits.blogs.nytimes.com/2010/10/19/a-photo-sharing-app-with-bigger-aspirations/, zuletzt abgerufen am 10.03.2021).

522 Facebook, Submission to the ACCC Digital Platforms Inquiry Preliminary Report, März 2019, S. 46.

523 *Glick et al.*, Hastings L.J. 2021 Vol. 72 Issue 3, 465 (487).

524 *Glick et al.*, Hastings L.J. 2021 Vol. 72 Issue 3, 465 (487 f.).

525 *Wu*, The case for breaking up Facebook and Instagram, The Washington Post v. 28.09.2018 (abrufbar unter: https://www.washingtonpost.com/outlook/2018/09/28/case-breaking-up-facebook-instagram/, zuletzt abgerufen am 10.03.2021).

526 *Siegler*, Instagram Captures A Million Users. Up Next: API, Android, And Funding, TechCrunch v. 21.12.2012 (abrufbar unter: https://techcrunch.com/2010/12/21/instagram-one-million/, zuletzt abgerufen am 10.03.2021).

durch Facebook bekannt gab und damit nur zweieinhalb Jahre nach seiner Einführung im App Store, hatte Instagram 27 Millionen registrierte Nutzer.[527] Zudem war Instagram wesentlich populärer bei der jüngeren Bevölkerung als Facebook.[528]

(bbb) Ausgangslage von Instagram

Die OFT interpretierte das rasche Wachstum von Instagram nicht als reinen Hinweis auf eine Stärke bzw. Einzigartigkeit des Produkts, sondern vielmehr als einen Hinweis auf niedrige Eintrittsbarrieren im Bereich der sozialen Netzwerke.[529] Damit hat die OFT die Stärke und Besonderheit Instagrams zu einem potentiellen Konkurrenten zu werden unterschätzt.

Die Behörden gaben an, dass die verfügbaren Beweise nicht zeigten, dass Instagram besonders gut in der Lage sei, mit Facebook bei der Bereitstellung von sozialen Netzwerkdiensten zu konkurrieren.[530] Die den Behörden vorliegenden Beweise scheinen diese Schlussfolgerung jedoch nicht eindeutig zu stützen: So argumentieren Wettbewerber von Facebook, dass es für Instagram weder technisch schwierig noch besonders kostenintensiv gewesen wäre, seine Dienste auf eine Website auszuweiten und um Funktionen zu erweitern, die denen von Facebook gleichen.[531] Ein weiterer Konkurrent vertrat die Ansicht, dass nicht die Technologie hinter den sozialen Netzwerken einzigartig sei, sondern dass Größe und der Umfang von Facebook extrem schwer zu übertreffen sind.[532] Aus diesem Grund betonte der Wettbewerber die Bedeutung der Nutzerbasis von Instagram sowie den kurzen Zeitraum, innerhalb dessen diese erreicht wurde. In diesem Zusammenhang hat die OFT weitere Faktoren vernachlässigt, die die Entscheidungen von Werbetreibenden beeinflussen können: Dazu gehören vor allem die Exklusivität und Größe der Nutzerbasis. Hätte die Behörde diese Faktoren stärker in ihre Analyse mit einbezogen, hätte sie eine Monetarisierung Instagrams möglicherweise nicht so schnell abgelehnt.[533]

---

527 *Glick et al.*, Hastings L.J. 2021 Vol. 72 Issue 3, 465 (488).

528 *Wu*, The case for breaking up Facebook and Instagram, The Washington Post v. 28.09.2018 (abrufbar unter: https://www.washingtonpost.com/outlook/2018/09/28/case-breaking-up-facebook-instagram/, zuletzt abgerufen am 10.03.2021).

529 OFT, Entscheidung v. 14.08.2012, ME/5525/12 – *Facebook/Instagram*, Rn. 36

530 OFT, Entscheidung v. 14.08.2012, ME/5525/12 – *Facebook/Instagram*, Rn. 44.

531 OFT, Entscheidung v. 14.08.2012, ME/5525/12 – *Facebook/Instagram*, Rn. 25.

532 Vgl. Lear-Report, S. 54.

533 Lear-Report, S. 71.

Anders als die OFT argumentierte, hat Instagram zum Zeitpunkt des Erwerbs durch Facebook eine erhebliche Nutzerbindung erzeugt.[534] Dadurch unterschied sich Instagram von anderen von der OFT genannten Foto-Apps wie Flickr oder Camera Awesome und befand sich entgegen der Ansicht der OFT[535] in einer guten Ausgangsposition, um seine Dienste zu monetarisieren, indem Werbeflächen verkauft wurden.[536] In diesen Zusammenhang hatte die OFT die Stärke dieser Foto-Apps an der Anzahl ihrer Downloads gemessen. Sinnvoller wäre jedoch eine Beurteilung der Stärke anhand der wirklichen Nutzung der Apps gewesen, da Downloads grundsätzlich kostenlos sind und die Nutzer verschiedenen Apps downloaden, um diese auszuprobieren.[537] Besser wäre daher eine Beurteilung anhand von z.B. Monatlich oder täglich aktiven Nutzern gewesen, die das wirkliche Nutzerengagement besser abbilden kann.[538] Das BKartA hat diese Notwendigkeit bereits erkannt und nimmt berechtigterweise eine Beurteilung anhand von Nutzungszeiten bzw. branchenspezifischen Charakteristika vor.[539] Darüber hinaus hatte Instagram Pläne, weitere soziale Netzwerkfunktionalitäten anzubieten.[540] Hierdurch hätte sich Instagram dem Kernmarkt Facebooks weiter annähern können.

(bb) Instagram heute

Seit seiner Übernahme hat Instagram einen erheblichen Anteil des Nutzerengagements und der Einnahmen für Facebook generiert. Instagram erreichte im Juni 2018 eine Milliarde monatlich aktiver Nutzer,[541] wohingegen das Nutzerwachstum von Facebook nachließ.[542] Instagram liegt derzeit hinter Facebook als

534 Lear-Report, S. 53.

535 OFT, Entscheidung v. 14.08.2012, ME/5525/12 – *Facebook/Instagram*, Rn. 21.

536 Lear-Report, S. 70.

537 Lear-Report, S. 70.

538 Lear-Report, S. 53.

539 Vgl. BKartA, Fallbericht v. 06.02.2019, B6-22/16 – *Facebook*, S.6; BKartA/BWB, Leitfaden Transaktionswert-Schwellen, Rn. 88.

540 Lear-Report, S. 71.

541 *Constine*, Instagram hits 1 billion monthly users, up from 800M in September, Techcrunch v. 20.06.2018 (abrufbar unter: https://techcrunch.com/2018/06/20/instagram-1-billion-users/, zuletzt abgerufen am 10.03.2021).

542 Facebook, Geschäftsergebnisse des 3. Quartals, S.3 (abrufbar unter: https://s21.q4cdn.com/399680738/files/doc_financials/2020/q3/FB-Q3-2020-Earnings-Presentation.pdf, zuletzt abgerufen am 10.03.2021).

beliebtestes soziales Netzwerk in den USA auf Platz zwei,[543] ist aber das meistgenutzte soziale Netzwerk für amerikanische Teenager.[544] In Deutschland zeigt sich ein ähnliches Bild: Facebook ist insgesamt zwar gemessen an den Nutzerzahlen auch in Deutschland das beliebtere soziale Netzwerk: In der Gruppe der 14–29-Jährigen nutzen 65 % der Befragten Instagram, dagegen nur 44 % Facebook.[545] Es ist auch mit großem Aufwand kaum möglich zu wissen, wie Instagram sich ohne den Erwerb durch Facebook entwickelt hätte. Unzweifelhaft konnte Facebook aber durch den Erwerb von Instagram eine höhere Anzahl an Nutzern, eine stärkere Nutzerbindung sowie eine höhere Monetarisierung erreichen.[546]

Gleichzeitig ist es Instagram unter der Führung Facebooks gelungen, seine Dienste zu monetarisieren. Im Oktober 2013 begann Instagram, Werbeanzeigen in die Foto-Feeds der Nutzer einzubinden.[547] Im Jahr 2015 ändert Instagram sein Anzeigenformat erneut mit der Einführung von „Jetzt einkaufen“, „Jetzt installieren“ Schaltflächen am unteren Rand jeder geposteten Anzeige.[548] Im November 2020 wurde ein „Redesign“ des Homescreens von Instagram vorgenommen und dem unteren Menü ein „Shop“-Tab hinzugefügt.[549] Die Monetarisierung Instagrams nimmt folglich weiter zu.

---

543 Verto Analytics, Verto Statista Report September 2019, zitiert nach de.statista.com (abrufbar unter: https://www.statista.com/statistics/248074/most-popular-us-social-networking-apps-ranked-by-audience/, zuletzt abgerufen am 10.03.2021).

544 *Anderson/Jiang*, Teens, Social Media & Technology 2018, The Pew Research Center v. 31.03.2018 Social Media & Technology 2018, (abrufbar unter: https://www.pewinternet.org/2018/05/31/teens-social-media-technology-2018/, zuletzt abgerufen am 10.03.2021).

545 ARD/ZDF, ARD/ZDF-Onlinestudie 2020, Nutzung von Social Media/WhatsApp 2020 (abrufbar unter: https://www.ard-zdf-onlinestudie.de/social-mediawhatsapp/, zuletzt abgerufen am 10.03.2021).

546 *Glick et al.*, Hastings L.J. 2021 Vol. 72 Issue 3, 465 (487 f.).

547 Newtek Business Services, The Monetization Of Instagram, Forbes Online v. 19.06.2015 (abrufbar unter: https://www.forbes.com/sites/thesba/2015/06/19/the-monetization-of-instagram/?sh=71c2b5b7394d, zuletzt abgerufen am 10.03.2021).

548 Newtek Business Services, The Monetization Of Instagram, Forbes Online v. 19.06.2015 (abrufbar unter: https://www.forbes.com/sites/thesba/2015/06/19/the-monetization-of-instagram/?sh=71c2b5b7394d, zuletzt abgerufen am 10.03.2021).

549 *Brown*, Instagram Revamps Its App, Doubling Down On Its Competition With TikTok, Forbes Online v. 12.11.2020 (abrufbar unter: https://www.forbes.com/sites/abrambrown/2020/11/12/instagram-revamps-its-app-doubling-down-on-its-competition-with-tiktok/?sh=415ad23d1aa6, zuletzt abgerufen am 10.03.2021).

(cc) Zwischenergebnis

Infolge des Aufkaufs gelang es Instagram, unter der Führung von Facebook, sein Produkt zu monetarisieren.[550] Der direkte Vergleich mit Snapchat zeigt, dass eine Monetarisierung eines sozialen Netzwerks auch bei an sich erfolgreichen Modellen mit einer großen Nutzerbasis kein Selbstläufer ist.[551] Obwohl Snap seine Einnahmen inzwischen erhöhen konnte, bleibt das Unternehmen hinsichtlich der Monetarisierung deutlich unter seinen Möglichkeiten.[552] Dies lässt den Schluss zu, dass Instagram insbesondere im Bereich der erfolgreichen Monetarisierung von der Expertise und der Erfahrung Facebooks profitiert hat. Es ist aber ebenso gut möglich, dass Instagram sich alleine zu einem populären sozialen Netzwerk entwickelt hätte, das es geschafft hätte, seine Nutzerbasis noch stärker zu erweitern und zu monetarisieren und damit letztlich einen ernst zu nehmenden Konkurrenten für Facebook darzustellen.

(d) Möglichkeiten zur Erkennung potentieller Wettbewerber

Die Wettbewerbsbehörden werden daher in Zukunft im Zusammenhang mit digitalen Märkten verschiedene Faktoren untersuchen müssen, um eine potentielle Wettbewerbereigenschaft adäquat beurteilen können. Zunächst könnte die Wettbewerbsbehörde sich näher mit den Gründen für den Aufkauf eben dieses Start-ups auseinandersetzen: Was sieht das erwerbende Unternehmen in dem Zielunternehmen? Inwieweit unterscheidet sich das Unternehmen von anderen innovativen Unternehmen aus diesem Bereich? Kauft es dieses aufgrund seiner potentiellen Stärken auf, die es ihm ermöglichen würden, in der Zukunft eine ernsthafte Gefahr bzw. einen möglichen Wettbewerber darzustellen oder geht es ihm vielmehr darum die Stärken des Zielunternehmens mit den eigenen Produkten zu verknüpfen? Wichtig ist in diesem Zusammenhang auch die Frage, ob es andere potentielle Käufer gibt, oder ob das Produkt des Start-ups spezifisch zum jeweiligen Käufer passt.[553]

---

550 Newtek Business Services, The Monetization Of Instagram, Forbes Online v. 19.06.2015 (abrufbar unter: https://www.forbes.com/sites/thesba/2015/06/19/the-monetization-of-instagram/?sh=71c2b5b7394d, zuletzt abgerufen am 10.03.2021).

551 Lear-Report, S. 70.

552 *Vorhaus*, Snap Is Growing It's Advertising Business With New Dynamic E-Commerce Ads, Forbes Online v. 04.06.2020 (abrufbar unter: https://www.forbes.com/sites/mikevorhaus/2020/06/04/snap-is-growing-its-advertising-business-with-new-dynamic-e-commerce-ads/, zuletzt abgerufen am 10.03.2021).

553 OECD, Start-ups, Killer Acquisitions and Merger Control, Juni 2020, Rn. 74 ff.

Um diese Fragen angemessen und vollumfänglich beantworten zu können, sollte die Wettbewerbsbehörde auf interne Dokumente der potentiellen Zusammenschlussbeteiligten zurückgreifen, die Aufschluss darüber geben, wie die Unternehmensführung das Risiko künftiger Umsatzverluste einschätzt und ob Bedenken bestehen, dass eine Bedrohung von einem bestimmten Produkt ausgehen könnte. In diesem Zusammenhang können Präsentationen für Investoren, Risikobewertungen, Vorstandsprotokolle und Quartalsberichte von Relevanz sein, sofern diese glaubwürdig sind. Auch bestimmte Informationen, z.B. das Fehlen von differenzierten und vollumfänglichen Post-Zusammenschluss-Plänen können an sich schon aufschlussreich sein.[554] Interne Dokumente des Zielunternehmens, von Wettbewerbern oder Dritten aus der jeweiligen Branche können ebenfalls dazu beitragen, einen besseren Einblick in die zu erwartende Substituierbarkeit bzw. Nähe des zukünftigen Wettbewerbs zu geben.[555]

Ein entsprechendes Auskunftsrecht des BKartA ergibt sich aus § 59 GWB, das neben dem speziellen Auskunftsverlangen im Rahmen der Zusammenschlusskontrolle nach § 39 Abs. 5 GWB steht.[556] Nach § 59 Abs. 1 Nr. 1 HS. 1 GWB können unter Beachtung des Verhältnismäßigkeitsgrundsatzes von Unternehmen Auskünfte über ihre wirtschaftlichen Verhältnisse verlangt werden. Der Begriff der wirtschaftlichen Verhältnisse ist in diesem Zusammenhang weit auszulegen.[557] Er umfasst den gesamten betrieblichen und gesellschaftsrechtlichen Bereich des Unternehmens.[558] Zu diesem gehören auch Informationen hinsichtlich der Geschäftsstrategien des Unternehmens.[559] Die Wettbewerbsbehörde sollte darüber hinaus versuchen, den Umständen auf den Grund zu gehen, aufgrund derer der Erwerber bereit war, einen augenscheinlich sehr hohen Kaufpreis für das jeweilige Start-up zu zahlen.[560] Grundsätzlich hilft es, sich bewusst zu machen, dass ein Start-up so viel wert ist, wie ein Investor bereit ist, für dieses zu bezahlen. Trotzdem könnte eine genauere Analyse des Zustandekommens des Kaufpreises helfen, nachzuvollziehen, ob in diesem Kaufpreis ein „Aufschlag“ auf den eigentlichen „Stand-alone-Wert“ des Start-ups enthalten

554 OECD, Start-ups, Killer Acquisitions and Merger Control, Juni 2020, Rn. 84.
555 OECD, Start-ups, Killer Acquisitions and Merger Control, Juni 2020, Rn. 85.
556 *Thomas* in Immenga/Mestmäcker GWB, § 39 Rn. 94.
557 Vgl. KG, Beschluss v. 18.11.1985, 1 Kart 32/85, WuW/E 3271 (3275); OLG Düsseldorf, Urteil v. 27.04.2001, Kart 19/01 – *Müllverbrennungsanlage*, WuW/E DE-R 677 (680).
558 Vgl. OLG Frankfurt, Beschluss v. 12.07.2012, 11 W 13/12 (Kart), Rn. 39 (juris).
559 *Quellmalz* in LMRK, § 59 Rn. 9.
560 *Federico et al.*, Innov. Policy Econ. 2020 Vol. 20, 125 (152); OECD, Start-ups, Killer Acquisitions and Merger Control, Juni 2020, Rn. 87.

ist, der den Wert widerspiegeln könnte, der sich für den etablierten Betreiber aus der Verringerung oder sogar der Ausschaltung des künftigen Wettbewerbs bzw. eines künftigen Wettbewerbers ergibt.[561] Eine Herausforderung besteht sicherlich zunächst darin, den richtigen „Stand-alone-Wert", d.h. den Wert des Unternehmens ohne einen solchen Aufschlag, festzustellen. Dies wird insoweit Schwierigkeiten bereiten, als dass es keine einheitliche Vorgehensweise hinsichtlich der Bewertung von Start-ups gibt.

Im Gegensatz zu Start-ups wird ein bereits etabliertes Unternehmen über ausreichend klare Zahlen verfügen, anhand derer sich ein Unternehmenswert bestimmen lässt. Diese Feststellung des Unternehmenswerts wird in der Regel anhand der EBITDA-Formel vorgenommen, die den Wert des Unternehmens auf der Grundlage des Gewinns vor Steuern, Zinsen, Abschreibungen und Zuschreibungen berechnet, wobei bei Unternehmen ohne nennenswerte Ab- und Zuschreibungen vereinfacht nur auf das Ergebnis vor Abzug von Steuern und Zinsen abgestellt wird (EBIT).[562] Um den operativen Erfolg des Unternehmens adäquat widerzuspiegeln, kann das Ergebnis z.B. in Fällen außerordentlicher Aufwendungen dahin gehend berichtigt werden, dass ein „normalisiertes EBITDA"[563] ermittelt wird.[564] Ein Start-up ohne oder mit noch sehr geringen Einnahmen angemessen zu bewerten, kann dagegen eine Herausforderung sein, da es diese Zahlen schlichtweg nicht liefern kann. Bei der Bewertung von Start-ups, die keine oder nur sehr geringe Umsätze erzielen, sind andere Faktoren zu berücksichtigen. So kann der Fokus im digitalen Bereich z.B. auf der Anzahl der Nutzer oder der Fähigkeit schnell zu wachsen liegen. Von Bedeutung ist zudem, wie einzigartig das Produkt ist und wie viele potentielle Erwerber es gibt. Gibt es kaum potentielle Käufer, wird sich dies negativ auf die Start-up-Bewertung auswirken. Handelt es sich dagegen um eine innovative Idee, die viele potentielle Käufer anzieht, wird sich dies positiv auf die Bewertung auswirken. Hat man alle Faktoren sorgfältig analysiert, bleibt jedoch auch diese Bewertung immer noch nur eine Schätzung des eigentlichen Werts, zumal es nicht nur eine anerkannte Bewertungsmöglichkeit von Start-ups gibt. Je nachdem, welche Bewertungsmethode man wählt, wird auch der ermittelte Wert ein anderer sein.

---

561 OECD, Start-ups, Killer Acquisitions and Merger Control, Juni 2020, Rn. 87.

562 *Hachmeister/Ruthart*, DStR 2015, 1702 (1707).

563 Vgl. ausführlich *Gleißner* in Gleißner/Meier, Wertorientiertes Risiko-Management für Industrie und Handel, S. 63 ff.

564 *Hübner* in Scherer, Unternehmensnachfolge, § 3 Rn. 54.

Bewertet man das Start-up z.B. nach der Cost-to-duplicate-Methode, wird der Wert ein anderer sein als bei einer Bewertung nach der VC-Methode. Nach der Cost-to-duplicate-Methode wird berechnet, welche Kosten entstehen würden, ein zweites Unternehmen genau wie das ursprüngliche Unternehmen von Grund auf neu aufzubauen.[565] Physischen Vermögenswerten kommt daher im Rahmen dieser Methode eine große Bedeutung zu. Diese Methode berücksichtigt somit hauptsächlich die Inbetriebnahme des Start-ups in seinem gegenwärtigen Zustand – und nicht, wie es sich in der Zukunft entwickeln wird. Zudem erfasst diese Methode keine immateriellen Vermögenswerte wie den Markenwert, die das Unternehmen selbst in einem frühen Entwicklungsstadium besitzen könnte. Nach der VC-Methode hingegen wird ausgehend von der erwarteten Renditeforderung des Risikokapitalinvestors sowie dem erwarteten Wert des Start-ups zum Zeitpunkt des Exits der Wert der Anteile des Risikokapitalinvestors abgeleitet.[566] Es handelt sich somit bei der VC-Methode um eine Szenariorechnung, basierend auf subjektiven Werten und Hypothesen des Risikokapitalinvestors.[567] Anders als die Cost-to-duplicate-Methode ist die VC-Methode daher zukunftsorientiert und berücksichtigt andere Faktoren. So kann man auch anhand der VC-Methode und deren Bewertungsansatzes auf den Exit zu sehr hohen Bewertungen eines Start-ups gelangen, wohin gegen dies im Rahmen der Cost-to-duplicate-Methode regelmäßig nicht der Fall sein wird. Zu beachten ist aber darüber hinaus, dass das Ergebnis innerhalb der VC-Methode je nach subjektiven Werten und Hypothesen des jeweiligen Risikokapitalinvestors schwanken wird.[568]

Es erscheint trotz dessen sinnvoll, die Bewertungsanalyse des Erwerbers mit der Bewertungsanalyse anderer potentieller Käufer, sollte es solche geben, zu vergleichen. Durch den Vergleich der Annahmen, die in diesen verschiedenen Analysen getroffen werden, könnte klar werden, ob ein zusätzlicher Aufschlag vom Erwerber bezahlt wurde. Allein der Umstand, dass die Analysen zu unterschiedlichen Ergebnissen bzw. Bewertungen führen, reicht zum Beweis dessen (selbstverständlich) nicht aus, kann aber zumindest ein Hinweis sein, weitere Untersuchungen in diese Richtung anzustellen. Eine solche Analyse ist naturgemäß schwierig, da ein Erwerber auch bereit sein könnte eine zusätzliche Summe

565 *Rickman*, The Digital Business Start-Up Workbook, S. 96.

566 *Hayn/Bassemir* in Ballwieser/Hachmeister, Digitalisierung und Unternehmensbewertung, S. 49.

567 *Becker* in Stumpf-Wollersheim/Horsch, Forum Mergers & Acquisitions 2019, S. 94.

568 *Becker* in Stumpf-Wollersheim/Horsch, Forum Mergers & Acquisitions 2019, S. 94.

zu zahlen, um echte Synergien zu erzielen, die spezifisch für die Übernahme des Zielunternehmens sind (und einem rivalisierenden Erwerber nicht zur Verfügung stünde) oder einfach, weil das Zielunternehmen über ein so starkes oder einzigartiges Produkt oder Dienstleistung verfügt oder ein besonders gute Storyline geschaffen hat oder weil ein anderer Käufer überboten werden sollte.[569]

(e) Zwischenergebnis

Die durch einen Zusammenschluss mit einem potentiellen Wettbewerber entstehende wettbewerbliche Lücke gewinnt im Kontext des Aufkaufs von Start-ups im Digitalbereich dahin gehend an Bedeutung, dass es auf den Kernmärkten der großen Digitalkonzerne regelmäßig an aktuellen Wettbewerbern fehlt. Die Feststellung einer potentiellen Wettbewerbereigenschaft stellt die Wettbewerbsbehörden jedoch vor einige Herausforderungen. Es ist daher in vielen Fällen problematisch, die Entstehung dieses potentiellen Wettbewerbs im Rahmen des gängigen Prognosezeitraums von drei bis fünf Jahren zu identifizieren. Start-ups verfügen anders als bereits etablierte oder zumindest länger bestehende Unternehmen nicht über klare Zahlen, anhand derer sich die Entwicklung des Unternehmens vorhersagen lässt. Gleichzeitig können die maßgeblichen, das Unternehmen betreffenden Entscheidungen auf unterschiedliche Entscheidungsträger zurückzuführen sein. Zudem wird es sich aufgrund der hohen Dynamik und Innovationstätigkeit der betreffenden Start-ups in vielen Fällen um ganz neue Märkte handeln, deren Einordnung nicht unproblematisch ist.

Die Wettbewerbsbehörden sollten sich daher näher mit den Gründen für den Aufkauf eben dieser Start-ups auseinandersetzen und insbesondere das Zustandekommen des Kaufpreises analysieren. Dafür sollten sie auf interne Dokumente der potentiellen Zusammenschlussbeteiligten zurückgreifen, die Aufschluss über die zukünftige Unternehmensstrategie geben. Trotzdem wird es in vielen Fällen aufgrund der mannigfaltigen Unwägbarkeiten weiterhin herausfordernd sein, eine potentielle Wettbewerbereigenschaft mit hinreichender Wahrscheinlichkeit festzustellen. Jedenfalls wird ein solches Vorgehen aber dazu beitragen, den Zusammenschluss und die Motive für diesen besser zu verstehen und in die Bewertung mit einzubeziehen.

569 OECD, Start-ups, Killer Acquisitions and Merger Control, Juni 2020, Rn. 87 f.

b. Nicht horizontale Effekte

Der Aufkauf von Unternehmen, die nicht (zumindest potentiell) auf demselben relevanten Markt aktiv sind, führt nicht zum direkten Wegfall eines Wettbewerbers, weshalb, verglichen mit horizontalen Zusammenschlüssen, seltener negative Auswirkungen auf den Wettbewerb zu erwarten sind.[570] Nicht horizontale Zusammenschlüsse können jedoch mittelbare Auswirkungen auf die Wettbewerbsintensität sowie die jeweiligen beteiligten Marktakteure haben.[571] Im Rahmen nicht horizontaler Zusammenschlüsse kann zwischen vertikalen und konglomeratischen Zusammenschlüssen unterschieden werden. Die GAFA-Unternehmen haben stark verwurzelte Vormachtstellungen in einigen Kernmärkten, die als Mittelpunkt eines digitalen Ökosystems fungieren,[572] expandieren aber vermehrt in neue, zum Teil auch vermeintlich weiter entfernte Märkte. Zumeist wird daher von einem konglomeratischen Zusammenschluss auszugehen sein.[573]

aa. Portfolioeffekte

Eine Fallgruppe unilateraler Effekte konglomeratischer Zusammenschlüsse sind mögliche Portfolioeffekte. Durch eine Ausweitung des Produktportfolios kann die zusammengeschlossene Einheit Vorteile aufgrund nachfrageseitiger Synergien durch den Bezug verschiedener Produkte aus einer Hand („One-Stop-Shopping“) gegenüber anderen Wettbewerbern erreichen.[574] Eine Übertragung auf den digitalen Bereich ist grundsätzlich möglich. Die GAFA-Unternehmen sind das Zentrum eines „Ökosystems“ von Produkten und Dienstleistungen, mit einem oder mehreren Kerngeschäften. Zusätzlich expandieren sie vermehrt in neue Märkte.[575] Diese zunehmende Diversifikation in benachbarte und in weiter entferntere Bereiche kann zu Portfolioeffekten führen.[576] Dies kann für Nutzer von Wert sein, da sie so eine größere Auswahl verschiedener Produkte zur Auswahl zu haben und diese Produkte direkt von einem Anbieter beziehen können. Portfolioeffekte führen daher im Regelfall zu Effizienzen und sind grundsätzlich

570 *Christiansen/Knebel* in MüKo WettbR, § 36 Rn. 177; *Kallfaß* in Langen/Bunte GWB, § 36 Rn. 177.

571 *Ewald* in Wiedemann, Handbuch des Kartelllrechts, § 7 Rn. 155.

572 Sonderberater-Bericht, S. 112.

573 Sonderberater-Bericht, S. 116.

574 Monopolkommission, Hauptgutachten 20, Rn. 24.

575 Monopolkommission, Sondergutachten 68, Rn. 22; Lear-Report, S. 12.

576 Monopolkommission, Hauptgutachten 20, Rn. 24.

als wettbewerbsfördernd zu bewerten.[577] Wettbewerbsbedenken können sich indes ergeben, wenn Wettbewerber aufgrund der Portfolioeffekte vom relevanten Markt abgeschottet werden. Das BKartA führt in diesem Zusammenhang eine Gesamtbetrachtung der daraus resultierenden wettbewerblichen Wirkungen durch.[578] Die Nachweisanforderungen sind in solchen Fällen jedoch hoch.[579] Unabhängig davon, ob diese Nachweise erbracht werden können, wird es bei einem Zukauf im Fall der GAFA-Unternehmen im Regelfall nicht zu einer relevanten Verstärkung des Produktportfolios kommen, da diese Unternehmen schon vorher (per se) über ein sehr variantenreiches Produktportfolio verfügen.[580]

So verfügt beispielsweise Facebook allein im Bereich der Kommunikation über ein extrem variantenreiches Produktportfolio. Angefangen mit dem Facebook Messenger über WhatsApp hat Facebook sein Portfolio vor nicht allzu langer Zeit um Giphy und Whale erweitert – um nur einige Erwerbungen zu nennen.

Neben seinem eigenen originären Instant-Messaging-Dienst Facebook Messenger hat Facebook 2014 zunächst den Instant-Messaging-Dienst WhatsApp übernommen, mittels dessen Nutzer Text- und Sprachnachrichten, Bilder, Videos, Dokumente und Kontaktdaten austauschen können. Ende 2019 hat Facebook sein Portfolio durch den Aufkauf von Giphy erweitert, eine Online-Datenbank und Suchmaschine, die es Benutzern ermöglicht, kurze Loop-Videos[581], ähnlich GIF-Dateien, zu suchen und zu teilen.[582] Neben Instagram

---

577 *Steinvorth* in Wiedemann, Handbuch des Kartellrechts, § 20 Rn. 157.

578 BKartA, Leitfaden zur Marktbeherrschung in der Fusionskontrolle, Rn. 23.

579 *Thomas* in Immenga/Mestmäcker GWB, § 36 Rn. 438.

580 Verfügt ein Unternehmen bereits vor dem Zusammenschluss über ein breit gefächertes Produktsortiment, kann der Hinzuerwerb weiterer Produkte regelmäßig nicht zu einer relevante Verstärkungswirkung mehr führen, vgl. BKartA, Beschluss v. 20.2.2006, B4–196/05 – *Alva Laval/Tranter*, WuW 2006, 643 (645). Diese Ansicht steht auch nicht im Widerspruch zum Telos des neu eingeführten § 19a GWB, da dieser sich auf das missbräuchliche Verhalten von Unternehmen mit überragender marktübergreifender Bedeutung für den Wettbewerb und damit z.B. auf große Digitalkonzerne mit einem großen Produktportfolio und nicht auf die Erweiterung des Produktportfolios dieser Unternehmen an sich bezieht.

581 Bei Loop-Videos handelt es ich um das kontinuierliche Abspielen von Videodateien. Es handelt sich dabei um einen nicht endenden Prozess, sodass die Aufzeichnung nach Ende des Videos am Anfang des Videos wiedereinsetzt.

582 *Newton*, How Facebook's past acquisitions could haunt its purchase of Giphy, The Verge v. 19.05.2020 (abrufbar unter: https://www.theverge.com/interface/2020/5/19/

wird der Dienst auch von Facebook Messenger und WhatsApp unterstützt. Kurz darauf folgte die Erweiterung um die App Whale zum Erstellen von Memes.[583] Mittels der App können Filter angewendet, Bilder zugeschnitten, Emoji und Sticker hinzufügt werden und direkt aus der App geteilt werden. Somit bietet Facebook seinen Nutzern allein im Kommunikationsbereich bereits verschiedenste Produkte an, sodass es durch einen weiteren Erwerb in der Regel nicht zu einer relevanten Verstärkung des Produktportfolios kommen wird.

Mangels einer ausreichenden Verstärkung des Produktportfolios ist auch diese Schadenstheorie nicht geeignet, den Aufkauf von Start-ups im digitalen Bereich durch die GAFA-Unternehmen angemessen zu erfassen.

bb. Zusammenführung von Daten

Daten stellen für Unternehmen eine wichtige Ressource dar, sind Innovationsbestandteil und letztlich potentieller Machtfaktor.[584] Unternehmen, die über wertvolle wettbewerbsrelevante Datenbestände verfügen, haben einen Vorteil gegenüber ihren Wettbewerbern.[585] Es stellt sich mithin die Frage, inwiefern die Kombination von Datenbeständen durch einen Zusammenschluss geeignet ist, es zu ermöglichen, dass sich die zusammengeschlossenen Unternehmen unabhängig vom Wettbewerb verhalten können.[586] Eine zusammenschlussbedingte Kombination von Daten kann der zusammengeschlossenen Einheit eine überlegene Kenntnis z.B. hinsichtlich Nutzerpräferenzen gegenüber ihren Wettbewerbern bzw. potentiellen Wettbewerbern vermitteln.[587] Durch die Kombination der Datentatbestände kann eine neue Qualität von Daten geschaffen werden, zu denen nur das zusammengeschlossene Unternehmen Zugriff hat.[588] Insofern kann es zu einer Abschottung von Wettbewerbern kommen, die keinen Zugriff auf diese „neuen" Daten haben.

21262451/facebook-giphy-acquisition-gif-instagram-whatsapp, zuletzt abgerufen am 10.03.2021).

583 *Heath*, Facebook Quietly Releases New Meme-Making App, The Information v. 18.11. 2019 (abrufbar unter: https://www.theinformation.com/briefings/12ecc6, zuletzt abgerufen am 10.03.2021).

584 BKartA, Tätigkeitsbericht 2017/2018, BT-Drs. 19/10900, Rn. 14; *Körber*, ZUM 2017, 93 (97).

585 *Körber*, NZKart 2016, 303 (305); *Lenz*, Plattformökonomie – zwischen Abwehr und Wunschdenken, S. 19.

586 Monopolkommission, Sondergutachten 68, Rn. 479.

587 Monopolkommission, Sondergutachten 68, Rn. 478.

588 *Holzweber*, NZKart 2016, 104 (109).

Es zeigen sich jedoch verschiedene Schwierigkeiten: Zunächst stellt sich die Frage, inwiefern die generierten Daten ein Alleinstellungsmerkmal aufweisen, da ein solches maßgeblich für den ökonomischen Wert der Daten sein kann.[589] Nach Ansicht der Kommission ergibt sich ein solches Alleinstellungsmerkmal nicht allein aus der Kombination der Datenbestände.[590] Ebenso wenig käme Daten über das Verhalten im Internet ein Alleinstellungsmerkmal zu, da eine Vielzahl von Unternehmen solche Daten sammle.[591] Die Anforderungen an das Alleinstellungsmerkmal sind, wenn man die Ansicht der Kommission zugrunde legt, hoch. Inwieweit und in welchen Fällen einer Kombination von Daten ein Alleinstellungsmerkmal zukommt, bedarf sicherlich, auch in Deutschland, einer – an anderer Stelle – zu führenden Diskussion.

Unabhängig von der Frage, ob den Daten ein Alleinstellungsmerkmal zukommt, muss die Abschottung aufgrund der Zusammenführung der Daten überhaupt möglich sein. Dabei können sich technische sowie (datenschutz-) rechtliche Probleme ergeben, die im Rahmen der wettbewerbsrechtlichen Beurteilung zu berücksichtigen sind.[592] Technische Probleme können sich z.B. bei der tatsächlichen Zusammenführung der Daten ergeben. Es handelt sich bei der Integration verschiedener Datenbanken um ein höchst komplexes, kostspieliges und beschwerliches Vorhaben, dessen Schwierigkeiten z.B. aus unterschiedlichen Datenformaten- oder Datenbanksoftwares resultieren.[593] Datenschutzrechtliche Herausforderungen werden sich insbesondere im Fall personenbezogener Daten stellen. Wie eng das Datenschutzrecht und das Kartellrecht im digitalen Bereich verbunden sind, hat nicht zuletzt die kontrovers diskutierte Entscheidung des BKartA gezeigt, im Rahmen derer das BKartA Facebook auf Grundlage des § 19 Abs. 1 GWB am 06.02.2019 u.a. untersagt hat, „Konditionen zu verwenden, die die Nutzung des gleichnamigen sozialen Netzwerks Facebook (…) durch in Deutschland ansässige private Nutzer davon abhängig machen, dass Facebook nutzer- und gerätebezogene Daten, die bei der Nutzung der konzerneigenen Dienste WhatsApp, Oculus, Masquerade und Instagram erhoben werden, ohne Einwilligung der Nutzer mit den für Facebook.com geführten Nutzerkonten

---

589 *Holzweber*, NZKart 2016, 104 (109).

590 Vgl. Kommission, Entscheidung v. 18.02.2010, COMP/M. 4731 – *Google/Double Click*, Rn. 269.

591 Vgl. Kommission, Entscheidung v. 18.02.2010, COMP/M. 4731 – *Google/Double Click*, Rn. 269; Kommission, Entscheidung v. 09.01.2014, COMP/M. 7023 – *Publicis/Omnicom*, Rn. 626.

592 *Holzweber*, NZKart 2016, 104 (110).

593 *Körber*, NZKart 2016, 303 (309).

verknüpfen und verwenden kann“[594]. Die Vereinbarkeit der Datenverarbeitungskonditionen Facebooks mit dem kartellrechtlichen Missbrauchsverbot hatte das BKartA zunächst anhand datenschutzrechtlicher Wertungen der DSGVO geprüft und kam zu dem Schluss, dass die Zusammenführung der Daten durch Facebook gegen europäische Datenschutzwertungen nach der DSGVO verstößt.[595] Inwieweit das BKartA in seiner Entscheidung seine Kompetenzen überschritten hat, mag dahingestellt sein. Facebook hatte 2019 Beschwerde beim OLG Düsseldorf gegen die Entscheidung des BKartA eingelegt.[596] Das OLG Düsseldorf hat das Hauptsacheverfahren nun am 24.03.2021 ausgesetzt und den EuGH um Vorabentscheidung zu verschiedenen Themenkomplexen – u.a. auch zu der Frage, ob es zulässig ist, dass eine nationale Kartellbehörde Verstöße gegen die DSGVO feststellt und dagegen Maßnahmen erlässt – gebeten.[597]

Bisher hat das BKartA in der Kombination von Datentatbeständen aufgrund eines Zusammenschlusses keine Behinderung wirksamen Wettbewerbs festgestellt. Das heißt jedoch nicht, dass es dies in Zukunft nicht tun wird, zumal die Facebook-Entscheidung des BKartA zeigt, dass es mögliche Wettbewerbsgefährdungen aufgrund der Nutzung bzw. Zusammenführung von Daten fest im Blick hat. Auch mögliche Abhilfemaßnahmen, wie Verhaltenszusagen, die Datenbestände nicht zu kombinieren oder auch die Zusage, Wettbewerbern einen Zugang zu den (kombinierten) Datenbanken zu ermöglichen, erscheinen nicht geeignet, wettbewerbsrechtliche Bedenken auszuräumen. Dies gilt einerseits vor dem Hintergrund, dass die Überwachung der Einhaltung der Zusagen in der Praxis nur schwer zu gewährleisten sein wird und andererseits im Falle der Überlassung des Zugangs an Wettbewerber potentielle Verstöße gegen das Datenschutzrecht bezüglich personenbezogener Daten drohen.[598]

---

594 BKartA, Fallbericht v. 06.02.2019, B6-22/16 – *Facebook*, S. 1.

595 BKartA, Fallbericht v. 06.02.2019, B6-22/16 – *Facebook*, S. 11.

596 Im Eilverfahren vor dem OLG Düsseldorf wurde zunächst zugunsten Facebooks die aufschiebende Wirkung der Beschwerde angeordnet. Der BGH bestätigte jedoch in einem Eilverfahren den Vorwurf der missbräuchlichen Ausnutzung einer marktbeherrschenden Stellung durch Facebook und lehnte den Antrag der aufschiebenden Wirkung ab.

597 OLG Düsseldorf, Pressemitteilung v. 24.03.2021 – *Facebook/Bundeskartellamt* (abrufbar unter: https://www.olg-duesseldorf.nrw.de/behoerde/presse/Presse_aktuell/20210324_PM_Facebook2/index.php, zuletzt abgerufen am 30.04.2021).

598 *Holzweber*, NZKart 2016, 104 (110 ff.); Vgl. zu dieser Problematik umfassend *Schweitzer*, GRUR 2019, 569-580.

cc. Kopplung und Bündelung

Kopplungen und Bündelungen als solche sind gängige Praktiken, die in den meisten Fällen keine wettbewerbswidrigen Auswirkungen haben.[599] Unternehmen können solche Praktiken anwenden, um ihren Kunden bessere Produkte oder günstigere Angebote zur Verfügung zu stellen.[600]

(1) Allgemeine Bedeutung

Eine Kopplung bzw. Bündelung kann gerade in den Fällen zu erwarten sein, in denen die Produkte der Zusammenschlussbeteiligten aus Abnehmersicht komplementär sind oder sich an die gleichen Kundengruppen richten.[601] Es besteht dann die Gefahr, dass bestehende Marktmacht auf einem Markt mittels Kopplung bzw. Bündelung unter bestimmten Umständen auf einen anderen Markt übertragen wird und so aktuelle Wettbewerber behindert oder potentielle Wettbewerber von einem Markteintritt abgeschreckt werden.[602] Ob ein solcher Effekt zu erwarten ist, setzt zum einen die Möglichkeit und zum anderen den Anreiz des fusionierten Unternehmens eine Kopplungs- oder Bündelungsstrategie zu verfolgen, voraus.[603]

(2) Bedeutung für digitale Märkte

Das Wesen der Kopplungs- oder Bündelungsstrategien ist im digitalen Bereich weitaus schwerer zu fassen, insbesondere wenn es sich um Plattformfunktionalitäten und technische Verbindungen zwischen Plattformen handelt.[604]

---

599 In der ökonomischen Theorie spricht man von einer Bündelung, wenn zwei Produkte nur zusammen in einem festgelegten Verhältnis erworben werden können, während das Verhältnis im Falle der Koppelung variabel ist, vgl. BKartA, Leitfaden zur Marktbeherrschung in der Fusionskontrolle, Rn. 165 Fn. 236.

600 Vgl. Kommission, Leitlinien zur Bewertung nichthorizontaler Zusammenschlüsse (2008/C 265/07), Rn. 93.

601 *Christiansen/Knebel* in Müko WettbR, § 36 Rn. 185.

602 Vgl. BKartA, Beschluss v. 21.12.2012, B 3 – 113/12 – *Becton Dickinson and Company/ Safety Syringes Inc*, BeckRS 2016, 14228, Rn. 129 ff., BKartA, Leitfaden zur Marktbeherrschung in der Fusionskontrolle, Rn. 166.

603 BKartA, Leitfaden zur Marktbeherrschung in der Fusionskontrolle, Rn. 167. Der Anreiz zu einer Kopplung bzw. Bündelung hängt von der Profitabilität einer solchen Kopplungs- bzw. Bündelungsstrategie für das Unternehmen ab. Ein Anreiz kann sich aber auch daraus ergeben, dass sich auf dem Markt für das gekoppelte bzw. gebündelte Produkt Netzwerk- oder Skaleneffekte herausbilden.

604 *Mandrescu*, C.L.S. Rev. April 2021 Vol. 40 Nr. 105499, 1 (3).

(a) Möglichkeiten

Es gibt keine Rspr. des BKartA zu zusammenschlussbedingten Kopplungs- und Bündelungsstrategien im digitalen Bereich. Die Kommission hat sich hingegen insbesondere in ihrer *Microsoft/LinkedIn*-Entscheidung mit solchen Strategien näher auseinandergesetzt.[605]

Es bestand seitens der Kommission die Sorge, dass Microsoft nicht nur die Vorinstallation von LinkedIn plante, sondern LinkedIn auch prominent im Startmenü von Windows 10 und als Symbol auf dem Desktop integrieren wollte. Die Kommission war der Ansicht, dass die Vorinstallation zu einem erheblichen Anstieg der LinkedIn-Nutzerbasis und -Nutzeraktivität führen könnte, was Wettbewerber ähnlicher Dienste ausschließen könnte.[606] Ein anderes Beispiel für Kopplungs- und Bündelungsstrategien im digitalen Bereich ist die Verknüpfung eines Google+ Kontos mit Youtube. Im September 2013 machte Google die Möglichkeit, bei Youtube Kommentare zu schreiben davon abhängig, ein Benutzerkonto bei Googles sozialen Netzwerk Google+ zu erstellen.[607] Google behauptete, dass Verbesserungen notwendig seien, um die Qualität von YouTube-Kommentardiskussionen zu erhöhen.[608] Die Kopplung der Nutzung von Youtube und der Erstellung eines Google Accounts hatte jedoch viel eher strategische Hintergründe: Google plante die Marktposition und die Nutzerbasis[609] von Youtube zu nutzen, um die Nutzer dazu zu veranlassen, dem sozialen

605 Im Oktober 2016 meldete Microsoft bei der Kommission einen Zusammenschluss mit LinkedIn an. Microsoft ist einer der führenden Anbieter von Betriebssystemen für Personal Computer und mobile Geräte. LinkedIn betreibt ein professionelles soziales Netzwerk.Im Jahr 2004 hatte die EU-Kommission Kopplungspraktiken durch Microsoft festgestellt und ein Bußgeld in Höhe von EUR 497 Millionen gegen diese verhängt. Kommission, Entscheidung v. 24.03.2004, Case COMP/C-3/37.792 – *Microsoft*.

606 Kommission, Entscheidung v. 06.12.2016, Case M.8124 – *Microsoft/LinkedIn*, Rn. 315 ff.

607 *Janakiram/Zunger*, We hear you: Better commenting coming to YouTube, YouTube Official Blog v. 24.09.2013 (abrufbar unter: https://blog.youtube/news-and-events/youtube-new-comments, zuletzt abgerufen am 10.03.2021).

608 *Edelman*, J. Comp. L. & Econ. Juni 2015 Vol. 11 (2), 365 (365) (abrufbar unter: https://www.hbs.edu/ris/Publication%20Files/google-tying-2014-10-26_b703d250-0f41-4787-a34f-d3bdba522348.pdf, zuletzt abgerufen am 10.03.2021).

609 Youtube ist die reichweitenstärkste Video-Sharing-Plattform in Deutschland. Im 1. Halbjahr 2016 erzielte Youtube in Bezug auf die unique user einen Marktanteil von 80,9 %. Mit weitem Abstand folgten Dailymotion mit einem Marktanteil von 4,5 % und Clipfish mit 3,8 %, vgl. Nielsen Digital Content Measurement, MedienVielfaltsMonitor

Netzwerk von Google, Google+, beizutreten.[610] Die Kopplung des Google+-Kontos an Youtube hat zu einem erheblichen Anstieg der Google+ Nutzerbasis geführt.[611] Den damit verbundenen Bedenken steht auch nicht entgegen, dass Google+ kostenfrei genutzt werden kann, da seitens Google voraussichtlich der Anreiz bestand, die Nutzerbasis von Google+ zu erhöhen, um Google+ später durch Werbung monetarisieren zu können.[612]

(b) Grenzen

Inwieweit solche Kopplungs- bzw. Bündelungsstrategien der Zusammenschlussparteien zu erwarten sind, ist für die Wettbewerbsbehörden zum Zeitpunkt der Anmeldung des Zusammenschlusses jedoch nur schwer nachzuvollziehen. Im Fall des geplanten Zusammenschlusses von Microsoft und LinkedIn hatte Microsoft selbst mitgeteilt, möglicherweise eine LinkedIn-App zu entwickeln und diese als Symbol in das Windows-10-Startmenü und auf den Desktop zu integrieren.[613] Im Fall des Zusammenschlusses von Google und Youtube wurde die Verknüpfung der Nutzung von Youtube und einem Google+-Account erst viele Jahre nach der Freigabe des Zusammenschlusses eingeführt. Ob solche Ziele bereits vor dem Zusammenschluss bestanden, ist unklar.

In vielen Fällen wird die Feststellung der Anreize zu einer Kopplungs- bzw. Bündelungsstrategie nur schwer zu identifizieren sein. Eine sich überschneidende Nutzerbasis oder eine Eignung der Produkte zur Übertragung von Netzwerkeffekten können einen Hinweis darstellen, sind für sich genommen aber

Ergebnisse 1. Halbjahr 2016, S. 37 (abrufbar unter: https://www.blm.de/files/pdf1/alm_vielfaltsmonitor_1-halbjahr-2016-1.pdf, zuletzt abgerufen am 10.03.2021).

610 *Edelman*, J. Comp. L. & Econ. Juni 2015 Vol. 11 (2), 365 (365); *Reillier/Reillier*, Platform Strategy, S. 182.

611 Grundsätzlich birgt ein solch erheblicher Anstieg der Nutzerbasis durch Übertragung der Nutzerbasis von einem Markt, auf dem das Unternehmen eine marktbeherrschende Stellung innehat, die Gefahr, Wettbewerber ähnlicher Dienste ausschließen und die Marktzutrittsschranken für potentielle Wettbewerber zu erhöhen. Im spezifischen Fall von Google+ bestand diese Gefahr jedoch nur begrenzt, da Facebook auf dem Markt für soziale Netzwerke eine sehr stark verankerte Marktstellung mit Nutzeranteilen, die nach verschiedenen verfügbaren Kennzahlen zwischen 50 und nahezu 100 % liegen. Vgl. hinsichtlich der verfügbaren Kennzahlen BKartA, Beschluss v. 06.02.2019, B6-22/16 – *Facebook*, BeckRS 2019, 4895, Rn. 389 ff.

612 *Reillier/Reillier*, Platform Strategy, S. 182.

613 Kommission, Entscheidung v. 06.12.2016, Case M.8124 – *Microsoft / LinkedIn*, Rn. 308 mit Hinweis auf Form CO, Tabelle 14.

nicht ausreichend für die Feststellung einer Kopplungs- bzw. Bündelungsstrategie. So wäre es im Fall des Zusammenschlusses von Facebook und Instagram z.B. möglich gewesen, die Nutzung eines Facebook-Accounts an die Nutzung eines Instagram-Accounts zu knüpfen. Nutzer würden dann von einer auf die andere Plattform übertragen. Durch die damit verbundene Aneignung von Netzwerkeffekten bestünde dann die Gefahr, dass die Marktzutrittsschranken für aktuelle Wettbewerber erhöht und potentielle Wettbewerber von einem Markteintritt abgeschreckt würden. Dieses beschriebene Abhängigmachen der Nutzerkonten wäre zwar grundsätzlich möglich, ist aber unwahrscheinlich, da eine Kopplung der Nutzerkonten ein großes Geschäftsrisiko für das fusionierte Unternehmen darstellen würde, Nutzer zu verlieren. Der Wert von Facebook ist wesentlich von der Anzahl seiner (aktuellen) Nutzer abhängig, da Facebook anhand von Reichweiten Werbeflächen verkauft. Je mehr (aktive) Nutzer Facebook hat, desto mehr Werbeflächen können verkauft werden. Facebook wird daher versuchen, jedes Risiko zu minimieren, Nutzer zu verlieren, da diese für die Monetarisierung maßgeblich sind.

Grundsätzlich können interne Dokumente zu Geschäftsstrategien und Post-Merger-Plänen, die die Beweggründe für den Zusammenschluss belegen, neben Aussagen von Wettbewerbern oder Dritten für die Beurteilung hilfreich sein. Gerade im Fall des Aufkaufs von Start-ups, die vom Erwerber als potentielle Gefahr identifiziert wurden, ist zum Zeitpunkt des Erwerbs häufig aber noch völlig unklar, wie sich das Produkt unter der Führung des etablierten Unternehmens entwickeln soll. Wie *Mark Zuckerbergs* E-Mails in Bezug auf den geplanten Erwerb von Instagram belegen, war das primäre Ziel, sich durch den Erwerb Zeit zur Integration der spezifischen Mechanismen zu verschaffen, bevor das nächste Unternehmen sich zu einem Wettbewerber bzw. einer Gefahr für Facebook entwickeln kann.[614] Inwieweit Produkte gekoppelt, gebündelt oder das Produkt monetarisiert werden kann, war zum Zeitpunkt des Aufkaufs nicht absehbar. Das voraussichtliche Ziel war zunächst nur, eine potentielle Gefahr für Facebook auszuschalten.

Darüber hinaus sind Vorhersagen über zukünftige Entwicklungen von Start-ups besonders schwierig, da Technologieunternehmen sich durch schnelle

614 US House Judiciary Committee Antitrust Subcommittee, Investigation of competition in digital markets, 06.10.2020, S. 153 (abrufbar unter: https://judiciary.house.gov/uploadedfiles/competition_in_digital_markets.pdf, zuletzt abgerufen am 10.03.2021; E-Mail abrufbar unter: https://judiciary.house.gov/uploadedfiles/0006331600063321.pdf, zuletzt abgerufen am 10.03.2021).

Änderungen sowohl bezüglich Geschäftsfeldern als auch bezüglich Marktbearbeitungsstrategien auszeichnen. Besonders sichtbar wird diese Wandlungsfähigkeit und -notwendigkeit anhand des häufig fehlenden klaren Pfads zur Profitabilität. Grundlage jeder unternehmerischen Aktivität ist die Gewinnerzielungsabsicht. Ist also noch nicht klar, wie ein Unternehmen profitabel werden kann, so ist offensichtlich, dass dem Unternehmen noch ein elementarer Wandel der Geschäftstätigkeit bevorsteht. Da selbst heute vergleichsweise etablierten Unternehmen im digitalen Bereich wie Uber Technologies Inc. („Uber“) – mit jährlichen Verlusten in Milliardenhöhe -[615] noch keinen klar erkennbaren Weg zur Profitabilität haben, wird deutlich, dass sich Vorhersagen über zukünftige Entwicklungen von Start-ups sowie mögliche Kopplungs- bzw. Bündelungsstrategien mit den jeweiligen Produkten nur schwer treffen lassen.

(3) Zwischenergebnis

Trotz weitreichender Ermittlungsbefugnisse des BKartA wird es daher – insbesondere im Zusammenhang mit dem Aufkauf von Start-ups nur schwer möglich sein, zukünftige Kopplungs- und Bündelungsstrategien vorherzusagen.

c. Zwischenergebnis

Die derzeitigen gesetzlichen Regelungen sind nicht geeignet, den Aufkauf von Start-ups durch die GAFA-Unternehmen adäquat zu erfassen. Die Feststellung einer potentiellen Wettbewerbereigenschaft stellt die Wettbewerbsbehörden derzeit vor einige Herausforderungen, sodass es auch aufgrund der analysierten Eigenheiten der Start-ups mit großen Schwierigkeiten verbunden ist, die Entstehung dieses potentiellen Wettbewerbs im Rahmen des gängigen Prognosezeitraums von drei bis fünf Jahren zu identifizieren. Die dargelegten Modernisierungsvorschläge können dazu beitragen, potentielle Wettbewerber zu identifizieren. Trotz dieser Vorschläge wird es in vielen Fällen aufgrund der mannigfaltigen Unwägbarkeiten weiterhin herausfordernd bleiben, eine potentielle Wettbewerbereigenschaft mit hinreichender Wahrscheinlichkeit festzustellen. Jedenfalls wird ein solches Vorgehen aber helfen, den Zusammenschluss und die Motive für diesen besser zu verstehen, ihn in die Bewertung mit einzubeziehen und dazu beitragen bzw. Grundlage dafür sein, das Konzept

---

615 Uber verzeichnete 2019 einen negativen Cashflow in Höhe von USD 8,6 Milliarden, Uber, Geschäftsbericht 2019, S. 12 (abrufbar unter: https://s23.q4cdn.com/407969754/files/doc_financials/2019/ar/Uber-Technologies-Inc-2019-Annual-Report.pdf, zuletzt abgerufen am 10.03.2021).

des potentiellen Wettbewerbs weiter zu entwickeln. Auch im Übrigen gelingt es nicht, den Aufkauf der Start-ups durch die GAFA-Unternehmen mithilfe der derzeitigen Regelungen zu erfassen.

2. Erfassung einer systematischen Strategie

Der einzelne Erwerb muss nicht den einzigen rechtlichen Anknüpfungspunkt für die wettbewerbsrechtliche Beurteilung darstellen. Wie bereits festgestellt, kann das wettbewerbliche Schadenspotential, das sich aus einer Vielzahl von Aufkäufen ergibt, von enormer wettbewerblicher Bedeutung sein.[616] Vor diesem Hintergrund ist es sicherlich sinnvoll, es dem BKartA zu ermöglichen, die Vorgeschichte des Unternehmens, insbesondere hinsichtlich vorheriger Aufkäufe in die wettbewerbliche Analyse mit einzubeziehen.

a. Voraussetzungen einer Gesamtstrategie

Die Möglichkeit, vorherige Aufkäufe bei der wettbewerblichen Bewertung im Rahmen eines Fusionskontrollverfahrens zu berücksichtigen, ist in der deutschen Rspr. nicht neu.[617]

Der BGH stellte in seiner „*E.ON/Stadtwerke Eschwege*"-Entscheidung fest, dass – auch – als die marktbeherrschende Stellung verstärkend berücksichtigt werden durfte, dass erwerbende Unternehmen „seit Jahren die Geschäftsstrategie verfolgen, mittels Minderheitsbeteiligungen an Stadtwerken und sonstigen Stromversorgern ihre Absatzwege langfristig zu sichern"[618]. Es seien alle Umstände zu berücksichtigen, „die dem einzelnen Zusammenschluss eine besondere, über den Einzelfall hinausgehende Wettbewerbswirkung beilegen"[619]. In diesem Zusammenhang stellte der BGH fest, dass bereits eine geringfügige Verstärkung der marktbeherrschenden Stellung ausreichen kann, ebenso eine Absicherung dieser Stellung.[620] Auch das BKartA hat in einer Entscheidung

---

616 Monopolkommission, Policy Brief 4, Januar 2020, S. 7.

617 Vgl. z.B. BGH, Beschluss v. 11.11.2008, KVR 60/07 – *E.ON/Stadtwerke Eschwege*, WuW/E DE-R 2451 (2461); BKartA, Beschluss v. 31.03.2015, B 2-96/14 – *Edeka/Kaiser's Tengelmann*, BeckRS 2015, 9385, Rn. 750 ff.; BKartA, Beschluss v. 23.11.2017, B6-132/14-2– *CTS Eventim/Four Artists*, BeckRS 2017, 143035, Rn. 260 f.

618 BGH, Beschluss v. 11.11.2008, KVR 60/07 – *E.ON/Stadtwerke Eschwege*, WuW/E DE-R 2451 (2461).

619 BGH, Beschluss v. 11.11.2008, KVR 60/07 – *E.ON/Stadtwerke Eschwege*, WuW/E DE-R 2451 (2461).

620 BGH, Beschluss v. 11.11.2008, KVR 60/07 – *E.ON/Stadtwerke Eschwege*, WuW/E DE-R 2451 (2461).

ausgeführt, dass es sich bei dem geplanten Erwerb der Mehrheit der Anteile an den Gesellschaften der Konzert- und Veranstaltungsagentur Four Artists – Four Artists Booking Agentur GmbH und Four Artists Events GmbH – durch die CTS Eventim AG & Co. KGaA um einen „Erwerb als Teil einer Gesamtstrategie" handelt und dies im Ergebnis bejaht.[621]

Grundsätzlich besteht daher die Möglichkeit für die Wettbewerbsbehörde, eine Gesamtstrategie bei ihrer wettbewerblichen Beurteilung eines geplanten Zusammenschlusses zu berücksichtigen. Davon umfasst ist jedoch nicht die materiell-rechtliche Analyse eines oder mehrerer weiterer Zusammenschlüsse im Rahmen der Fusionskontrollprüfung. Diese bezieht sich nur auf das einzelne Vorhaben.

b. Grenzen

In den einschlägigen Fällen ging es bisher stets um die kontinuierliche Begründung bzw. Verstärkung einer marktbeherrschenden Stellung in einem relevanten Markt durch den Aufkauf aktueller Wettbewerber. Im Fall der hier relevanten Aufkäufen von Start-ups im digitalen Bereich kaufen die großen Digitalunternehmen hingegen Unternehmen auf, die auf anderen Märkten aktiv sind und sich möglicherweise in der Zukunft zu Wettbewerbern entwickeln können. Entsprechend stellen u.a. der Furman-Report, die Marktmacht-Studie und die Kommission Wettbewerb 4.0 auf eine Strategie ab, die darauf abzielt, Start-ups mit großem Wettbewerbspotential frühzeitig zu identifizieren und aufzukaufen.[622]

Die Kriterien, nach denen eine Gesamtstrategie angenommen werden kann, sind unklar und wurden in keine dieser genannten Reports näher erläutert. Grundsätzlich handelt es sich bei einer Strategie eines Unternehmens um ein geplantes Vorgehen, um bestimmte Ziele dieses Unternehmens zu erreichen. Der Begriff der Gesamtstrategie impliziert grundsätzlich nicht, dass es sich um mehrere Vorgänge bzw. Aufkäufe handeln muss. Im Rahmen des Vorschlags von *Schweitzer et al.* scheint es sich bei einer Strategie nicht nur um einen Unternehmenserwerb, sondern um mehrere Unternehmenserwerbe handeln zu müssen, da gerade darauf abgezielt wird, einen vom einzelnen Unternehmenskauf losgelösten rechtlichen Anknüpfungspunkt für die wettbewerbsrechtliche Beurteilung zu finden. In der deutschen Rspr. wurde eine Gesamtstrategie lediglich in Fällen

---

621 BKartA, Beschluss v. 23.11.2017, B6-132/14-2– *CTS Eventim/Four Artists*, BeckRS 2017, 143035, Rn. 260 f.

622 Furman-Report, Rn. 1.1.37; Marktmacht-Studie, S. 124 ff., Bericht Wettbewerbskommission 4.0, S. 71.

angenommen, in denen es sich um eine hohe Anzahl von Aufkäufen handelte.[623] Ob man davon ausgehend eine bestimmte Mindestanzahl von Aufkäufen für das Vorliegen einer Gesamtstrategie festlegen kann bzw. sollte, ist höchst fraglich. Fraglich ist auch, ob es für die Feststellung einer Gesamtstrategie notwendig ist, dass die Strategie nur aufgrund der Vielzahl von Aufkäufen verwirklicht werden kann, oder ob auch schon ein Teil der Aufkäufe für eine Verwirklichung ausreichend ist. Die Überlegungen zeigen, dass der Strategiebegriff in vielerlei Richtungen interpretierbar ist. Von großer Wichtigkeit ist es jedenfalls, dass er nicht zu sehr ausgedehnt wird, um eine gewisse Transaktionssicherheit zu gewährleisten und der Begriff durch die Rspr. näher konkretisiert wird.

Unabhängig von der Frage, wann eine Strategie angenommen werden kann, stellt sich nach einen solchen Ansatz das zuvor bereits diskutierte Problem des Nachweises der potentiellen Wettbewerbereigenschaft, aufgrund dessen es in vielen Fällen fraglich ist, ob die Entstehung dieses potentiellen Wettbewerbs im Rahmen des gängigen Prognosezeitraums von drei bis fünf Jahren identifizierbar ist. Da sich eine potentielle Wettbewerbereigenschaft im Nachhinein vermutlich besser nachweisen lässt, kann es zwar möglich sein, dass vorherige Aufkäufe des Unternehmens richtigerweise identifiziert werden, es bleibt jedoch die Schwierigkeit, die potentielle Wettbewerbereigenschaft in dem zu prüfenden Zusammenschlussvorhaben festzustellen.

Es drängt sich die Frage auf, ob zwingend an einen aktuellen bzw. potentiellen Wettbewerber angeknüpft werden muss, oder ob es ausreichend ist, an eine Vielzahl von Aufkäufen an sich anzuknüpfen. Externes Unternehmenswachstum ist grundsätzlich prokompetitiv.[624] Gleiches muss gelten, wenn es sich um eine Vielzahl von Aufkäufen handelt. Es müssen besondere Umstände hinzukommen, die eine mit der Vielzahl von Aufkäufen einhergehende Gefahr für den Wettbewerb begründen. *Schweitzer et al.* empfehlen in diesem Zusammenhang eine „Orientierung an breiter gefassten Grundbedürfnissen anstelle von eng(er) gefassten Produkt- oder Dienstleistungsmärkten", die denselben bzw. einen „vergleichbaren Bedarf von Nachfragern bedienen, wie er von dem Marktbeherrscher bedient wird".[625] Was mit einer Orientierung an breiter gefassten Grundbedürfnissen genau gemeint ist, erläutern *Schweitzer et al.* nicht. Jedenfalls soll es sich

623 Vgl. BGH, Beschluss v. 11.11.2008, KVR 60/07 – *E.ON/Stadtwerke Eschwege*, WuW/E DE-R 2451 (2461); BKartA, Beschluss v. 23.11.2017, B6-132/14-2– *CTS Eventim/Four Artists*, BeckRS 2017, 143035, Rn. 260 f.

624 *Thomas* in Immenga/Mestmäcker GWB, Vorb. § 35 Rn. 1.

625 Marktmacht-Studie, S. 124 f.

nicht um eine herkömmliche Marktabgrenzung handeln, sondern es sollen mehr Produkte bzw. Dienstleistungen umfasst werden.

Beim Konzept der Nachfragesubstituierbarkeit stehen grundsätzlich quantitative und qualitative Methoden zur Verfügung: Die wichtigste quantitative Methode zur Bestimmung der Nachfragesubstituierbarkeit ist der sog. SSNIP-Test.[626] Die Bestimmung der Nachfragesubstituierbarkeit erfolgt danach, „ob die Kunden der Parteien als Reaktion auf eine angenommene kleine, bleibende Erhöhung der relativen Preise (im Bereich zwischen 5 und 10 %) für die betreffenden Produkte und Gebiete auf leicht verfügbare Substitute ausweichen würden".[627] *Schweitzer et al.* orientieren sich jedoch an der qualitativen Methode. Nach ständiger Rspr. ist für die Bestimmung des sachlichen Marktes das sogenannte Bedarfsmarktkonzept maßgebend, nach dem diejenigen Leistungen demselben sachlichen Markt zuzurechnen, die miteinander aus Sicht der Nachfrager austauschbar sind.[628] Für die Austauschbarkeit aus der Sicht der Nachfrager ist auf einen vernünftigen durchschnittlichen Abnehmer abzustellen.[629] Maßgeblich sind hinsichtlich der Austauschbarkeit die Eigenschaften, der Verwendungszweck und der Preis.[630]

Breiter gefasste Grundbedürfnisse müssen, da sie weniger eng sein sollen, als es das herkömmliche Bedarfsmarktkonzept ist, über eine Austauschbarkeit hinausgehen. Anstatt einer Austauschbarkeit gehen *Schweitzer et al.* lediglich

---

626 Kommission, Bekanntmachung über die Definition des relevanten Marktes i.S.d. Wettbewerbsrechts der Gemeinschaft, (97/C 372 /03), Rn. 15 ff.; vgl. zum SSNIP-Test in der deutschen Fusionskontrolle *Klein,* WuW 2010, 169-177; vgl. für einen Überblick: *Schwalbe/Zimmer*, Kartellrecht und Ökonomie, S. 77 ff.

627 Kommission, Bekanntmachung über die Definition des relevanten Marktes i.S.d. Wettbewerbsrechts der Gemeinschaft, (97/C 372 /03), Rn. 17.

628 Vgl. z.B. BGH, Beschluss v. 03.07.1976, KVR 4/75 – *Vitamin B 12,* WuW/E 1435 (1440); BGH, Beschluss v. 24. 10.1995, KVR 17/94 – *Backofenmarkt*, WuW/E 3026 (3028 f.); BGH, Urteil v. 19.03.1996, KZR 1/95 – *Pay-TV-Durchleitung*, WuW/E 3058 (3062); BGH, Beschluss v. 05.10.2004, KVR 14/03 – *Staubsaugerbeutelmarkt,* WuW/E DE-R 1355 (1357).

629 OLG Düsseldorf, Beschluss v. 13.08.2003, Kart 52/01 (V) – *Deutsche Post/trans-o-flex*, Rn. 31 (juris); OLG Düsseldorf, Beschluss v. 04.05.2005, VI-Kart 19/04 (V) – *Deutsche Bahn/KVS Saarlouis*, BeckRS 2005, 30355757, Rn. 37.

630 Vgl. z.B. BGH, Beschluss v. 03.07.1976, KVR 4/75 – *Vitamin B 12,* WuW/E 1435 (1440); BGH, Be-schluss v. 24. 10.1995, KVR 17/94 – *Backofenmarkt*, WuW/E 3026 (3028 f.); BGH, Urteil v. 19.03.1996, KZR 1/95 – *Pay-TV-Durchleitung*, WuW/E 3058 (3062); BGH, Beschluss v. 05.10.2004, KVR 14/03 – *Staubsaugerbeutelmarkt*, WuW/E DE-R 1355 (1357).

von einem „vergleichbaren Bedarf" aus. Der Gedanke hinter dieser Idee ist gut nachvollziehbar. Die GAFA-Unternehmen kaufen verschiedenste Unternehmen in den unterschiedlichsten Märkten auf, manche mehr, manche weniger nah vom Kernmarkt der GAFA-Unternehmen aktiv. Diese Vielzahl von Aufkäufen gemeinsam zu berücksichtigen, stellt die Wettbewerbsbehörde aufgrund der Diversität innerhalb der Aufkaufstrategie vor große Herausforderungen. Unklar bleibt bei dem Vorschlag von *Schweitzer et al.* aber, in welchen Grenzen eine solche Vergleichbarkeit angenommen werden kann. Sollen sachlich und räumlich benachbarte Märkte in die Analyse einbezogen werden, oder sollen alle auch nur entfernt vergleichbaren Produkte bzw. Dienstleistungen miteinbezogen werden? Es handelt sich letztlich um einen Begriff, der einen zu großen Interpretationsspielraum lässt. Dies führt zu Unsicherheiten für die am Zusammenschluss beteiligten Parteien. Darüber hinaus würde das Prinzip der Marktabgrenzung ausgehöhlt. Dieses dient jedoch als „wichtiges Filterinstrument" um die wettbewerbliche Zulässigkeit eines Vorhabens beurteilen zu können. Gleichzeitig würde durch eine Aufweichung der Grenzen auch das Konzept des potentiellen Wettbewerbs umgangen und der Wettbewerbsbehörde ein zu großer Interpretationsspielraum gegeben. Der Vorschlag von *Schweitzer et al.* ist daher insbesondere aufgrund seiner fehlenden Schärfe abzulehnen.

c. *Zwischenergebnis*

Der einzelne Erwerb muss folglich nicht den einzigen rechtlichen Anknüpfungspunkt für die wettbewerbsrechtliche Beurteilung darstellen. Der Nachweis einer Gesamtstrategie birgt mangels scharfer Kriterien jedoch einige Herausforderungen, sodass die Gefahr einer zu großen Ausdehnung besteht. Gleichzeitig bleibt die Schwierigkeit, die potentielle Wettbewerbereigenschaft in dem zu prüfenden Zusammenschlussvorhaben festzustellen. Der Vorschlag von *Schweitzer et al.* stattdessen eine „Orientierung an breiter gefassten Grundbedürfnissen anstelle von eng(er) gefassten Produkt- oder Dienstleistungsmärkten", die denselben bzw. einen „vergleichbaren Bedarf von Nachfragern bedienen, wie er von dem Marktbeherrscher bedient wird" vorzunehmen, ist insbesondere aufgrund seiner fehlenden Schärfe abzulehnen.

Wenn überhaupt, wird sich eine Gesamtstrategie regelmäßig erst im Nachhinein feststellen lassen. Die wettbewerbsrechtliche Analyse ist daher möglicherweise besser im Rahmen des Missbrauchs der marktbeherrschenden Stellung verortet.[631] Jedenfalls muss die praktische Anwendung die hier aufgezeigten Schwierigkeiten berücksichtigen, um wettbewerbspolitisch nachteilige Ergebnisse zu vermeiden.

3. Berücksichtigung von Effizienzgewinnen

Selbst wenn ein Zusammenschluss der hier behandelten Art zu einer erheblichen Beeinträchtigung des wirksamen Wettbewerbs führt, ist es denkbar, dass die nachteiligen Folgen eines Zusammenschlusses durch dessen Effizienzgewinne kompensiert werden können. In der ökonomischen Theorie werden im Wesentlichen drei verschiedene Effizienzklassen, die Allokations-[632], Produktions-[633] und Innovationseffizienz[634], als maßgeblich für die Beurteilung der Auswirkung von Zusammenschlüssen angesehen.[635] Darüber hinaus fallen aber unter die Effizienzgewinne alle weiteren durch den Zusammenschluss bewirkten Synergieeffekte und sonstige Vorteile für die beteiligten Unternehmen aufgrund des Zusammenschlusses.[636]

Die Übernahme eines aufstrebenden Start-ups kann auf unterschiedliche Weise Spielraum für Effizienzgewinne bieten. Insbesondere kann das Produkt eine wertvolle komplementäre Ergänzung zu den bestehenden Produkten eines etablierten Unternehmens darstellen.[637] Der Erwerb eines innovativen Start-ups, das die Einführung eines Produkts plant, kann außerdem die Wahrscheinlichkeit oder Geschwindigkeit erhöhen, dass ein innovatives Produkt entwickelt und/oder auf den Markt gebracht wird. Darüber hinaus kommen Kostensenkungspotentiale gerade bei komplementären Leistungen in Betracht.

---

631 Siehe hierzu näher unter Gliederungspunkt D II 4.

632 Allokationseffizienz ist dann gewährleistet, wenn die vorhandenen Ressourcen in einer Volkswirtschaft so eingesetzt werden, dass es zu einer optimalen Verteilung der auf einem Markt angebotenen Waren bzw. Dienstleistungen kommt, vgl. *Böge/Jakobi*, BB 2005 Heft 3, 113 (114).

633 Produktionseffizienzen sind solche Effekte, durch die sich die Kosten eines Unternehmens infolge des Zusammenschlusses so verändern, dass eine gegebene Outputmenge zu niedrigeren Kosten oder ein höherer Output zu geringeren Kosten hergestellt werden kann, vgl. *Böge/Jakobi*, BB 2005 Heft 3, 113 (114).

634 Innovationseffizienzen bezeichnen die Fähigkeit ein Innovationspotential auszuschöpfen, vgl. *Böge/Jakobi*, BB 2005 Heft 3, 113 (114).

635 *De la Mano*, For the costumer´s sake: The competitive effects of efficiencies in European merger control, 2002, S. 18 f.

636 *Böge/Jakobi*, BB 2005 Heft 3, 113 (114).

637 OECD, Start-ups, Killer Acquisitions and Merger Control, Juni 2020, Rn. 110.

In der europäischen Fusionskontrolle ist die Berücksichtigung von Effizienzgewinnen bei der Frage der negativen Auswirkungen auf den Wettbewerb bereits seit längerer Zeit anerkannt. So sind Effizienzgewinne seit der Reform der FKVO 2004 ausdrücklich im Ewgr. 29 als ausgleichender Faktor in der europäischen Fusionskontrolle zu berücksichtigen. Effizienzgewinne haben sich jedoch bisher in keinem Verfahren als entscheidungserheblich dahin gehend erwiesen, dass sie wettbewerbsschädigende Wirkungen hätten ausgleichen können.

Die Frage, ob Effizienzgewinne in der deutschen Fusionskontrolle zu berücksichtigen sind, wurde insbesondere im Zusammenhang mit der Einführung des SIEC-Tests im Rahmen der 8. GWB-Novelle aufgeworfen, wird aber bis heute nicht einheitlich beantwortet. Die Novelle selbst enthielt keine Regelung zur Berücksichtigung von Effizienzgewinnen, ebenso wenig wie die Regierungsbegründung. Aufgrund der bewussten Angleichung des § 36 Abs. 1 S. 1 GWB an Art. 2 FKVO sollten auch im Rahmen der deutschen Fusionskontrolle Effizienzgewinne bei der Frage nach der Behinderung wirksamen Wettbewerbs wegen des Zusammenschlusses berücksichtigt werden, zumal solche Effizienzgewinne nur in Ausnahmefällen bestehen werden.[638] Darüber hinaus passt die Berücksichtigung von Effizienzgewinnen zu einer wirkungsorientierteren Analyse („effects based approach").[639] Auch das BKartA sowie die Rspr. berücksichtigen in neueren Entscheidungen Effizienzen im Rahmen des SIEC-Tests und erkennen somit zumindest implizit die Möglichkeit der Berücksichtigungsfähigkeit von Effizienzvorteilen an.[640] Der pauschale Hinweis auf die schwierige Feststellung von Effizienzgewinnen spricht jedenfalls ebenso wie der Hinweis auf eine nicht bestehende Vollharmonisierung der Fusionskontrollregime nicht gegen eine Berücksichtigung dieser.[641]

---

638 *Thomas* in Immenga/Mestmäcker GWB § 36 Rn. 489; a.A. *Kallfaß* in Langen/Bunte GWB, § 36 Rn. 38 mit Hinweis auf fehlende Übernahme des Ewgr. sowie des Kriterienkatalogs des Art. 2 Abs. 1 FKVO.

639 *Christiansen/Knebel* in MüKo WettbR, § 36 Rn. 72.

640 Vgl. BGH, Beschluss v. 23.09.2014, KVZ 82/13 – *Marktbeherrschung als Regelbeispiel*, WuW/E DE-R 4535 (4536); OLG Düsseldorf, Beschluss v. 23.08.2017, VI-Kart 5/16 (V) – *EDEKA/Tengelmann*, Rn. 55 (juris); BKartA, Beschluss v. 31.03.2015, B2-96/14 – *EDEKA/Kaiser's Tengelmann*, BeckRS 2015, 9385, Rn. 380 ff.

641 *Christiansen/Knebel* in MüKo WettbR, § 36 Rn. 74, 80.

a. Voraussetzungen einer Berücksichtigung

Orientiert man sich an den in der FKVO anerkannten Grundsätzen, müssen zur Berücksichtigung von Effizienzvorteilen drei Voraussetzungen kumulativ vorliegen. Die Effizienzvorteile müssen den Verbrauchern zugutekommen, fusionsspezifisch und von der Wettbewerbsbehörde überprüfbar sein.[642] Ob Effizienzen an den Verbraucher weitergegeben werden, hängt im Zusammenhang mit Innovations- oder Kostensenkungspotentialen davon ab, ob ausreichender Restwettbewerb (aktuell oder potentiell) besteht.[643] In diesem Zusammenhang gilt nach der Ansicht der Kommission ein relationärer Maßstab: „Je größer die möglichen negativen Auswirkungen auf den Wettbewerb, umso mehr muss die Kommission sicherstellen, dass die behaupteten Effizienzgewinne erheblich sind, mit hinreichender Wahrscheinlichkeit zustande kommen und in ausreichendem Maße an die Verbraucher weitergegeben werden".[644]

b. Grenzen

Da es sich beim digitalen Bereich um ein Marktumfeld handelt, das durch einige wenige große Unternehmen, wie die GAFA-Unternehmen, mit stark verwurzelten Vormachtstellungen in einigen Kernmärkten, die als Mittelpunkt eines digitalen Ökosystems fungieren, geprägt ist[645], zeichnen sich Märkte im digitalen Bereich regelmäßig durch einen hohen Grad an Konzentration aus, bzw. können in „winner takes all"[646]-Märkte gipfeln. Andere Unternehmen können dann u.U. nicht (mehr) in der Lage sein, die Markteintrittsbarrieren zu überwinden.[647] Aufgrund von Konzentrationstendenzen fehlt es daher häufig an aktuellen Wettbewerbern. Die wichtigsten Wettbewerber werden daher regelmäßig potentielle Wettbewerber sein, die sich (noch) auf einem Nischenmarkt des etablierten Unternehmens befinden. Bereits die Feststellung der potentiellen

642 Kommission, Leitlinien zur Bewertung horizontaler Zusammenschlüsse (2004/C 31/03), Rn. 76 ff.

643 Kommission, Leitlinien zur Bewertung horizontaler Zusammenschlüsse (2004/C 31/03), Rn. 84.

644 Kommission, Leitlinien zur Bewertung horizontaler Zusammenschlüsse gemäß der Ratsverordnung über die Kontrolle von Unternehmenszusammenschlüssen (2004/C 31/03), Rn. 84.

645 Sonderberater-Bericht, S. 112.

646 Stigler-Report, S. 8.

647 Stigler-Report, S. 8.

Wettbewerbereigenschaft kann jedoch mit großen Schwierigkeiten verbunden sein.[648] Auch im Rahmen der Feststellung der Fusionsspezifität zeigen sich Schwierigkeiten: Um sein Produkt so effizient und erfolgsversprechend wie möglich zu entwickeln, können etablierte Unternehmen gerade in späteren Innovationsphasen über größere Erfahrung und Fachwissen verfügen.[649] Gleichzeitig können sie jungen innovativen Unternehmen einen Zugang zu Finanzmitteln ermöglichen. Allerdings bedeutet die Fähigkeit ein Produkt effizienter bzw. besser auf den Markt bringen zu können nicht, dass auch ein dahin gehender Anreiz des etablierten Unternehmens besteht, insbesondere wenn durch den Aufkauf potentielle Konkurrenz eliminiert und so der Wettbewerbsdruck verringert werden soll.[650] Außerdem ist zu bedenken, dass nicht nur etablierte Betreiber als Käufer eines Start-ups infrage kommen. Es wäre daher wichtig zu überlegen, ob mögliche Effizienzgewinne nicht durch weniger wettbewerbsgefährdende Alternativen verwirklicht werden könnten. In diesem Zusammenhang müsste man sich daher weiter fragen, welche Fähigkeiten ein Start-up benötigen könnte, um sich zu entwickeln und, ob ein alternativer Käufer diese Charakteristika erfüllt, oder ob das Unternehmen dazu selbst in der Lage ist.[651] Kann man dies bejahen, ist die Fusionsspezifik abzulehnen. Gleiches gilt für den Fall, dass der Erwerber z.B. zwar nachweist, dass der Zusammenschluss die Attraktivität des Produkts oder der Dienstleistungen für die Nutzer deutlich erhöht und/oder dass die Nutzer des Zielunternehmens von größeren Netzwerkeffekten profitieren werden, diese Effizienzvorteile aber gleichwohl auf eine weniger wettbewerbsbeschränkende Weise, z.B. über nicht ausschließliche Zugangs- oder Interoperabilitätsvereinbarungen erreichbar wären.[652]

c. *Abwägungsklausel*

Darüber hinaus ist als Besonderheit im deutschen Fusionskontrollregime nach der sog. Abwägungsklausel nach § 36 Abs. 1 S. 2 Nr. 1 GWB ein Zusammenschluss nicht zu untersagen, wenn die beteiligten Unternehmen nachweisen, dass durch den Zusammenschluss auch Verbesserungen der Wettbewerbsbedingungen eintreten und diese Verbesserungen die Behinderung des Wettbewerbs überwiegen. Deren Feststellung richtet sich nach denselben Kriterien, die zur

648 Siehe hierzu näher unter Gliederungspunkt D II 1 a bb (2).
649 OECD, Start-ups, Killer Acquisitions and Merger Control, Juni 2020, Rn. 111.
650 OECD, Start-ups, Killer Acquisitions and Merger Control, Juni 2020, Rn. 112.
651 OECD, Start-ups, Killer Acquisitions and Merger Control, Juni 2020, Rn. 113.
652 Sonderberater-Bericht, S. 123.

Prüfung des Untersagungstatbestandes genutzt werden.[653] Die Efficiency defense steht als eigenständiges Institut neben der Abwägungsklausel. Orientiert man sich an den nach der FKVO geltenden Grundsätzen, ist die Efficiency defence jedoch auf solche Vorteile beschränkt, die auf dem Markt eintreten, auf dem auch die Wettbewerbsbehinderung festgestellt wurde.[654] Im Rahmen der Abwägungsklausel werden dagegen nur Effizienzgewinne auf anderen Märkten berücksichtigt.[655]

Auch hier stellt sich wie im Zusammenhang mit der Efficiency defence die Frage, ob im Fall einer *killer acquisition* die Vorteile bei den Unternehmen verbleiben, oder im Wettbewerb zugunsten der Verbraucher eingesetzt werden. Zudem muss auch die gesamtwirtschaftliche Bedeutung der Märkte im Verhältnis berücksichtigt werden.[656] Verbesserungen auf unbedeutenden Märkten können Verschlechterungen auf bedeutenden Märkten nicht aufwiegen.[657] Es handelt sich letztlich um eine Einzelfallentscheidung. Im Fall von GAFA-Aufkäufen werden bei einem ganz überwiegenden Teil der Zusammenschlüsse das Gewicht und die Bedeutung des Kernmarktes, auf dem der Zusammenschluss die Marktstellung der GAFA-Unternehmen verstärkt, im Vergleich zu dem Markt, auf dem eine Verbesserung der Wettbewerbsbedingungen zu erwarten ist, so überragend sein, dass bei der Abwägung die sich aus dem Zusammenschluss ergebenden Nachteile regelmäßig überwiegen werden. Eine Anwendung der ohnehin selten zur Anwendung kommenden Abwägungsklausel ist daher höchst unwahrscheinlich.

d. Zwischenergebnis

Die aggregierten Effizienzgewinne müssen die möglichen langfristigen negativen Auswirkungen des Zusammenschlusses auf den Wettbewerb ausgleichen. In der Praxis der deutschen sowie der EU-Fusionskontrolle hat die Berücksichtigung

653 BKartA, Leitfaden zur Marktbeherrschung in der Fusionskontrolle, Rn. 194.

654 *Thomas* in Immenga/Mestmäcker GWB, § 36 Rn. 619.

655 BKartA, Leitfaden zur Marktbeherrschung in der Fusionskontrolle, Rn. 186; *Bechtold/Bosch* in Bechtold/Bosch, § 36 Rn. 42; *Thomas* in Immenga/Mestmäcker GWB, § 36 Rn. 632.

656 KG, Beschluss v. 07.11.1985, Kart 6/85 – *Pillsbury/ Sonnen-Bassermann,* WuW/E, 3759 (3766); BKartA, Leitfaden zur Marktbeherrschung in der Fusionskontrolle, Rn. 197; *Kallfaß* in Langen/Bunte GWB, § 36 Rn. 127.

657 BGH, Beschluss v. 29.09.1981, KVR 2/80 – *Straßenverkaufszeitungen,* WuW/E 1854 (1861); *Bechtold/Bosch* in Bechtold/Bosch, § 36 Rn. 42.

von Effizienzvorteilen bisher jedoch keine große Rolle gespielt. Wenn die Effizienzgewinne überhaupt anerkannt wurden, haben sie sich letztlich in keinem Verfahren als entscheidungserheblich erwiesen. Ob die Berücksichtigung von Effizienzgewinnen entscheidungserheblich ist, wird von Fall zu Fall sicherlich unterschiedlich zu beurteilen sein. Jedenfalls ist die Herausforderung groß, diese verschiedenen Effekte abzuschätzen und sollte aufgrund mannigfaltiger Unsicherheiten nicht unterschätzt werden. Im Gegenteil wird die Erstellung einer ausgewogenen Fehlerkostenanalyse den Parteien große Anstrengungen abverlangen.

4. *Killer acquisitions* als Missbrauch der marktbeherrschenden Stellung

Im deutschen Recht ist eine „besondere Verantwortung" marktbeherrschender Unternehmen verankert.[658] Die weite Generalklausel des § 19 Abs. 1 GWB erlaubt es dem BKartA, Verhaltensweisen marktbeherrschender Unternehmen gänzlich zu erfassen.[659] Zusammenschlüsse können zu einer Veränderung der Marktstruktur führen. Außerdem ist die Bündelung unternehmerischer Ressourcen durch einen Zusammenschluss eine einseitige Verhaltensweise des Erwerbers. Somit können Zusammenschlüsse parallel zu den Grundsätzen, die der EuGH in seiner Continental Can-Entscheidung[660] im europäischen Kartellrecht entwickelt hat, den Vorschriften zum Missbrauch der marktbeherrschenden Stellung nach §§ 19 ff. GWB unterfallen.[661]

Die Kommission hatte im Hinblick auf Art. 102 AEUV schon im Zusammenhang mit der Verabschiedung der ersten FKVO 1989 ausgeführt, auf eine nachträglich eingreifende Missbrauchskontrolle bei Zusammenschlüssen im Grundsatz verzichten zu wollen.[662] Auch das BKartA hat die §§ 19 ff. GWB bis dato nicht auf Zusammenschlüsse angewendet. Es kann insoweit davon ausgegangen werden, dass auch die Wettbewerbsbehörden das Verbot des Missbrauchs der marktbeherrschenden Stellung nach §§ 19 ff. GWB grundsätzlich nicht auf Zusammenschlüsse anwenden wollen, um das ausdifferenzierte System der präventiven Fusionskontrolle nicht auszuhebeln.

---

658 Marktmacht-Studie, S. 127.

659 Marktmacht-Studie, S. 127.

660 EuGH, Urteil v. 23.02.1973, C 6/72 – *Continental Can*, ECLI:EU:C:1973:22.

661 Siehe hierzu näher unter Gliederungspunkt C I 6.

662 Vgl. dazu Kommission, Erklärung für das Ratsprotokoll zu Art. 22 FKVO a.F., WuW 1990, 240 (243).

Es erscheint daher lediglich denkbar, das Missbrauchsverbot auf Zusammenschlüsse anzuwenden, in denen kein Fusionskontrollverfahren durchgeführt wurde.[663] Die Voraussetzungen, die der EuGH in dieser Entscheidung aufgestellt hat, können durch die beschriebenen Aufkäufe im digitalen Bereich insbesondere dahin gehend erfüllt sein, dass die verbleibenden Wettbewerber aufgrund der stark verankerten Position der GAFA-Unternehmen und durch den kontinuierlichen Aufkauf von vielversprechenden Start-ups kein ausreichendes Gegengewicht mehr vorhanden ist.

In diesem Zusammenhang ist es einerseits denkbar, an den einzelnen Zusammenschluss und andererseits an eine systematische Aufkaufstrategie anzuknüpfen.

a. Anknüpfung an den einzelnen Zusammenschluss

aa. Möglichkeiten

Denkbar ist eine Anwendung des Missbrauchsverbots insbesondere auf Zusammenschlüsse aufgrund des verwandten Mittels, etwa wenn ein marktbeherrschendes Unternehmen ein anderes Unternehmen zu einem Zusammenschluss nötigt („feindliche Übernahme").[664] Solche besonders aggressive Praktiken werden jedoch – wenn überhaupt – nur in wenigen Sonderfällen angewendet und dürften daher in der Praxis eine nur untergeordnete Rolle spielen. Werden solche Praktiken festgestellt, ist es aber möglich, dass die Voraussetzungen des Missbrauchverbots erfüllt sind.

Es ist auch eine Anknüpfung an Zusammenschlüsse unabhängig vom verwandten Mittel möglich. Dies wäre z.B. denkbar, wenn ein Zusammenschluss nach den Fusionskontrollvorschriften nicht anmeldepflichtig war, aber hinreichende Indizien bestehen, dass ein marktbeherrschendes Unternehmen einen potentiellen Wettbewerber erworben hat, damit sich dieser zukünftig nicht zu einem Wettbewerber entwickeln kann. § 19 Abs. 1 GWB könnte in diesem Zusammenhang ein flexibles Instrument darstellen, das ein Eingreifen erlaubt, wenn sich nach dem Zusammenschluss herausgestellt hat, dass das Zielunternehmen ein erhebliches Wettbewerbspotential hatte.

---

663 *Fuchs* in Immenga/Mestmäcker GWB, § 19 Rn. 69.

664 Monopolkommission, Hauptgutachten 1, Rn. 961; *Fuchs* in Immenga/Mestmäcker GWB, § 19 Rn. 70.

bb. Grenzen

Knüpft man an den einzelnen Zusammenschluss an, ist es zweifelhaft, ob das Missbrauchsverbot konzeptionell die richtige Grundlage für die Überprüfung eines Zusammenschlusses ist, da die Fusionskontrolle – anders als das Missbrauchsverbot – speziell auf Zusammenschlüsse zugeschnitten ist. Erstens bietet das Missbrauchsverbot keine zeitliche Beschränkung und zweitens nicht die Möglichkeit einer Ministererlaubnis nach § 42 GWB. Darüber hinaus ist nicht garantiert, dass sich im Nachhinein mit hinreichender Wahrscheinlichkeit feststellen lässt, ob und wie sich das Zielunternehmen ohne den Zusammenschluss entwickelt hätte. Der oben näher beschriebene Zusammenschluss von Facebook und Instagram zeigt beispielsweise, dass Instagram aller Wahrscheinlichkeit nach insbesondere im Bereich der erfolgreichen Monetarisierung von der Expertise, der Finanzkraft und der Erfahrung Facebooks profitiert hat, es aber ebenso gut möglich ist, dass Instagram sich aus eigener Kraft zu einem profitablen populären sozialen Netzwerk hätte entwickeln können, das einen ernst zu nehmenden Konkurrenten für Facebook darstellen kann.[665]

Hinzu kommt, dass durch die hier vorgeschlagene Einführung eines neuen Aufgreifinstruments in § 35 GWB Abs. 1b, das es ermöglicht, in bestimmten Ausnahmefällen einzugreifen, auch wenn die derzeitigen Schwellenwerte nicht erfüllt sind, die Anwendung des Missbrauchsverbots für einzelne Zusammenschlüsse ohnehin an Bedeutung verliert. Eine Anwendung des Verbots des Missbrauchs der marktbeherrschenden Stellung auf einzelne Zusammenschlüsse ist aber grundsätzlich denkbar.

b. Anknüpfung an eine Aufkaufstrategie

Der einzelne Zusammenschluss muss nicht den einzigen rechtlichen Anknüpfungspunkt für die wettbewerbsrechtliche Beurteilung darstellen. So ist es denkbar, an eine Aufkaufstrategie des etablierten Unternehmens anzuknüpfen.[666] Eine solche Anknüpfung an eine Gesamtstrategie ist, wie zuvor näher erläutert, auch im Rahmen der Fusionskontrolle denkbar.[667] Es besteht in diesem Zusammenhang gerade im Hinblick auf den Aufkauf von noch jungen Unternehmen aber die Schwierigkeit, die (potentielle) Wettbewerbereigenschaft ex ante festzustellen. Wenn überhaupt, wird sich eine Gesamtstrategie erst ex post feststellen

---

665 Siehe hierzu näher unter Gliederungspunkt D II 1 a bb (2) (c).

666 Marktmacht-Studie, S. 124 f.

667 Siehe hierzu näher unter Gliederungspunkt D II 2.

lassen. Die wettbewerbsrechtliche Analyse ist daher möglicherweise besser im Rahmen des Missbrauchs der marktbeherrschenden Stellung verortet. Bei einer nachträglichen Untersagung einer nach § 19 Abs. 1 GWB missbräuchlichen Gesamtstrategie könnte es dann zu entsprechenden Entflechtungen des Zusammenschlusses oder Teilen des Zusammenschlusses kommen.[668]

aa. Möglichkeiten und Voraussetzungen

Im Rahmen der Fusionskontrolle ist es nicht möglich, mehrerer Zusammenschlüsse gemeinsam materiell-rechtlich zu analysieren. Diese bezieht sich nur auf das einzelne Vorhaben. Im Rahmen der Prüfung des Missbrauchs der marktbeherrschenden Stellung wäre es hingegen möglich, die Aufkäufe gemeinsam zu betrachten und insgesamt ins Verhältnis zu setzen.[669] Die Identifizierung einer Strategie in diesem Zusammenhang ist daher wohl wahrscheinlicher. Die Kriterien, nach denen eine Gesamtstrategie angenommen werden kann, sind jedoch noch nicht geklärt. Ob man eine bestimmte Mindestanzahl von Aufkäufen für das Vorliegen einer Gesamtstrategie festlegen kann bzw. sollte, ist höchst fraglich. Ein einzelner Aufkauf sollte jedenfalls nicht ausreichen, da ansonsten die Identifizierung als Strategie überflüssig wäre und man direkt an den einzelnen Zusammenschluss anknüpfen könnte. Es sollte insoweit genügen, dass nur ein Teil der Aufkäufe verwirklicht wurde, da eine Strategie nicht von der Verwirklichung aller einzelnen Bestandteile abhängig gemacht werden kann. Auch in einer Teilverwirklichung kann sich bereits eine missbräuchliche Ausnutzung der marktbeherrschenden Stellung manifestieren.

Es müssen jedoch besondere Umstände bestehen, die eine mit der Vielzahl von Aufkäufen einhergehende Gefahr für den Wettbewerb begründen. Der systematische Aufkauf kleiner, aber bereits erfolgreicher Start-ups in einer Branche durch ein etabliertes Unternehmen kann von seinem wettbewerblichen Schadenspotenzial aus mit dem Zusammenschluss zweier großer etablierter Unternehmen gleichzusetzen sein. Allein der Fakt, dass Unternehmen wie die GAFA-Unternehmen verschiedene noch junge Unternehmen aufkaufen, kann für die Feststellung einer missbräuchlichen Strategie nicht ausreichen, zumal diese noch auf andern Märkten als das etablierte Unternehmen aktiv sind. Externes Unternehmenswachstum ist grundsätzlich wettbewerbsfördernd.[670] Lässt sich nachweisen, dass systematisch potentielle Wettbewerber aufgekauft

---

668 *Fuchs* in Immenga/Mestmäcker GWB, § 19 Rn. 71a.

669 Marktmacht-Studie, S. 124 f.

670 *Thomas* in Immenga/Mestmäcker GWB, Vorb. § 35, Rn. 1.

wurden, wären die Voraussetzungen erfüllt. Durch die Möglichkeit, im Rahmen der Prüfung des Missbrauchs der marktbeherrschenden Stellung unabhängig vom einzelnen Zusammenschluss auf der Basis einer Analyse der bisherigen Aufkaufhistorie anknüpfen zu können, wird ein solcher Nachweis wesentlich unkomplizierter zu erbringen sein, als bei einer Anknüpfung an den einzelnen Zusammenschluss. In diesem Zusammenhang muss es auch möglich sein, vom BKartA freigegebene Zusammenschlüsse im Rahmen der Identifizierung der Gesamtstrategie zu berücksichtigen, auch wenn es aus Gründen der Rechtssicherheit notwendig ist, dass diese bestandskräftigen Freigabeentscheidungen des BKartA bestehen bleiben.

Insgesamt wird auch der Aufwand für das BKartA geringer sein, wenn es viele Zusammenschlüsse in der gleichen Branche untersucht, als für den Fall, dass der Schwerpunkt der Aufkäufe in verschiedenen Branchen liegt.[671] Es ist weiterhin zu empfehlen, dass der Begriff der Strategie insgesamt nicht zu sehr ausgedehnt und von der Rspr. näher konkretisiert wird, um eine gewisse Rechts- und Transaktionssicherheit zu gewährleisten.

bb. Grenzen

Die nachträgliche Rückgängigmachung eines Zusammenschlusses kann den legitimen Interessen der Zusammenschlussparteien entgegenstehen, da im Rahmen des Verbots des Missbrauchs der marktbeherrschenden Stellung anders als im Rahmen der Fusionskontrolle kein zeitlich bestimmter Ablauf gewährleistet wird.[672] Da eine Strategie sich denknotwendig auf einen längeren Zeitraum erstreckt, ist es vorstellbar, dass Zusammenschlüsse, die Teil dieser Strategie waren, bereits einige Zeit zurückliegen. Es käme somit zu einer deutlichen Transaktionsunsicherheit für die beteiligten Unternehmen. Hinzu kommt, dass desto länger diese Zusammenschlüsse zurückliegen, desto schwieriger es für die Wettbewerbsbehörde sein wird, festzustellen, welche nachträglichen wettbewerblichen Wirkungen dem Zusammenschluss zugerechnet werden können.

c. Zwischenergebnis

Zusammenschlüsse und insbesondere zusammenschlussbeinhaltende Strategien können einen Marktstrukturmissbrauch darstellen. Trotzdem ist fraglich, ob das Missbrauchsverbot in diesen Fällen die richtige konzeptionelle Grundlage

671 Monopolkommission, Policy Brief 4, Januar 2020, S. 7.
672 Marktmacht-Studie, S. 125.

darstellt. Dagegen spricht jedenfalls, dass die Fusionskontrolle bewusst präventiv ausgestaltet worden ist und verhindert werden sollte, dass das Fusionskontrollregime unterlaufen wird.[673] Ein Missbrauchsverfahren sollte daher nur durchgeführt werden, wenn zuvor kein Fusionskontrollverfahren durchgeführt wurde.[674] Hinzu kommt, dass im Rahmen des Missbrauchsverbots – anders als im Rahmen der Fusionskontrolle – keine zeitliche Beschränkung und auch nicht die Möglichkeit einer Ministererlaubnis nach § 42 Abs. 1 GWB bestehen. Mit Einführung des neuen § 35 Abs. 1b GWB ist zudem davon auszugehen, dass die praktische Relevanz ohnehin gering wäre, da durch diesen der Wettbewerbsbehörde ein flexibleres Aufgreifen einzelner Zusammenschlüsse ermöglicht wird.

Im Hinblick auf eine über den einzelnen Zusammenschluss hinausgehende Strategie ist eine Behandlung als Missbrauch der marktbeherrschenden Stellung hingegen auch in der Praxis denkbar und empfehlenswert. So kann die Wettbewerbsbehörde unabhängig von dem einzelnen Zusammenschluss agieren und die bisherige Aufkaufhistorie eines Digitalkonzerns in ihre wettbewerbliche Analyse mit einbeziehen. Hierdurch kann die Identifizierung einer potentiell missbräuchlichen Strategie ermöglicht werden. Eine solch umfassende Betrachtung ist im Rahmen der Fusionskontrolle nicht möglich. Daher sind in einer solchen Konstellation die fehlende Möglichkeit einer Ministererlaubnis sowie eine fehlende zeitliche Beschränkung hinzunehmen. Mit Einführung des neuen § 35 Abs. 1b GWB wird jedoch auch die Notwendigkeit eines Strategienachweises abnehmen, da von vornherein mehr Zusammenschlüsse bereits durch die Fusionskontrolle erfasst werden können. Solche Zusammenschlüsse können zwar im Rahmen der Identifizierung einer Strategie berücksichtigt werden, eine Freigabeentscheidung des BKartA muss aber Bestand haben. Weiterhin ist zu empfehlen, dass der Begriff der Strategie von der Rspr. näher konkretisiert wird, um die erforderliche Rechts- und Transaktionssicherheit zu gewährleisten.

Eine Durchsetzung des Missbrauchsverbots, das an konkrete missbräuchliche Ver-haltensweisen nach erfolgtem Zusammenschluss anknüpft, bleibt selbstverständlich ebenso wie eine Anknüpfung an das verwandte Mittel möglich.

5. Zwischenergebnis

Im Ergebnis reichen die derzeitigen Regelungen nicht aus, um die wettbewerblichen Probleme dieser beschriebenen Zusammenschlüsse angemessen im

673 *Fuchs* in Immenga/Mestmäcker GWB, § 19 Rn. 69.
674 *Fuchs* in Immenga/Mestmäcker GWB, § 19 Rn. 69.

Rahmen der maßgeblichen Prognosezeiträume zu erfassen. Insbesondere die Feststellung einer potentiellen Wettbewerbereigenschaft stellt die Wettbewerbsbehörden vor große Herausforderungen, da es in vielen Fällen problematisch ist, die Entstehung dieses potentiellen Wettbewerbs im Rahmen des gängigen Prognosezeitraums von drei bis fünf Jahren zu identifizieren. Start-ups verfügen anders als bereits etablierte oder zumindest länger bestehende Unternehmen nicht über klare Zahlen, anhand derer sich die Entwicklung des Unternehmens vorhersagen lässt. Zudem wird es sich aufgrund der hohen Dynamik und Innovationstätigkeit der betreffenden Start-ups in vielen Fällen um ganz neue Märkte handeln, deren Einordnung nicht unproblematisch ist. Auch durch die übrigen Regelungen gelingt es nicht, den Aufkauf der Start-ups durch die GAFA-Unternehmen angemessen zu erfassen.

Die dargelegten Modernisierungsvorschläge können dazu beitragen, potentielle Wettbewerber zu identifizieren. Es wird daher vorgeschlagen, dass sich das BKartA insbesondere mit den Gründen für bestimmte Start-up-Aufkäufe sowie den Umständen, wie der Kaufpreis zustande kommt, näher auseinandersetzt. In diesem Zusammenhang empfiehlt sich eine verstärkte Fokussierung auf interne Dokumente, die sich mit einem möglichen Aufschlag auf den „Stand-alone-Wert" auseinandersetzen. Die Modernisierungsvorschläge sollten zu diesem Zweck in den Leitfaden des BKartA zur Marktbeherrschung in der Fusionskontrolle aufgenommen werden, der sich bisher mit Aufkäufen potentieller Wettbewerber nur am Rande auseinandersetzt. Es wird trotz der Modernisierungsvorschläge aber im Zusammenhang mit dem Aufkauf von Start-ups aufgrund der mannigfaltigen Unwägbarkeiten in vielen Fällen weiterhin herausfordernd sein, eine potentielle Wettbewerbereigenschaft mit hinreichender Wahrscheinlichkeit festzustellen. Hierzu können die Modernisierungsvorschläge jedenfalls beitragen und Grundlage dafür sein, das Konzept des potentiellen Wettbewerbs weiter zu entwickeln.

Es kann auch unabhängig von der einzelnen Transaktion an eine Aufkaufstrategie angeknüpft werden. Dabei zeigen sich jedoch verschiedenste Herausforderungen. Letztlich wird sich eine Gesamtstrategie regelmäßig erst im Nachhinein feststellen lassen. Die wettbewerbliche Analyse einer Gesamtstrategie ist daher besser im Rahmen des Missbrauchverbots verortet.

III. Alternative Lösungsansätze

Die derzeitigen gesetzlichen Regelungen reichen nicht aus, um die wettbewerblichen Bedenken der beschriebenen Zusammenschlüsse im Rahmen der maßgeblichen Prognosezeiträume von drei bis fünf Jahren angemessen zu erfassen.

Aufgrund dieser hohen Prognoseunsicherheit wird eine Anpassung der Beweislastregeln diskutiert.[675] Der Sonderberaterbericht favorisiert hingegen, horizontale Elemente in die konglomeratischen Schadensersatztheorien einzubringen.[676] Der Vorschlag der Sonderberater spricht sich in diesen Zusammenhang für eine Abkehr von der klassischen Marktabgrenzung aus und spricht sich für eine Fokussierung auf einen „Markt des digitalen Ökosystems“ und Aneignung von Netzwerkeffekten aus.[677] Auch die von der Kommission für den agrochemischen und pharmazeutischen Bereich entwickelte Innovationstheorie geht weg von der klassischen Marktabgrenzung und legt den Fokus auf die Analyse von Innovationsanreizen. Gelingt es, die Innovationstheorie auf den digitalen Bereich zu übertragen, wäre es möglich, Wettbewerbsbeschränkungen bereits in einem Stadium zu erfassen, in dem wettbewerbswidrige Auswirkung auf den relevanten Markt noch nicht mit ausreichender Sicherheit vorhergesagt werden können.

1. Änderung der Beweislastregeln

Die Wirkungen, die durch den Zusammenschluss eintreten, müssen aufgrund „konkreter Umstände mit hoher Wahrscheinlichkeit“ [678] eintreten. Die Wettbewerbsbehörde steht in diesem Zusammenhang vor der Herausforderung, in einem entwicklungsoffenen, innovativen Marktumfeld die Entwicklungen und Wirkungen des Wettbewerbs mit dem Zusammenschluss aufgrund „konkreter Umstände mit hoher Wahrscheinlichkeit“ zu prognostizieren. Angesichts der hohen Prognoseunsicherheit, die mit den hier erörterten Zusammenschlüssen üblicherweise einhergeht, wird eine Anpassung der Beweislastregeln diskutiert:

675 Vgl. u.a. *Aranze*, DG Comp chief economist: Reverse burden of proof to catch killer acquisitions, GCR v. 20.11.2018 (abrufbar unter: https://globalcompetitionreview.com/dg-comp-chief-economist-reverse-burden-of-proof-catch-killer-acquisitions, zuletzt abgerufen am 10.03.2021); Furman-Report, Rn. 3.88 ff; *Federico et al.*, Innov. Policy Econ. 2020 Vol. 20, 125 (151 f.).

676 Sonderberater-Bericht, S. 11.

677 Sonderberater-Bericht, S. 122.

678 BGH, Beschluss v. 21.02.1978, KVR 4/77 – *KFZ-Kupplungen*, WuW/E 1501 (1507); daneben ist in der Literatur auch die Formulierung „mit einiger Gewissheit“ gebräuchlich, vgl. z.B. *Rittner/Dreher*, Europäisches und deutsches Wirtschaftsrecht, § 22 C. II. 2. Rn. 141.

a. *Beweislastumkehr*

Unter anderem wird diskutiert, die Beweislast umzukehren, mit der Folge, dass die betroffenen Unternehmen darzulegen hätten, weshalb sich der Zusammenschluss positiv auf den Wettbewerb auswirkt.

aa. Voraussetzungen und Möglichkeiten

Auf einer Konferenz in Brüssel Ende 2018 legte *Tommaso Valletti*, der frühere Chefökonom der Generaldirektion Wettbewerb dar, dass eine Möglichkeit der Bekämpfung von *killer acquisitions* darin besteht, dass „super große Unternehmen" aufgefordert werden, Wettbewerbsvorteile aufgrund des Zusammenschlusses darzulegen, bevor sie das jeweilige Unternehmen übernehmen dürfen.[679] Ebenso zieht *Sims*, Vorsitzender der australischen Wettbewerbsbehörde, eine Umkehr der Beweislast in Betracht. [680] Auch im Stigler-Report wird die Ansicht vertreten, dass eine Verlagerung der Beweislast auf die Zusammenschlussparteien helfen kann, positive Wettbewerbswirkungen nachzuweisen, da die Parteien diese besser einschätzen können.[681] Geht man von einer solchen Beweislastumkehr aus, wäre es Sache der Zusammenschlussparteien, nachzuweisen, dass sich aufgrund des Zusammenschlusses Wettbewerbsvorteile bzw. Effizienzen ergeben. Ausgangspunkt der Überprüfung des Zusammenschlusses bliebe aber, dass der Zusammenschluss zunächst als wettbewerbswidrig anzusehen ist.

Mit Einführung einer Beweislastumkehr wäre es der Wettbewerbsbehörde möglich, alle Zusammenschlüsse der Unternehmen, auf die sich diese Regelung bezieht, zu untersuchen, sodass folglich das Problem einer Unterdurchsetzung entfallen würde.

bb. *Grenzen*

Vor dem Hintergrund, dass davon ausgegangen werden kann, dass der Großteil der Aufkäufe, unabhängig, ob durch GAFA-Unternehmen oder andere

---

679 *Aranze*, DG Comp chief economist: Reverse burden of proof to catch killer acquisitions, GCR v. 20.11.2018 (abrufbar unter: https://globalcompetitionreview.com/dg-comp-chief-economist-reverse-burden-of-proof-catch-killer-acquisitions, zuletzt abgerufen am 10.03.2021).

680 *Sims*, Is Australia's economy getting more concentrated and does this matter? Hauptrede auf der RBB Economic Conference, 27.10.2016 (abrufbar unter: https://www.accc.gov.au/speech/keynote-address-rbb-economics-conference-0, zuletzt abgerufen am 10.03.2021).

681 Stigler-Report, S. 111.

Unternehmen, grundsätzlich prokompetitiv ist, erscheint eine solche grundlegende Änderung des Beweismaßstabes nicht gerechtfertigt. Auch der pauschale Hinweis, dass die Zusammenschlussparteien besser einschätzen können, inwiefern sich durch den Zusammenschluss Wettbewerbsvorteile ergeben, ist nicht geeignet, diese Zweifel auszuräumen. Darüber hinaus stellt sich die Frage, bei welchen Zusammenschlussvorgängen von einer Beweislastumkehr ausgegangen werden soll. *Tommaso Valletti* sprach in diesem Zusammenhang von einer Erstreckung der Beweislastumkehr auf „super große Unternehmen". Unklar bleibt, was unter solchen „super großen Unternehmen" zu verstehen ist. Jedenfalls wäre es zur Sicherung der Transaktionssicherheit notwendig zu definieren, welche Unternehmen tatsächlich einer Beweislastumkehr unterliegen. Denkbar wäre es in diesem Zusammenhang, parallel zur im Rahmen der 10. GWB-Novelle neu eingeführten Vorschrift des § 19a GWB, die Beweislastumkehr auf Unternehmen, die in erheblichem Umfang auf Märkten i.S.d. § 18 Abs. 3a GWB tätig sind, und denen eine überragende marktübergreifende Bedeutung für den Wettbewerb zukommt, zu beschränken. § 19a GWB nennt dafür in Abs. 1 Voraussetzungen, die bei der Feststellung der überragenden marktübergreifenden Bedeutung eines Unternehmens für den Wettbewerb insbesondere zu berücksichtigen sind.

Die Übernahme eines aufstrebenden Start-ups kann auf unterschiedliche Weise Spielraum für Effizienzgewinne bieten, insbesondere durch komplementäre Ergänzung zu den bestehenden Produkten eines etablierten Unternehmens bzw. durch eine erhöhte Wahrscheinlichkeit oder Geschwindigkeit, dass ein innovatives Produkt entwickelt und/oder auf den Markt gebracht wird.[682] Es ist diesbezüglich aber zu bedenken, dass das BKartA behauptete Effizienzgewinne aus Zusammenschlüssen bisher – wenn überhaupt – nur unter sehr strengen Voraussetzungen berücksichtigt hat. Orientiert man sich an den Leitlinien der Kommission, gilt für die Berücksichtigung von Effizienzgewinnen ein relationärer Maßstab: „Je größer die möglichen negativen Auswirkungen auf den Wettbewerb, umso mehr muss die Kommission sicherstellen, dass die behaupteten Effizienzgewinne erheblich sind, mit hinreichender Wahrscheinlichkeit zustande kommen und in ausreichendem Maße an die Verbraucher weitergegeben werden"[683]. Es ist ohnehin schwierig, die Voraussetzungen, die bisher an die

682 Siehe hierzu näher unter Gliederungspunkt D II 3.

683 Kommission, Leitlinien zur Bewertung horizontaler Zusammenschlüsse gemäß der Ratsverordnung über die Kontrolle von Unternehmenszusammenschlüssen (2004/C 31/03), Rn. 84.

Berücksichtigung von Effizienzgewinnen gestellt werden, zu erfüllen.[684] Da des Weiteren die potentiellen negativen Auswirkungen auf den Wettbewerb gerade im Zusammenhang mit großen Internetunternehmen aufgrund der Konzentrationstendenzen und ihrer Stellung als Ökosystem regelmäßig enorm sein werden, gelten aufgrund des relationären Maßstabs für die Berücksichtigung der Effizienzgewinne umso höhere Voraussetzungen. Folgt man dem Vorschlag einer Beweislastumkehr, wäre es begrüßenswert, wenn auch die Voraussetzungen für die Berücksichtigung möglicher Effizienzgewinne gelockert würden, um einem groben Ungleichgewicht zuvorzukommen. Gleichzeitig sollte präzisiert werden, in welchem Umfang die Effizienzgewinne nachzuweisen sind. Ansonsten besteht das Problem, dass der Wettbewerbsbehörde aufgrund der Beweisasymmetrie und der Grundannahme der Wettbewerbswidrigkeit des Zusammenschlusses ein unverhältnismäßig großer Ermessensspielraum zugestanden würde, der letztlich zu willkürlichen Entscheidungen führen könnte und darüber hinaus von den Gerichten nur schwer kontrollierbar wäre.[685] Durch eine Umkehr der Beweislast wäre eine ausreichende Transaktionssicherheit nicht mehr in einem ausreichenden Umfang gewährleistet. Darüber hinaus bestünde aufgrund der Beweisasymmetrie die Gefahr von „false negatives“[686].

Eine Beweislastumkehr zulasten der Zusammenschlussparteien wird daher zu Recht von der ganz überwiegenden Mehrheit als zu weitgehend abgelehnt.[687]

b. „Balance of harms“-Ansatz

Das Gremium des Furman-Reports spricht sich hingegen (im Hinblick auf das britische Wettbewerbsrecht) für einen sogenannten „balance of harms“-Ansatz aus.

aa. Voraussetzungen und Möglichkeiten

Nach diesem sollen die potentiell wettbewerbsfördernden sowie die potentiell wettbewerbshindernden Faktoren gegeneinander abgewogen werden.[688] Überwiegen die negativen Auswirkungen für den Wettbewerb, ist der

---

684 Siehe hierzu näher unter Gliederungspunkt D II 3 b.

685 *Pérez de Lamo*, CPI Antitrust Chronicle Mai 2020 Vol. 2 Nr. 2, 50 (57).

686 Fälschliche Freigabe eines Zusammenschlusses als nicht wettbewerbswidrig.

687 Vgl. u.a. Furman-Report, Rn. 3.103; Sonderberater-Bericht, S. 124; Bericht Wettbewerbskommission 4.0, S. 70; *Pérez de Lamo*, CPI Antitrust Chronicle Mai 2020 Vol. 2 Nr. 2, 50 (57).

688 Furman-Report, Rn. 3.88; *Motta/Peitz*, Big Tech Mergers, Mai 2020, S.34 f.

Zusammenschluss zu untersagen.[689] Dabei werden die Auswirkungen des Zusammenschlusses mit der Wahrscheinlichkeit, dass diese eintreten abgewogen. Nachteile für den Wettbewerb – z.B. durch die Ausschaltung eines Konkurrenten – können mit einer höheren Produktqualität oder der Verfügbarkeit neuer innovativer Produkte aufgrund des Zusammenschlusses in Relation gesetzt werden.[690] Einige „false negatives" seien bei der Anwendung dieses Ansatzes hinzunehmen.[691]

In der Theorie fragt der „balance of harms"-Ansatz demnach, ob ein schädliches Endergebnis wahrscheinlicher ist als nicht. Der „balance of harms"-Ansatz unterscheidet sich insofern von der derzeitigen Rechtslage dahin gehend, dass er erlaubt, negative Ergebnisse für den Wettbewerb zu berücksichtigen, auch wenn diese unwahrscheinlich sind.

Dieser Vorschlag beruht auf der ökonomischen Grundlage von Irrtumskostenerwägungen[692] und würde es der Wettbewerbsbehörde ermöglichen, gegen Zusammenschlüsse einzuschreiten, die – wenn auch nur mit niedriger Wahrscheinlichkeit – eine potentielle große Gefährdung für den Wettbewerb darstellen. Anders als im Falle einer Beweislastumkehr würde im Falle eines „balance of harms"-Ansatzes der Nachweis einer erheblichen Behinderung des wirksamen Wettbewerbs durch die Wettbewerbsbehörde nachzuweisen sein. Der Vorschlag des Furman-Reports erscheint daher zunächst zur Feststellung der potentiell wettbewerbswidrigen Aufkäufe von Start-ups durch GAFA-Unternehmen zumindest geeigneter, als eine Beweislastumkehr.

bb. Grenzen

Es stellt sich wie bei dem Vorschlag der Beweislastumkehr die Frage, bei welchen Zusammenschlussvorgängen von einem „balance of harms"-Ansatz Gebrauch gemacht werden soll. Zur Gewährleistung der Transaktionssicherheit wäre es sinnvoll zu definieren, welche Unternehmen tatsächlich einem solchen Ansatz unterliegen. Der Furman-Report ist der Ansicht, dass der „balance of harms"-Ansatz auf alle Zusammenschlüsse in allen Märkten angewendet werden

689 Furman-Report, Rn. 3.88 mit Hinweis auf *Shapiro*, Int. J. Ind. Org. 2018 Vol. 61, 714–748.

690 Furman-Report, Rn. 3.88.

691 Furman-Report, Rn. 3.93

692 Eine Irrtumskostenerwägung bewertet kartellrechtliche Regeln danach, ob sie die sozialen Gesamtkosten minimieren, vgl. *Baker*, Articles in Law Reviews & Other Academic Journals, 2015 1356, 1 (5).

könne.[693] Gerade in klassischen Märkten bzw. in Märkten, in denen es keine mangelnde Durchsetzung durch die Wettbewerbsbehörden gibt, wäre eine Aufgabe der bestehenden Beweislast hin zu einem „balance of harms"-Ansatz jedoch weder notwendig noch verhältnismäßig. Denkbar wäre es auch hier in diesem Zusammenhang, parallel zu § 19a GWB Unternehmen, die in erheblichem Umfang auf Märkten i.S.d. § 18 Abs. 3a GWB tätig sind, und denen eine überragende marktübergreifende Bedeutung für den Wettbewerb zukommt, abzustellen. Ähnlich wie der Vorschlag der Beweislastumkehr führt auch der „balance of harms"-Ansatz zu verschiedenen praktischen Problemen: So würde auch ein „balance of harms"-Ansatz zu einem unverhältnismäßig großen Ermessensspielraum des BKartA führen, der letztlich zu willkürlichen Entscheidungen führen könnte und darüber hinaus von den Gerichten nur schwer überprüfbar wäre.[694] Es wäre einerseits der Behörde überlassen, zu entscheiden, welche – auch noch so unwahrscheinlichen – potentiellen Wettbewerbsvorteile und Wettbewerbsnachteile in die Abwägung mit einbezogen werden und gleichzeitig auch, wie diese im Verhältnis zueinander zu gewichten sind.

Es stellt sich die Frage, wie wahrscheinlich diese potentiellen Wettbewerbsentwicklungen sein müssen, da in diesem Zusammenhang nicht bereits jeder – noch so unplausible – Verdacht mit einbezogen werden darf. Der Vorschlag des Furman-Reports lässt diese Fragen jedenfalls offen. Letztlich werden sich weder die Kosten und Nutzen des Zusammenschlusses, die Wahrscheinlichkeiten ihrer Realisierung noch das Verhältnis in welchem diese zueinanderstehen, mit der nötigen Präzision feststellen lassen.[695] Diese grundsätzlich bestehende Problematik, Auswirkungen mit einem gewissen Maß an Genauigkeit zu identifizieren, zeigt sich gerade im digitalen Sektor: So wird es von allen Sektoren vielleicht gerade im digitalen Sektor am schwierigsten sein, eine Abwägung der potentiell wettbewerbsfördernden sowie der potentiell wettbewerbshindernden Faktoren durchzuführen.[696] Wie *Crémer et al.* richtig feststellen, wird das „was Ökonomen als die ‚erwarteten' Auswirkungen auf die Verbraucher bezeichnen [...] in vielen Fällen zu kompliziert zu berechnen sein"[697]. Es ist außerdem zu berücksichtigen, dass das BKartA behauptete Effizienzgewinne aus Zusammenschlüssen bisher nur unter sehr strengen Voraussetzungen berücksichtigt hat und diese bisher

693 Furman-Report, Rn. 3.100.
694 *Pérez de Lamo*, CPI Antitrust Chronicle Mai 2020 Vol. 2 Nr. 2, 50 (57).
695 Bericht Wettbewerbskommission 4.0, S. 70.
696 RBB Economics, Brief 59, 2019, S. 3.
697 Sonderberater-Bericht, S. 3.

in keiner Weise entscheidungserheblich waren, zumal die Frage, ob Effizienzgewinne in der deutschen Fusionskontrolle zu berücksichtigen sind, bis heute nicht einheitlich beantwortet wird. Würde der Beweisstandard für mögliche negative wettbewerbliche Auswirkungen gesenkt, sollten auch die Voraussetzungen für die Berücksichtigung möglicher Effizienzgewinne gelockert werden, da ansonsten ein grobes Ungleichgewicht entstünde.[698] Um eine wirkliche Balance zu erreichen, sollten neben Effizienzgewinne auch mögliche, sich aus dem Zusammenschluss ergebende Synergien in die Abwägung mit einfließen. Gleiches gilt für sonstige Faktoren, die negative Auswirkungen auf den Wettbewerb abmildern können, wie z.B. die Möglichkeit eines disruptiven Markteintritts eines anderen Start-ups.[699] Auch die CMA selbst warnte vor den praktischen Herausforderungen bei der Anwendung dieser Art von Test „in einer transparenten und robusten Art und Weise" und äußerte sich besorgt über unbeabsichtigte Folgen. Der Ansatz würde „eine grundlegende Veränderung der Fusionspolitik bewirken". Das wahrscheinliche Ausmaß dieser Veränderung dürfe nicht unterschätzt werden.[700]

Es handelt sich bei dem Vorschlag des Furman-Reports zwar um einen ökonomischen, nicht aber um einen „starken, klaren, rationalen [...] Ansatz zur Bewertung von Zusammenschlüssen"[701], sondern um eine Regelung, die den Wettbewerbsbehörden einen zu großen Ermessensspielraum ermöglichen und zu erheblichen Transaktionsunsicherheiten sowie insbesondere im digitalen Bereich zu ungewissen Ausgängen von Zusammenschlussverfahren führen würde. Eine solche Änderung des Fusionskontrollregimes dahin gehend, dass den Wettbewerbsbehörden ein wesentlich größerer Ermessensspielraum eingeräumt wird, birgt die Gefahr, dass insbesondere in Bereichen, in denen es keine mangelnde Durchsetzung gibt, eine Überdurchsetzung stattfindet.

c. *Flexibles Beweismaß*

Federico et al. favorisieren hingegen einen Ansatz, der ebenso wie der „balance of harms"-Ansatz auf der Grundlage von Irrtumskostenerwägungen beruht.[702]

---

698 RBB Economics, Brief 59, 2019, S. 3.
699 RBB Economics, Brief 59, 2019, S. 2 f.
700 CMA, The CMA's response to the Digital Competition Expert Panel, 21.03.2019, S. 5 (abrufbar unter: https://assets.publishing.service.gov.uk/government/uploads/system/uploads/attachment_data/file/890013/CMA_letter_to_BEIS_-_DCEP_report_and_recommendations__Redacted_.pdf, zuletzt abgerufen am 10.03.2021).
701 Furman-Report, Rn. 3.100.
702 *Federico et al.*, Innov. Policy Econ. 2020 Vol. 20, 125 (151).

aa. Voraussetzungen und Möglichkeiten

Federico et al. fordern, dass unter bestimmten Voraussetzungen bereits eine geringe Wahrscheinlichkeit für eine Untersagung des Zusammenschlusses ausreichen soll, nämlich wenn das Zielunternehmen sich zu einem potentiellen Wettbewerber entwickeln kann, es nur limitierten Wettbewerb auf dem Markt gibt und sich der Wettbewerb im Wesentlichen auf einen Wettbewerb „um" den Markt beschränkt und es (noch) keinen besser platzierten Wettbewerber als den potentiellen Wettbewerber gibt.[703] Nach Ansicht der Kommission Wettbewerb 4.0, die den hier besprochenen Ansatz den beiden anderen zuvor besprochenen Ansätzen vorzieht, kann von einer wesentlichen Behinderung wirksamen Wettbewerbs bereits dann ausgegangen werden, „wenn ein Zusammenschluss, verglichen mit einer Situation ohne den angemeldeten Zusammenschluss, die Bestreitbarkeit einer verfestigten Machtposition des marktmächtigen Erwerbers spürbar senkt, ohne dass eine überwiegende Erfolgswahrscheinlichkeit eines möglichen Angriffs nachgewiesen werden müsste".[704]

Die Berücksichtigung des Ausmaßes der Marktmacht des Erwerbers sowie die Besonderheiten des relevanten Marktes sind grundsätzlich zu begrüßen, da diesen in Bezug auf die Bestreitbarkeit einer stark verfestigten Marktmachtpositionen ein besonderes Gewicht zukommt.[705] Es lässt sich beobachten, dass es digitalen Märkten aufgrund von Konzentrationstendenzen häufig an einem „Wettbewerb auf dem Markt" fehlt, da das Marktumfeld durch einige wenige große Unternehmen, wie die GAFA-Unternehmen, mit stark verwurzelten Vormachtstellungen in einigen Kernmärkten, die als Mittelpunkt eines digitalen Ökosystems fungieren, geprägt ist.[706] Der Wettbewerb findet dann regelmäßig nur noch „um den Markt" statt. Zu begrüßen ist – vor dem Hintergrund der Gefahr einer Überdurchsetzung – auch, dass das Beweismaß nur für bestimmte Transaktionen gesenkt würde.

bb. Grenzen

Der Nachweis eines Wettbewerbs um den Markt ist insbesondere in den Kernmärkten der GAFA-Unternehmen unproblematisch erbringbar, da diese sich gerade durch einen solchen auszeichnen. Wesentlich schwieriger festzustellen ist die Voraussetzung, dass es keinen „besser platzierten Wettbewerber" gibt.

---

703 *Federico et al.*, Innov. Policy Econ. 2020 Vol. 20, 125 (152).
704 Bericht Wettbewerbskommission 4.0, S. 70.
705 Bericht Wettbewerbskommission 4.0, S. 70.
706 Sonderberater-Bericht, S. 11; Siehe hierzu näher unter Gliederungspunkt B I 2.

Es stellt sich zunächst die Frage, was überhaupt unter einem „besser platzierten Wettbewerber" zu verstehen ist. Die Vornahme eines Vergleichs zweier oder mehrerer potentieller Wettbewerber bringt gerade im digitalen Bereich, in dem der Erwerb eines potentiellen Konkurrenten regelmäßig in der Frühphase der Entwicklung des Zielunternehmens erfolgt, große praktische Herausforderungen mit sich. Darüber hinaus können sich potentielle Wettbewerber den Kernmärkten der GAFA-Unternehmen von unterschiedlichen relevanten Märkten aus nähern. So kann ein möglicherweise besser platziertes Unternehmen aber auf einen völlig anderen Markt aktiv sein kann als das an der Transaktion beteiligte Zielunternehmen. Folglich wäre die Wettbewerbsbehörde vor die Herausforderung gestellt, verschiedenste potentielle Wettbewerber auf verschiedensten Märkten zu analysieren, um dann festzustellen, von welchem Markt aus ein Unternehmen sich den Kernmärkten der GAFA-Unternehmen am besten nähern kann. Insgesamt fehlt es an realen Anknüpfungspunkten.

Strebt man einen solchen Vergleich potentieller Wettbewerber an, wäre es jedenfalls notwendig, Kriterien aufzustellen, anhand derer ein solcher Vergleich erfolgen kann. Inwieweit das insbesondere im digitalen Bereich gelingen kann, ist fraglich. Die Kriterien müssten ausreichend klar und rational ausgestaltet sein, um eine ausreichende Transaktionssicherheit zu gewährleisten.

d. Zwischenergebnis

Trotz der hohen Prognoseunsicherheit, die mit den hier erörterten Zusammenschlüssen üblicherweise einhergeht, erscheint eine Anpassung der Beweislastregeln nicht sinnvoll. Wie oben erläutert zeigen sich verschiedene praktische Schwierigkeiten. Es fehlt derzeit an klaren und rationalen Kriterien, die eine ausreichende Transaktionssicherheit sicherstellen.

2. Ausweitung des Marktbegriffs

Der Sonderberaterbericht spricht sich für eine umfassende Betrachtung der Stellung eines etablierten Unternehmens auf einem „Markt für das digitale Ökosystem" aus.[707] Diese Betrachtung soll sich auf Unternehmen mit einer stark verankerten Marktposition beschränken.[708]

Ein Fokus auf die Auswirkungen des Zusammenschlusses auf die Marktposition des konglomeratischen Ökosystems und die Eintrittsbarrieren, die es

---

707 Sonderberater-Bericht, S. 122.

708 Sonderberater-Bericht, S. 121.

schützen, könne ein besseres Verständnis für defensive Akquisitionsstrategien ermöglichen. In diesen Fällen sei ein „Nutzerraum", der ein breites Spektrum von Nutzerbedürfnissen umfassen könne, zu identifizieren. Der Vorschlag der Sonderberater geht somit weg von einer klassischen Marktabgrenzung hin zu einer Abgrenzung des relevanten Marktes als „Markt des digitalen Ökosystems", sodass der Markbegriff ausgeweitet wird. Durch den Erwerb versuche das etablierte Unternehmen bestehende Netzwerkeffekte zu erweitern, die seine Dienste sowohl für seine Nutzer als auch für die des Targets wertvoller machen. Gleichzeitig werde aber auch das Risiko beseitigt, dass das Zielunternehmen seine Nutzer abwirbt, sollte es sich zu einem Wettbewerber entwickeln. Die Behinderung wirksamen Wettbewerbs ergebe sich durch die Aneignung von Netzwerkeffekten, mit der Folge, dass der Kernmarkt des etablierten Unternehmens geschützt und damit das Ökosystem als Ganzes weiter gestärkt würde. Zudem würden so Nutzer in das Ökosystem „gelevaraged" und aufgrund der Netzwerkeffekte in diesen verbleiben.[709]

Der Sonderberaterbericht bringt mittels dieser Schadenstheorie horizontale Elemente in die konglomeratischen Schadensersatztheorien ein. Dabei sollen insbesondere die Fragen, ob (i) der Erwerber von Marktzutrittsschranken, die mit Netzwerkeffekten einhergehen, profitiert (ii) das Zielunternehmen eine Wettbewerbsbeschränkung innerhalb des Ökosystems darstellt und (iii) die Beseitigung die Marktmacht innerhalb dieses Raums insbesondere durch erhöhte Marktzutrittsschranken stärkt.[710]

a. Voraussetzungen und Möglichkeiten

Dabei bezieht sich der Vorschlag der Sonderberater gerade auch auf die GAFA-Unternehmen, die sich durch ihre stark verankerten Marktpositionen auszeichnen. Insoweit steht der Vorschlag im Einklang mit dem Sinn und Zweck der 10. GWB-Novelle, solchen Unternehmen besondere Verhaltenspflichten aufzuerlegen.

aa. Anwendbarkeit am Beispiel des Zusammenschlusses Facebook/ Instagram

Zum Zeitpunkt des Aufkaufs war Instagram wie oben beschrieben kein Wettbewerber Facebooks in dessen Kernmarkt, es bestanden nach Ansicht der

709 Sonderberater-Bericht, S. 122.
710 Sonderberater-Bericht, S. 11.

prüfenden Wettbewerbsbehörden auch keine wettbewerbsrechtlich bedenklichen Überschneidungen auf anderen Märkten, sodass der Zusammenschluss von der OFT und der FTC freigegeben wurde.[711]

Facebook hat Instagram nach dessen Aufkauf nicht umfassend in sein Ökosystem integriert. Instagram besteht seit dem Aufkauf durch Facebook auch weiterhin als eigenständige Foto-Sharing-App fort. Facebook profitiert jedoch von der Akquisition Instagrams durch eine Teilintegration. So war es aufgrund des Erwerbs von Instagram durch Facebook z.B. (i) möglich als Facebook-Nutzer den jeweiligen Facebook-Account zu nutzen, um sich bei Instagram zu registrieren sowie anzumelden, (ii) Facebook-Kontake direkt hinzuzufügen bzw. diesen zu folgen und (iii) Posts, die auf Instagram geteilt wurden, gleichzeitig auch auf Facebook zu teilen. Facebook hatte zum Zeitpunkt des Aufkaufs von Instagram bereits einen starken Fokus auf das Teilen von Fotos. So wurden im Jahr 2012 (dem Jahr des Aufkaufs von Instagram) täglich ca. 300 Millionen Fotos auf Facebook geteilt.[712] Nach der Teilintegration Instagrams war es möglich größere Fotos auf Facebook zu posten sowie die Instagramfilter bei auf Facebook geteilten Fotos zu nutzen, wohingegen zuvor Fotos, die auf Facebook von Instagram aus gepostet wurden, bei Facebook nur als kleiner Link und Miniaturbild angezeigt wurden.[713] Damit wurde die Möglichkeit Fotos auf Facebook zu teilen wesentlich verbessert. Darüber hinaus hat Facebook im September 2020 offiziell ein weitreichendes Update angekündigt, das die Möglichkeit einer Kombination des Posteingangs von Instagram Direktnachrichten und dem Facebook-Messenger ermöglicht.[714] Infolgedessen ist es möglich, über lediglich einen Posteingang – über die verschiedenen Plattformen hinweg – zu kommunizieren.

Durch die Integration der Kommunikationsdienste von Facebook Messenger und Instagram Direct Messages schafft Facebook in einer Zeit, in der aufgrund

---

711 Siehe hierzu näher unter Gliederungspunkt D II 1 a bb (2) (c).

712 *Thomas*, Facebook: Users Upload 300 Million Images A Day (So Please Let Us Buy Instagram), Business Insider v. 17.07.2012 (abrufbar unter: https://www.businessinsider.com/facebook-images-a-day-instagram-acquisition-2012-7?international=true&r=US&IR=T, zuletzt abgerufen am 10.03.2021).

713 *Upbin*, Facebook Buys Instagram For $1 Billion. Smart Arbitrage, Forbes Online v. 09.04.2012 (abrufbar unter: https://www.forbes.com/sites/quora/2020/10/29/three-things-youll-need-before-starting-a-new-business/?sh=4cb6d2b96af5, zuletzt abgerufen am 10.03.2021).

714 *Mosseri*, Say 👋 to Messenger: Introducing New Messaging Features for Instagram, About Facebook v. 30.09.2020 (abrufbar unter: https://about.fb.com/news/2020/09/new-messaging-features-for-instagram/, zuletzt abgerufen am 10.03.2021).

der COVID-19-Pandemie die Kommunikationsaktivität stark ansteigt, einen stärkeren (direkten) Netzwerkeffekt für seine Plattform. Durch die Möglichkeit der Übernahme der Facebook-Kontakte sowie der Ermöglichung einer unkomplizierteren Nutzung von Instagram für Facebook-Nutzer werden Nutzer eher auf der Plattform Instagram verbleiben bzw. auf dieser aktiv werden, sodass die Nutzerbasis von Instagram weiterwächst.

Hierdurch sowie durch die verbesserte Möglichkeit der Anfertigung und des Teilens von Fotos auf Facebook wird wiederum der verfügbare Content auf Facebook erhöht, da so mehr Fotos von Instagram auf Facebook geteilt werden. Dadurch wird Facebook für seine Nutzer wesentlich attraktiver, denn je höher die Qualität und Quantität der Inhalte sind, desto mehr entstehen Interaktionen mit anderen Nutzern. Aufgrund der sich aus dieser intensiveren bzw. vermehrten Nutzung von Facebook ergebenden Verstärkung der Netzwerkeffekte wird die Wahrscheinlichkeit erhöht, dass Nutzer auf der Plattform verbleiben und der Kernmarkt Facebooks weiter gestärkt wird.

bb. Anwendbarkeit am Beispiel des Zusammenschlusses Google/Waze

Im Juni 2013 erwarb Google das israelische Unternehmen Waze Limited („Waze"), für USD 966 Millionen.[715] Die FTC die OFT sowie die israelische IAA erhoben keine Einwände gegen die Übernahme.

Waze ist eine kostenlose nutzergesteuerte Karten- und Navigations-App für mobile Endgeräte. Waze verwendet Daten von App-Benutzern, um schnellere Navigationsrouten bereitzustellen. Die Daten werden sowohl automatisch – während der Fahrt der Nutzer – übermittelt, können aber auch manuell in die App eingegeben werden. Aufgrund der Schwarmintelligenz der Nutzer ermittelt Waze so die beste Route zwischen zwei Orten zu einer bestimmten Zeit unter Berücksichtigung der vorherrschenden Verkehrs-, Unfall- und anderer Wegbedingungen. Google Maps ist ebenfalls eine kostenlose Karten- und Navigationsapp. Zudem offeriert Google Maps u.a. Satellitenansichten, „Streetview" sowie Informationen zu öffentlichen Verkehrsmitteln. Anders als Google Maps verfügt Waze daher über Optionen zur Meldung von Unfällen, Polizeipräsenz, Radarkameras und gesperrten Straßen. Ein Drittel der Waze-Nutzer teilten zum Zeitpunkt des Aufkaufs „Informationen über Langsamfahrstellen, Radarfallen und Straßensperrungen, sodass Waze die vorgeschlagenen Routen in Echtzeit

---

715 Google, Google Inc. 10-Q Geschäftsergebnisse des 2. Quartals 2013, S. 19 (abrufbar unter: https://www.sec.gov/Archives/edgar/data/1288776/000128877613000055/goog10-qq22013.htm, zuletzt abgerufen am 10.03.2021).

aktualisieren kann […]".[716] Insgesamt war das Nutzerengagement bei Waze daher wesentlich höher als bei Google Maps.[717] Google Maps verfügte jedoch über eine signifikant größere Nutzerbasis.[718]

Mit dem Erwerb von Waze verfolgte Google das Ziel, die Nutzererfahrung seiner Kunden „durch die Bereitstellung von Echtzeit-Verkehrsinformationen für die täglichen Navigationsbedürfnisse der Nutzer" zu verbessern.[719] Google hat seit dem Erwerb von Waze kontinuierlich Schwarmintelligenzfunktionen von Waze in Google Maps integriert: So können Google Maps-Nutzer nun Berichte über Fahrbahnsperrungen, defekte Fahrzeuge und Gegenstände auf der Fahrbahn hinzufügen.[720]

Der Zusammenschluss von Google und Waze unterscheidet sich von dem Zusammenschluss von Facebook und Instagram dahin gehend, dass Waze nicht teilintegriert wurde. Weder kann man sich über ein Google-Konto bei Waze anmelden, noch sind die Apps in anderer Weise miteinander verbunden. Trotzdem hatte der Zusammenschluss einen selbstverstärkenden Effekt: Durch den Erwerb von Waze bzw. die Übertragung spezifischer Waze-Funktionen war es Google möglich, diese Kultur der Nutzerbindung auf Google Maps zu

716 *Goel*, Maps That Live and Breathe With Data, New York Times Online v. 10.06.2013 (abrufbar unter: https://www.nytimes.com/2013/06/11/technology/mobile-compan ies-crave-maps-that-live-and-breathe.html?ref=business&_r=0, zuletzt abgerufen am 10.03.2021).

717 *Cohan*, Four Reasons Google Bought Waze, Forbes Online v. 06.11.2013 (abrufbar unter: https://www.forbes.com/sites/petercohan/2013/06/11/four-reasons-for-google-to-buy-waze/?sh=7f172092726f, zuletzt abgerufen am 10.03.2021).

718 Waze verfügte zum Zeitpunkt des Aufkaufs über knapp 50 Millionen Nutzer, vgl. *Goel*, Maps That Live and Breathe With Data, New York Times Online v. 10.06.2013 (abrufbar unter: https://www.nytimes.com/2013/06/11/technology/mobile-compan ies-crave-maps-that-live-and-breathe.html?ref=business&_r=0, zuletzt abgerufen am 10.03.2021). Google Maps war hingegen die zu diesem Zeitpunkt meistgenutzte Smartphone-App der Welt, vgl.*Richter*, Google Maps is the Most-Used Smartphone App in the World, Statista v. 08.08.2013 (abrufbar unter: https://www.statista.com/chart/1345/top-10-smartphone-apps-in-q2-2013/, zuletzt abgerufen am 10.03.2021).

719 Google, Google Inc. 10-Q Geschäftsergebnisse des 2. Quartals 2013, S. 19 (abrufbar unter: https://www.sec.gov/Archives/edgar/data/1288776/000128877613000055/goo g10-qq22013.htm, zuletzt abgerufen am 10.03.2021).

720 *Graham*, How do you navigate: Google Maps or Waze?, USA Today Online v. 22.10.2019 (abrufbar unter: https://eu.usatoday.com/story/tech/2019/10/22/google-maps-starting-look-like-waze-which-nav-app-better/4057831002/, zuletzt abgerufen am 10.03.2021).

übertragen. Durch die steigende Nutzerbindung verbesserte sich dann das Massenmarktprodukt Google Maps, da mehr Nutzer die Technologie nutzen bzw. insbesondere aktiv nutzen und somit zu ihrer Effektivität beitragen. Durch die Übernahme von Waze hat Google somit direkte Netzwerkeffekte genutzt, um sein Produkt weiter zu verbessern und von der Konkurrenz abzugrenzen. So wird Multi-Homing für die Nutzer von Google Maps weniger attraktiv gemacht, weshalb die Nutzer auf der Plattform verbleiben und das Ökosystem Google als solches weiter gestärkt wird.

Die Theorie der Sonderberater erscheint – wie die oben erläuterten Beispiele zeigen – daher zur Analyse von Start-up-Aufkäufen durch Plattformunternehmen grundsätzlich geeignet.

b. Grenzen

Die Sonderberater nennen in ihrem Bericht den Aufkauf von WhatsApp durch Facebook als Grund für eine notwendige Änderung der bestehenden Schadenstheorien im Hinblick auf die Aufkäufe von Start-ups durch die GAFA-Unternehmen:[721] WhatsApp bot zum Zeitpunkt des Aufkaufs (und bietet auch noch heute) keinen umfassenden Social-Networking-Dienst an, konkurrierte aber mit Facebook in einem Segment von dessen Ökosystem – namentlich dem Markt für Verbraucherkommunikation – der gleichzeitig nach Ansicht der Kommission einen eigenständigen separaten Markt darstellte.[722] Im Rahmen ihrer Entscheidung hatte die Kommission aber auch bei der Betrachtung eines breiteren Marktes für Social-Networking-Dienste eine „gewisse Überschneidung und ein Verschwimmen der Linien bei den Funktionalitäten" festgestellt.[723] Zum Zeitpunkt der Übernahme war WhatsApp aber kein umfassender Konkurrent in diesem breiteren Markt, da es als reine Kommunikations-App nur eine begrenzte Anzahl von Funktionalitäten anbot.[724]

---

721 Sonderberater-Bericht, S. 118.

722 Vgl. Kommission, Entscheidung v. 03.10.2014, Case COMP/M.7217 – *Facebook/ Whatsapp*, Rn. 84 ff.; Die Wettbewerbsbehörde hatte auf diesem Markt jedoch keine erhebliche Beeinträchtigung des wirksamen Wettbewerbs festgestellt, vgl. Kommission, Entscheidung v. 03.10.2014, Case COMP/M.7217 – *Facebook/ Whatsapp*, Rn. 99.

723 Kommission, Entscheidung v. 03.10.2014, Case COMP/M.7217 – *Facebook/ Whatsapp*, Rn. 52.

724 Vgl. Kommission, Entscheidung v. 03.10.2014, Case COMP/M.7217 – *Facebook/ Whatsapp*, Rn. 54.

Facebook hat WhatsApp infolge des Erwerbs in 2014 nicht in sein Ökosystem integriert bzw. teilintegriert, sondern bisher getrennt von Facebook behandelt. Auch hat Facebook infolge des Zusammenschlusses keine WhatsApp spezifischen Funktionen übernommen. Somit kommt es durch den Erwerb von WhatsApp zu keiner vermehrten Nutzung von Facebook oder Aneignung von Netzwerkeffekten. Durch den Erwerb von WhatsApp wurde die Wahrscheinlichkeit, dass Nutzer auf der Plattform verbleiben, nicht erhöht. Zwar wurden durch den Erwerb von WhatsApp Facebook Inc. als Unternehmen gestärkt, nicht aber Facebook als Ökosystem. Allerdings plant Facebook aktuell – nachdem es Facebook Messenger und Instagram Direct Messages verknüpft hat – WhatsApp und Facebook Messenger miteinander zu verknüpfen und so Crossmessaging zwischen den beiden Messenger-Diensten zu ermöglichen.[725] Inwieweit diese Verknüpfung in Zukunft wirklich durchgeführt wird, bleibt insbesondere vor dem Hintergrund, dass die Ende-zu-Ende-Verschlüsselung[726] von WhatsApp Nachrichten eine große infrastrukturelle Herausforderung für die Verknüpfung darstellt, abzuwarten. Sollte es allerdings zu einer Verknüpfung kommen, werden Nutzer eher auf der Plattform von Facebook verbleiben bzw. auf dieser aktiv werden, sodass die Nutzerbasis von Facebook weiterwächst. Derzeit würde die Theorie der Sonderberater jedenfalls im Fall des Zusammenschlusses von Facebook und WhatsApp nicht greifen.

Abgesehen davon, dass der Vorschlag der Sonderberater bei Zusammenschlüssen versagt, bei denen keine Erweiterung bzw. Verstärkung der Netzwerkeffekte stattfindet, weist die Theorie weitere Schwachstellen auf: In einem „Markt für das digitale Ökosystem" hätte keiner der Digitalkonzerne eine marktbeherrschende Stellung. Ganz im Gegenteil würde es sich sogar um einen Markt handeln, auf dem ein durchaus funktionierender Wettbewerb herrscht. Weitere Konsequenzen wären kaum absehbar. Darüber hinaus ist unklar, worin der eigentliche Schaden nach dieser Theorie bestehen soll. Dass Nutzer sich für die neu geschaffene Plattform entscheiden, stellt keinen Schaden dar.[727] Es wird viel eher so sein, dass die Nutzer sich für die neu geschaffene Plattform entscheiden

---

725 *Zuckerberg*, A Privacy-Focused Vision for Social Networking, Facebook v. 07.03.2019 (abrufbar unter: https://www.facebook.com/notes/mark-zuckerberg/a-privacy-focused-vision-for-social-networking/10156700570096634/, zuletzt abgerufen am 10.03.2021).

726 Bei einer Ende-zu-Ende-Verschlüsselung werden Nachrichten so verschlüsselt, dass sie nur vom Absender und dem vorgesehenen Empfänger entschlüsselt werden können.

727 *Pérez de Lamo*, CPI Antitrust Chronicle Mai 2020 Vol. 2 Nr. 2, 50 (57).

oder auf der vorherigen Plattform verbleiben, weil sie von den verstärkten Netzwerkeffekten sowie den erheblichen Verbundvorteilen und Synergien profitieren, die einen erheblichen Mehrwert für die Nutzer darstellen.[728] Im Fall des Zusammenschlusses von *Facebook/Instagram* wurde Facebook für seine Nutzer attraktiver, da die Möglichkeit geschaffen wurde, Fotos von Instagram auf Facebook zu teilen und die Qualität und Quantität dieser Inhalte auf Facebook zunahm. Außerdem wurde den Nutzern ein leichteres Anmelden sowie eine einfachere Kommunikation zwischen verschiedenen Diensten ermöglicht. Im Fall des Zusammenschlusses von Google und Waze hat Google durch die Übernahme spezifischer Waze-Funktionen direkte Netzwerkeffekte genutzt, um sein Produkt interaktiver zu gestalten, wovon wiederum die Nutzer profitierten, da sie eine nützlichere Karten-App nutzen konnten.

c. Zwischenergebnis

Es ist grundsätzlich richtig, dass konglomeratische Zusammenschlüsse zu einer Marktabschottung führen können. Würde man aber die von den Sonderberatern vorgeschlagene Schadenstheorie akzeptieren, besteht die Gefahr, bereits das bloße Potenzial einer Marktabschottung als tatsächlichen Schaden ausreichen zu lassen.[729] Abgesehen davon führt eine bereitere Marktabgrenzung in Form eines „Marktes für das digitale Ökosystem" gleichzeitig zu einer Überschätzung und Unterschätzung des Wettbewerbsdrucks. So stellte der Sonderberater-Bericht selbst fest, dass eine weiter gefasste Marktdefinition, die Messenger-Dienste wie WhatsApp in einen Markt für Netzwerkdienste einbezogen hätte, gleichzeitig das Risiko einer Überschätzung des Wettbewerbsdrucks mit sich gebracht hätte.[730] Zudem käme es in Fällen, in denen der Kernmarkt des superdominanten Digitalunternehmens betroffen wäre, zu einer Unterschätzung des Wettbewerbsdrucks.

Auch wenn die Theorie der Sonderberater in einigen Fällen durchaus geeignet wäre, den Aufkauf potentieller Wettbewerber durch superdominante Digitalunternehmen zu erfassen, weist sie – insbesondere aufgrund der Problematik der Schadensfeststellung – zu viele Schwachstellen auf.

---

728 *Pérez de Lamo*, CPI Antitrust Chronicle Mai 2020 Vol. 2 Nr. 2, 50 (57).
729 *Pérez de Lamo*, CPI Antitrust Chronicle Mai 2020 Vol. 2 Nr. 2, 50 (57).
730 Sonderberater-Bericht, S.118 f.

3. Innovationstheorie der Kommission

Die Kommission hat ihre traditionelle Innovationsanalyse im Rahmen der Fusionskontrolle im pharmazeutischen und agrochemischen Bereich in den letzten Jahren wesentlich reformiert. Im Folgenden werden die Voraussetzungen und Folgen der Anwendung der Innovationstheorie aufgezeigt und dargelegt, dass eine Übertragung der aufgestellten Voraussetzungen auf den digitalen Bereich möglich und sinnvoll ist.

Innovationen sind ein in der kartellrechtlichen Prüfung anerkanntes Marktmacht- und Wettbewerbsparameter und wurden bereits bisher im Rahmen der deutschen Fusionskontrolle berücksichtigt, wenngleich sie dort eine nur untergeordnete Rolle spielten.[731] Das BKartA untersuchte Auswirkungen auf den Innovationswettbewerb (bisher) lediglich im Hinblick auf abgegrenzte Produktmärkte.[732] In diesem Zusammenhang fokussierte sich das Amt einerseits auf die Auswirkungen der künftigen Marktstruktur auf Innovationen und andererseits auf die Auswirkungen der Innovationen auf die Marktstruktur.[733] Aus ökonomischer Sicht sind die Zusammenhänge zwischen Innovationen und der Intensität des Wettbewerbs jedoch noch nicht vollständig geklärt.[734] Eine Reihe von aktuellen ökonomischen Abhandlungen die sich – ausgelöst von kartellrechtlicher Rspr. zu Innovationen – mit den Auswirkungen, die Akquisitionen auf Innovationen haben können, näher auseinandersetzen, stellten fest, dass Zusammenschlüsse tendenziell zu einer Verringerung von Innovation, und zwar sowohl bezogen auf den F&E-Prozess an sich[735] als auch hinsichtlich der Produkt-F&E[736] führen. Es gebe jedoch auch einzelne Mechanismen, wie die Koordination von F&E-Projekten und die gemeinsame Nutzung von Innovationen, durch

---

731 BKartA, Innovationen – Herausforderungen für die Kartellrechtspraxis, 05.10.2017, S. 17 ff.; BKartA, Leitfaden zur Marktbeherrschung in der Fusionskontrolle, Rn. 5, 22, 48, 97 f., 118.

732 Vgl. u.a. BKartA, Beschluss v. 21.11.2014, B5-138/13 – *Tokyo Elektron/Applied Materials*, Rn. 309 ff.

733 BKartA, Innovationen – Herausforderungen für die Kartellrechtspraxis, 05.10.2017, S. 7 ff.

734 Sog. „Schumpeter gegen Arrow" – Kontroverse. Vgl. zusammenfassend Monopolkommission, Hauptgutachten 12, Rn. 716 mit Hinweis auf eine mögliche Vereinbarkeit der (scheinbar) widersprüchlichen Sichtweisen.

735 *Motta/Tarantino*, The Effect of Horizontal Mergers, When Firms Compete in Prices and Investments, Discussion Paper Nr. 056, November 2018.

736 *Federico et al.*, Int. J. Ind. Org. 2018 Vol. 59, 1-23.

die Zusammenschlüsse Innovationsanreize erhöhen können.[737] Auch wenn es Sonderkonstellationen gibt, in denen durch einen Zusammenschluss Innovationsanreize erhöht werden können, ist es – der überwiegenden Mehrheit in der Literatur folgend – für die Gesellschaft förderlicher, wenn innovative Unternehmen sich nicht zusammenschließen dürfen.[738]

a. Neue Schadenstheorie der Kommission

In einer Reihe von Zusammenschlussentscheidungen im pharmazeutischen und agrochemischen Bereich der letzten Zeit, die in den Entscheidungen zu den Zusammenschlüssen von Dow Inc. („Dow") und DuPont de Nemours, Inc. („DuPont")[739] sowie der Bayer AG („Bayer") und der Monsanto Company („Monsanto") [740] ihren Höhepunkt fanden, hat die Kommission ihre traditionelle Innovationsanalyse grundlegend überarbeitet, indem sie die Wettbewerbsbeziehungen in einer Innovationsphase untersucht hat, potenziell konkurrierende Forschungspole identifiziert und letztlich zwei neue Schadenstheorien eingeführt hat. Die Kommission hat die Innovationstätigkeit in diesen Entscheidungen als einen eigenständig zu schützenden Wettbewerb angesehen. So nahm die Kommission eine allgemeine Bewertung der Beeinträchtigung der Innovation – unabhängig von einem abgegrenzten Produktmarkt – vor und fokussierte sich verstärkt auf die Auswirkungen des Zusammenschlusses auf die Innovationstätigkeit per se.

aa. „Innovation spaces"

Dies tat sie im Hinblick auf sog. „innovation spaces" sowie bezogen auf die gesamte Branche bzw. Industrie.[741] Als „innovation spaces" bezeichnet die Kommission Bereiche, in denen Innovationswettbewerb stattfindet und auf denen sich die Zusammenschlussbeteiligte als Wettbewerber begegnen können.[742] Als Bestandteil dieser „innovation spaces" sieht die Kommission Forschungslinien[743]

---

737 *Denicolò/Polo*, Antitrust L. J. 2019 Vol. 82, 926-953.

738 Vgl. für einen Überblick *Kokkoris/Valletti*, J. Comp. L. & Econ. 2020 Vol. 1 Issue 2, 220 (226 ff.).

739 Kommission, Beschluss v. 27.03.2017, M.7932 – *Dow/DuPont*.

740 Kommission, Beschluss v. 21.03.2018, M.8084 – *Bayer/Monsanto*.

741 Kommission, Beschluss v. 27.03.2017, M.7932 – *Dow/DuPont*, Rn. 1975.

742 Kommission, Beschluss v. 21.03.2018, M.8084 – *Bayer/Monsanto*, Rn. 80 Fn. 23.

743 Kommission, Beschluss v. 27.03.2017, M.7932 – *Dow/DuPont*, Rn. 1958.

und Pipelineprodukte in einem Frühstadium[744] an. Diese „innovation spaces“ können weiter abzugrenzen sein als die relevanten Produktmärkte.[745]

bb. Identifizierung wesentlicher Innovatoren

Zur Analyse der Zusammenschlussauswirkungen auf den Innovationswettbewerb sind die relevanten Innovatoren, d.h. die Teilnehmer des Innovationswettbewerbs zu identifizieren. Dies sind die Unternehmen, die „über die Mittel und Fähigkeiten verfügen, neue Produkte zu entdecken und zu entwickeln, die als Ergebnis der F&E-Anstrengungen auf den Markt gebracht werden können“[746]. Maßgeblich sind folglich Unternehmen mit überlappenden Forschungsbereichen.[747] Die Stärke der Innovatoren – als Pendant einer Berechnung von Marktanteilen –[748] hinsichtlich der Innovationsaktivität sei anhand des „Innovation-Output“ zu bestimmen.[749] Die Kommission hat zu diesem Zweck umfangreiche Patentanalysen in qualitativer sowie quantitativer Hinsicht durchgeführt.[750]

cc. Wettbewerbliche Auswirkungen

Die Kommission sah die transaktionsbedingt zu erwartenden Veränderungen der Anreizstrukturen sowohl in ihrer *Dow/DuPont*- als auch in ihrer *Bayer/Monsanto*-Entscheidung in zweierlei Hinsicht als negativ hinsichtlich der Auswirkungen auf den Innovationswettbewerb an:

Erstens käme es zu einem verminderten Innovationswettbewerb innerhalb der „innovation spaces“ zwischen den Parteien, in dessen Folge mit einer Einstellung, Verzögerung oder Neuausrichtung der Forschungslinien oder der frühen Pipelineprodukte zu rechnen sei.[751] Als Indizien dienten der Kommission insbesondere interne Dokumente des „Post-Integrations-Planungsteams“ bezüglich der geplanten Integration sowie bezüglich Synergien infolge des Zusammenschlusses.[752] Als besonders aussagekräftig sah die Kommission Aussagen an,

---

744 Kommission, Beschluss v. 27.03.2017, M.7932 – *Dow/DuPont*, Rn. 1960.
745 Kommission, Beschluss v. 27.03.2017, M.7932 – *Dow/DuPont*, Rn. 351.
746 Kommission, Beschluss v. 27.03.2017, M.7932 – *Dow/DuPont*, Rn. 349.
747 *Wirtz/Schulz*, NZKart 2019, 20 (24).
748 Kommission, Beschluss v. 27.03.2017, M.7932 – *Dow/DuPont*, Rn. 379 ff.
749 Kommission, Beschluss v. 27.03.2017, M.7932 – *Dow/DuPont*, Rn. 379.
750 Vgl. Kommission, Beschluss v. 27.03.2017, M.7932 – *Dow/DuPont*, Rn. 387 ff.; Kommission, Beschluss v. 21.03.2018, M.8084 – *Bayer/Monsanto*, Rn. 1109 ff.
751 Kommission, Beschluss v. 27.03.2017, M.7932 – *Dow/DuPont*, Rn. 1955, 3056.
752 Kommission, Beschluss v. 27.03.2017, M.7932 – *Dow/DuPont*, Rn. 3066.

Kosten in bestimmten (innovativen) Bereichen einsparen zu wollen.[753] Zweitens befürchtete die Kommission eine Absenkung der Innovationsanreize auf der gesamten Industrieebene, da der Innovationsdruck auf die anderen innovativen Wettbewerber durch die Zusammenlegung der Innovationsaktivitäten der Zusammenschlussparteien reduziert würde.[754] Die negativen Auswirkungen auf Innovationsanreize wurden von der Kommission ökonomisch unter der Prämisse vermutet, dass (i) Innovation ein wichtiges Merkmal der betroffenen Branche ist, (ii) die von der Transaktion betroffenen Märkte hoch konzentriert sind und hohe Marktzutrittsschranken aufweisen, (iii) die Transaktionsbeteiligten zwei von nur wenigen Innovatoren innerhalb eines „innovation space" sind, (iv) Anhaltspunkte dafür bestehen, dass die Parteien ohne den Zusammenschluss wahrscheinlich gegenseitig Umsätze kannibalisiert hätten und (v) Innovation weitgehend durch Produktinnovationen erfolgt.[755]

dd. Kritik

Die Innovationstheorie der Kommission hat neben positiver Resonanz[756] auch viel Kritik[757] erfahren:

(1) Marktabgrenzung

Durch die zeitliche Vorverlagerung der Innovationsaktivitäten ist eine Marktabgrenzung nur in gewissen Grenzen dazu geeignet, Innovationsanreize angemessen zu erfassen. Der Ansatz der Kommission hin zu einer Fokussierung auf den Innovationswettbewerb und die Abgrenzung von Innovationsräumen als maßgeblicher Analyserahmen ist mangels einer sich über viele Jahre erstreckender

---

753 Kommission, Beschluss v. 27.03.2017, M.7932 – *Dow/DuPont,* Rn. 3071.

754 Kommission, Beschluss v. 27.03.2017, M.7932 – *Dow/DuPont,* Rn. 3057 f.

755 Kommission, Beschluss v. 27.03.2017, M.7932 – *Dow/DuPont,* Rn. 2121, Annex 4 Rn. 12, 14.

756 Die Monopolkommission hat den Ansatz der Kommission im Grundsatz begrüßt, vgl. Monopolkommission, Hauptgutachten 12, Rn. 716 ff. Auch *Wirtz* und *Schulz* begrüßen den Ansatz der Kommission aufgrund einer stärkeren Berücksichtigung dynamischer Wettbewerbsaspekte in der Fusionskontrolle im Grundsatz, vgl. *Wirtz/Schulz*, NZKart 2019, 20 (28).

757 Vgl. u.a. *Spangler/Heppner*, PharmR 2018, 522 (524 ff.); *Wirtz* und *Schulz* begrüßen den Ansatz zwar grundsätzlich, kritisieren jedoch verschiedene Aspekte der Innovationstheorie, *Wirtz/Schulz*, NZKart 2019, 20 (22 ff.); Der Sonderberater-Bericht lehnt die Anwendung der Innovationstheorie auf digitale Transaktionen ausdrücklich ab, Sonderberater-Bericht, S. 120.

Fallpraxis derzeit im Vergleich zur Marktabgrenzung (noch) nicht im gleichen Maße handhabbar.[758] Die Marktabgrenzung muss aber nicht zwingend das einzige Mittel zur fusionskontrollrechtlichen Bewertung sein und sieht sich insbesondere aufgrund mangelnder Flexibilität sowie teilweiser Unschärfe zu Recht Kritik ausgesetzt.[759] Zudem ist auch die Marktabgrenzung ein dynamischer Prozess.[760] Das BKartA ist weder an frühere eigene Marktabgrenzungen noch an Marktabgrenzungen der Kommission gebunden, sondern hat diese vielmehr bei jedem neuen Zusammenschlussvorhaben neu zu prüfen bzw. vorzunehmen.[761] Trotzdem gibt die ständige Rspr. hinsichtlich der Marktabgrenzung den Transaktionsbeteiligten ein gewisses Maß an Rechtssicherheit.

Die Kommission hat bisher keine präzisen, für verschiedene Konstellationen handhabbaren Voraussetzungen aufgestellt, anhand derer Innovationsräume abzugrenzen sind. Insofern ist es notwendig, dass die Wettbewerbsbehörden das Konzept des Innovationswettbewerbs und der Innovationsräume weiter ausformen sowie präzisieren, um ein gewisses Maß an Transaktionssicherheit gewährleisten zu können.[762]

(2) Identifizierung relevanter Innovatoren

Auch die Identifizierung der relevanten Innovatoren zum Zweck der Analyse der Zusammenschlussauswirkungen auf den Innovationswettbewerb ist nicht frei von Herausforderungen. Die Innovationstätigkeit findet insbesondere in den Anfangsstadien u.a. aufgrund der Vermeidung von Spill-over Effekten unternehmensintern statt, sodass die Identifizierung von Innovatoren ungleich schwieriger als im Zusammenhang mit herkömmlichen Wettbewerbern auf Produktmärkten ist. Die Kommission ist daher auf die Informationen und Aussagen (möglicher) Wettbewerber angewiesen. Zudem kann der Innovationsprozess insbesondere im pharmazeutischen oder agrochemischen Bereich sehr langwierig sein, sodass sich die Frage stellt, inwieweit Unternehmen, die sich noch in anderen Forschungsstadien befinden, zu berücksichtigen sind.[763]

---

758 *Wirtz/Schulz*, NZKart 2019, 20 (23).

759 Vgl. hinsichtlich solcher Überlegungen z.B. *Zimmer*, WuW 2013, 928 (932 f.).

760 *Thomas* in Immenga/Mestmäcker GWB, § 36 Rn. 68.

761 *Thomas* in Immenga/Mestmäcker GWB, § 36 Rn. 68.

762 So auch *Spangler/Heppner*, PharmR 2018, 522 (523); *Wirtz/Schulz*, NZKart 2019, 20 (23).

763 *Wirtz/Schulz*, NZKart 2019, 20 (24).

(3) Nachweisanforderungen

Zudem stellt sich die Frage, inwieweit die Wettbewerbsbehörde die Auswirkungen auf die Innovationsanreize darlegen muss. Ihrer Ansicht nach ist die Kommission nicht verpflichtet, Nachweise hinsichtlich wahrscheinlicher Auswirkungen der Innovationsanreize, d.h. inwieweit die Zusammenschlussparteien Forschungslinien einstellen, verschieben oder umlenken, zu erbringen, sondern hat lediglich darzulegen, dass eine Reduzierung der Innovationsanreize aufgrund des Zusammenschlusses hinreichend wahrscheinlich ist.[764]

Sicherlich nicht notwendig ist, dass die Kommission spezifische Auswirkungen auf bestimmte Produktmärkte identifiziert, da eine solche Identifizierung nicht mit einer gewissen Sicherheit möglich wäre.[765] Um drohender Konturlosigkeit vorzubeugen, sollte die Kommission jedoch die möglichen Veränderungen zukünftiger Innovationstätigkeiten näher konkretisieren.[766]

(4) Prognosehorizont

Auch hinsichtlich des Prognosehorizonts bedarf es einer näheren Konkretisierung. Im Rahmen des Zusammenschlussvorgangs in *Dow/DuPont* argumentierten die Zusammenschlussparteien, dass eine erhebliche Beeinträchtigung des wirksamen Wettbewerbs erfordert, dass der Schaden für die Verbraucher auf einem relevanten Markt innerhalb des relevanten Vorhersagezeitraums, von ca. fünf Jahren nicht überschritten wird. Außerdem würde ein hypothetischer Schaden für den Verbraucher erst eintreten, wenn das jeweilige Produkt tatsächlich auf den Markt kommt.[767]

Die Kommission differenziert insoweit zwischen der unmittelbaren Folge des Zusammenschlusses, d.h. der Reduzierung der Innovationsaktivitäten und den daraus resultierenden Auswirkungen für den Verbraucher, wie z.B. einer verringerten Produktvielfalt. Nur die direkte Folge sei unmittelbarer Gegenstand der wettbewerblichen Zusammenschlussanalyse. Die von der Kommission vertretene Theorie impliziere daher eine unmittelbare Auswirkung des Vorhabens auf das Verhalten der Zusammenschlussparteien.[768]

---

764 Kommission, Beschluss v. 27.03.2017, M.7932 – *Dow/DuPont*, Rn. 3025; Kommission, Beschluss v. 21.03.2018, M.8084 – *Bayer/Monsanto*, Rn. 1696 f.

765 So auch *Wirtz/Schulz*, NZKart 2019, 20 (25).

766 So auch *Wirtz/Schulz*, NZKart 2019, 20 (25).

767 Vgl. Kommission, Beschluss v. 27.03.2017, M.7932 – Dow/DuPont, Rn. 2032.

768 Kommission, Beschluss v. 27.03.2017, M.7932 – Dow/DuPont, Rn. 2033 f.

Eine solche Differenzierung ist durchaus sinnvoll, wenn der Schaden in der Reduzierung von Innovationsaktivitäten zu sehen ist.[769] Es verhält sich aber insbesondere in der *Dow/DuPont*-Entscheidung stellenweise so, als sehe die Kommission den eigentlichen Schaden nicht in der Reduzierung von Innovationsaktivitäten, sondern in den daraus resultierenden Auswirkungen.[770] Die Aussagen der Kommission sind insoweit nicht konsistent. Eine beispielsweise zukünftige Verringerung der Produktvielfalt aufgrund des Zusammenschlusses und des daraus wiederum resultierenden Verlustes an Innovationsanreizen ist jedoch, selbst wenn das Produkt Marktreife erlangen kann, kaum vorherzusagen.[771] Die Kommission sollte sich daher klarer positionieren, worin der tatsächliche von ihr untersuchte Schaden liegt.

(5) Effizienzen

Vergleichbare Unsicherheiten zeigen sich hinsichtlich der Berücksichtigung positiver Innovationsanreize als Effizienzen. Die Koordination von F&E-Projekten und die gemeinsame Nutzung von Innovationen durch die Zusammenschlüsse können Innovationsanreize erhöhen.[772]

Effizienzgewinne müssen die möglichen langfristigen negativen Auswirkungen des Zusammenschlusses auf den Wettbewerb ausgleichen. In der Praxis der deutschen sowie der EU-Fusionskontrolle hat die Berücksichtigung von Effizienzvorteilen bisher jedoch keine entscheidende Rolle gespielt.[773] Gleiches gilt für die Berücksichtigung von Innovationen im Rahmen von Effizienzeinreden. So wurden zwischen 2004 und 2016 von insgesamt zweiundvierzig EU-Phase-II-Zusammenschlussfällen in nur vier Fällen Innovationen im Rahmen von Effizienzeinreden erwähnt.[774]

Es stellt sich die Frage, inwieweit positive Innovationsanreize als Effizienzen geltend gemacht werden können, um negative Effekte auf die Innovationstätigkeit auszuräumen. Die Voraussetzungen für zu berücksichtigende Effizienzen sind ohnehin nur schwer – und voraussichtlich im Zusammenhang mit Innovationen – noch schwerer zu erfüllen, da der zukünftigen Innovationsaktivität eine

769 *Wirtz/Schulz*, NZKart 2019, 20 (26).

770 Vgl. z.B. Kommission, Beschluss v. 27.03.2017, M.7932 – *Dow/DuPont*, Rn. 2033.

771 *Wirtz/Schulz*, NZKart 2019, 20 (26).

772 *Denicolò/Polo*, Antitrust L. J. 2019 Vol. 82, 926-953.

773 Siehe hierzu näher unter Gliederungspunkt D II 3.

774 *Veugelers*, Innovation in EU Merger Control: Walking the Talk, Bruegel Policy Contribution Februar 2012, Issue 04, S. 3 f.

gewisse Unsicherheit inhärent ist.[775] Zum einen sind dynamische Effizienzen, insbesondere da sie regelmäßig erst nach einer längeren Zeit auftreten, schwieriger nachzuweisen als statische Effizienzen. Zum anderen ist unklar, wie wahrscheinlich eine Erhöhung der Innovationsaktivität sein muss, um einen nicht genau bezifferten Verlust der Innovationsanreize ausgleichen zu können.[776]

Es muss daher präzisiert werden, in welchem Umfang die Effizienzgewinne nachzuweisen sind, um keine Beweisasymmetrie zu riskieren. Die Kriterien, die für eine erfolgreiche Effizienzverteidigung in Bezug auf den Produktwettbewerb aufgestellt wurden, können und sollten jedenfalls nicht in gleicher Weise auf den Innovationswettbewerb angewandt werden.

(6) Zwischenergebnis

Die Innovationstheorie ist zu Recht auf Kritik gestoßen. Um die Theorie für die Praxis handhabbar zu machen, bedarf es daher einiger näherer Konkretisierungen und Präzisierungen. Grundlegende Bedenken, die das Konzept des Innovationswettbewerbs betreffen, bestehen jedoch nicht.

b. Übertragbarkeit der Innovationstheorie auf den digitalen Bereich

Die Digitalwirtschaft zeichnet sich durch eine hohe Innovationstätigkeit aus.[777] Gerade Start-ups kennzeichnet ihre Innovations- und Wachstumsorientierung. Durch die Digitalisierung konnten insbesondere auch für Start-ups Investitionskosten erheblich reduziert und durch eine hohe Innovationstätigkeit disruptive Veränderungen ermöglicht werden.[778] Genau diese radikalen Innovationen sind es, die zur Bestreitbarkeit etablierter Plattformunternehmen führen können.[779] Gleichzeitig deutet vieles auf die Existenz von „kill zones“ hin, aufgrund derer es zu Innovationsverlusten kommen kann.[780] Anstelle eines klassischen Innovationswettbewerbs mit sich überschneidenden Pipelineprodukten würde die Situation im digitalen Bereich im Zusammenhang mit dem Aufkauf von Start-ups

775 *Wirtz/Schulz*, NZKart 2019, 20 (28). Vgl. zu dieser Problematik grundsätzlich *Thomas*, J. Comp. L. & Econ. 2017 Vol. 13 Issue 2, 346 (350 ff.).

776 *Lofaro et al.*, Antitrust Fall 2017 Vol. 3 Nr. 1, 100 (103); Monopolkommission, Hauptgutachten 12, Rn. 717.

777 Monopolkommission, Sondergutachten 68, Rn. 19; Sonderberater-Bericht, S. 12.

778 *Tamke*, NZKart 2018, 503 (507).

779 *Podszun/Schwalbe*, NZKart 2017, 98 (101).

780 Siehe hierzu näher unter Gliederungspunkt B II 2 e bb (2) (b).

sich wie in der *Medtronic/Covidien*-Entscheidung[781] so darstellen, dass ein bestehendes bereits etabliertes Produkt durch ein neues, innovatives, sich in der Pipeline befindliches Produkt bedroht wird.[782] Es wird sich in vielen Fällen nicht um ein vollends entwickeltes Produkt handeln, da Innovationen im Fall von digitalen Start-ups wenigen Reglementierungen unterliegen und u.a. deshalb einen viel kürzen Innovationsprozess haben als bei Unternehmen auf klassischen Innovationsmärkten wie z.B. im Pharmabereich. Besonders offensichtlich wird dieser verkürzte Prozess am Grad der Marktreife, mit dem ein Produkt auf den Markt gebracht wird. Das Beispiel des Minimal Viable Product („MVP") Prinzip veranschaulicht den verkürzten Innovationsprozess besonders plastisch.

Der Begriff des MVP entstammt dem „Lean-Startup"-Gedanken[783] und wurde insbesondere von *Ries* der breiteren Öffentlichkeit bekannt gemacht. Das MVP ist diejenige „Version eines neuen Produkts, die es einem Team erlaubt, mit dem geringsten Aufwand die maximale Menge an validiertem Wissen über Kunden zu sammeln"[784]. Ziel ist es, aus der ersten Produktiteration zu lernen.[785] Ein MVP kann schon nach wenigen Monaten, ohne vollständig entwickelt zu sein, auf den Markt gebracht werden. Ein MVP ist aber kein Prototyp, sondern stellt eher einen Prozess als ein Produkt dar.[786] Dieser Prozess soll verhindern, dass Zeit und finanzielle Mittel in ein Produkt investiert werden, das sich nicht durchsetzen wird. Ein MVP kann auch als Ausgangspunkt dazu beitragen, eine neue große disruptive Innovation zu entdecken.[787] So kann es Teil des Prozesses

781 Kommission, Entscheidung v. 28.11.2014, M.7326 – *Medtronic/Covidien*, Rn. 247 f. Die Kommission kam zu dem Schluss, dass nur wenige Wettbewerber auf dem Markt aktiv waren und dass *Covidien* seine Produkt-Entwicklung ohne den Zusammenschluss weiter vorantreiben würde (Rn. 179 ff.) und dass Covidien zu einem ernsthaften Herausforderer für die Marktführerschaft von *Medtronic* werden könnte (Rn. 242).

782 *Pérez de Lamo*, CPI Antitrust Chronicle Mai 2020 Vol. 2 Nr. 2, 50 (58).

783 Ein „Lean-Startup" ist ein von *Ries* entwickeltes Managementsystem zur Minimierung der Dauer von der Produktentwicklung bis zur Platzierung des Produkts am Markt bei Unternehmensgründungen, vgl. *Ries*, Lean Startup.

784 *Ries*, The Startup Way, S. 96.

785 *Ries*, The Startup Way, S. 96.

786 *Baker*, Minimum Viability, Maximum Value: Breaking Into Market With An MVP, Forbes Online v. 22.08.2018 (abrufbar unter: https://www.forbes.com/sites/forbesdallascouncil/2018/08/22/minimum-viability-maximum-value-breaking-into-market-with-an-mvp/?sh=64518cc917fd, zuletzt abgerufen am 10.03.2021).

787 *Thimothy*, Minimum Viable Product: How To Help Clients Build Their MVP, Forbes Online v. 02.02.2021 (abrufbar unter: https://www.forbes.com/sites/theyec/2021/02/

sein, dass sich der Kernzweck ändert und das Endprodukt letztlich deutlich von der ursprünglichen Vision abweicht.[788]

Bisher hat die Kommission ihre neuen Schadenstheorien lediglich im pharmazeutischen und agrochemischen Bereich angewandt. Inwieweit diese Schadenstheorien auch im digitalen Bereich anwendbar bzw. auf diesen übertragbar sind, bedarf einer näheren Untersuchung.

aa. Möglichkeiten

In einer Reihe von Fällen gelang es der Kommission, Wettbewerbsbeschränkungen in einem Stadium zu erfassen, in dem wettbewerbswidrige Auswirkung auf den relevanten Markt noch nicht mit ausreichender Sicherheit vorhergesagt werden konnte. Wäre es möglich diese Methodik des Innovationswettbewerbs auch im digitalen Bereich anzuwenden, wäre es nicht notwendig, eine – insbesondere im Zusammenhang mit Start-ups schwer feststellbare –[789] potentielle Wettbewerbereigenschaft zwischen den Transaktionsparteien mit einer hinreichenden Wahrscheinlichkeit feststellen zu müssen.[790]

Die Branchenmerkmale, die die Kommission im Hinblick auf die Pflanzenschutzbranche in ihrer *Dow/DuPont*-Entscheidung identifiziert hat, und als Ausgangspunkt für die Anwendung ihrer neuen Schadentheorien ansah, werden regelmäßig auch auf Digitalmärkte zutreffen. Es ist jedoch immer eine dem Einzelfall angemessene Entscheidung zu treffen. Auch im digitalen Bereich sind (i) Innovationen ein wichtiges Wettbewerbsparameter. Die hohe Innovationstätigkeit ist charakteristisch für den digitalen Bereich.[791] Gerade disruptive Innovationen können im digitalen Bereich zu einer Bestreitbarkeit etablierter Plattformunternehmen führen.[792] Darüber hinaus zeichnen sich auch im digitalen Bereich einige Märkte – darunter insbesondere die GAFA-Kernmärkte durch (ii) einen hohen Grad an Konzentration und hohe Marktzutrittsschranken aus. Dieser hohe Konzentrationsgrad lässt sich u.a. auf starke positive

---

02/minimum-viable-product-how-to-help-clients-build-their-mvp/?sh=7e0b37f37 272, zuletzt abgerufen am 10.03.2021).

788 *Thimothy*, Minimum Viable Product: How To Help Clients Build Their MVP, Forbes Online v. 02.02.2021 (abrufbar unter: https://www.forbes.com/sites/theyec/2021/02/02/minimum-viable-product-how-to-help-clients-build-their-mvp/?sh=7e0b37f37272, zuletzt abgerufen am 10.03.2021).

789 Siehe hierzu näher unter Gliederungspunkt D II 1 a bb (2) (b).

790 *Pérez de Lamo*, CPI Antitrust Chronicle Mai 2020 Vol. 2 Nr. 2, 50 (58).

791 Monopolkommission, Sondergutachten 68, Rn. 19; Sonderberater-Bericht; S. 12.

792 *Podszun/Schwalbe*, NZKart 2017, 98 (101).

Netzwerkeffekte zurückführen, die durch datengesteuerte Rückkopplungseffekte sowie die Einsparung aufgrund von Skaleneffekten verstärkt werden können.[793] Aufgrund dieser (iii) starken Konzentrationstendenzen sind auch im Digitalbereich in den GAFA-Kernbereichen nur wenige Innovatoren aktiv. Dass einer der Zusammenschlussbeteiligten ohne den Zusammenschluss wahrscheinlich durch innovative Produkte des einen Unternehmens (iv) die Gewinne des anderen Unternehmens sowohl bei bestehenden als auch bei innovativen zukünftigen Produkten kannibalisiert hätten, ist auch im Digitalbereich denkbar. Jede Komponente der Medikamentenentwicklung bringt einen erheblichen Aufwand an Zeit und Kosten mit sich. Ein Gewinnverlust durch Generika lässt sich jedoch sicherlich eindeutiger kalkulieren, wohingegen die Verlusthöhe durch ein innovatives digitales Start-up nur schwer einschätzbar ist.[794] Im Zusammenhang mit sozialen Netzwerken ist z.B. anzunehmen, dass Nutzer „kannibalisiert“ werden, indem sie auf eine andere Plattform gelockt werden. Durch den Verlust an Nutzern und somit an Reichweite sinken auch die Monetarisierungsmöglichkeiten. Eine Feststellung von Kannibalisierungseffekten bleibt daher auch im digitalen Bereich möglich, wenngleich sie mit einem größeren Aufwand verbunden sein wird. Zudem erfolgen auch im digitalen Bereich (v) Innovationen weitgehend durch Produktinnovationen. Im Ergebnis ist selbstverständlich immer eine Betrachtung des Einzelfalls notwendig.

Diese Marktmerkmale deuten, dem Ansatz der Kommission folgend, darauf hin, dass die Rivalität ein wichtiger Faktor sein muss, der die Innovation vorantreibt, und, dass vorherige Zusammenschlüsse zu einem Rückgang solcher Innovationsanreize geführt haben.[795] Das Vorstehende zeigt aber, dass die Merkmale, die die Kommission aufgeführt hat, grundsätzlich auf den digitalen Bereich übertragbar sind.

In den von ihr näher untersuchten Fällen hat die Kommission einen ganzheitlichen Ansatz verfolgt, um trotz der den Innovationsprozessen inhärenten Ergebnisoffenheit eine möglichst faktenbasierte Entscheidung treffen zu können. Obwohl plötzliche disruptive Innovationen gerade im digitalen Bereich nicht unmöglich sind, werden die meisten Innovationen das Ergebnis von langwierigen und intensiven F&E-Aktivitäten sein, die den Zugang zu spezifischen Ressourcen erfordern.[796] Um die maßgeblichen „innovation spaces“ zu definieren

793 Siehe hierzu näher unter Gliederungspunkt B I 2 a.

794 *Cunningham et al.*, JPE März 2021 Vol. 129 Nr. 3, 649 (695).

795 Vgl. Kommission, Beschluss v. 27.03.2017, M.7932 – *Dow/DuPont*, Rn. 2000.

796 *Kerber* in Gerard, Dynamic Markets and Dynamic Enforcement, S. 49 f.

und eine Bewertung des Innovationswettbewerbs bei Zusammenschlüssen im digitalen Bereich – trotz fehlender Pipelines – durchführen zu können, empfiehlt sich daher auch im digitalen Bereich die Analyse der wesentlichen Ressourcen und Fähigkeiten des Zielunternehmens.[797]

Wesentliche Ressourcen sind z.B. der Zugang zu Finanzen oder wettbewerbsrelevanten Daten.[798] Die Berücksichtigung dieser Ressourcen ist dem deutschen Wettbewerbsrecht nicht fremd, sondern ist explizit bei der Bewertung der Marktstellung eines Unternehmens nach § 18 GWB und damit mittelbar im Rahmen von § 36 Abs. 1 GWB zu berücksichtigen. Da bei Start-ups im digitalen Bereich mit innovativen Geschäftsmodellen regelmäßig ein hoher Finanzierungsbedarf mit einer geringen Selbstfinanzierungskraft zusammentrifft, sind diese Startups vergleichsweise häufig auf einen Zugang zu Finanzen in Form von externem Kapital – häufig in Form von Risikokapital – angewiesen.[799]

Innovationen werden im digitalen Bereich auch durch die Analyse großer Datenmengen gesteuert. Als Ressource ermöglicht sie es, Unternehmen, neue Dienste zu entwickeln und/oder die Qualität bestehender Dienste, z.B. durch eine passgenauere Zuschneidung auf die Nutzer zu steigern.[800] Es sollte jedoch sehr genau analysiert werden, um welche Art von Daten es sich handelt. Die spezifische Art von Daten muss für bestimmte Innovationen essentiell sein. Hinzukommt, dass die Zusammenführung der Daten überhaupt möglich sein muss. Es können sich in diesem Zusammenhang insbesondere technische sowie (datenschutz-)rechtliche Probleme ergeben.[801]

Darüber hinaus können auch große Nutzerbasen und gewerbliche Schutzrechte, wie z.B. Patente wesentliche Ressourcen darstellen.[802] Gerade der Aufbau einer großen Nutzerbasis steht regelmäßig im Fokus digitaler Start-ups.[803] Viele

---

797 *Kerber* in Gerard, Dynamic Markets and Dynamic Enforcement, S. 49 f. Diese stärkere Fokussierung auf Ressourcen und Fähigkeiten zur Identifizierung von Innovationsmärkten ist kein komplett neuer Ansatz, sondern lässt sich auf einen richtungsweisenden Aufsatz von *Gilbert* und *Sunshine* zurückführen, vgl. *Gilbert/Sunshine*, Antitrust L. J. 1995 Vol. 63, 569-601; *Pérez de Lamo*, CPI Antitrust Chronicle Mai 2020 Vol. 2 Nr. 2, 50 (58).

798 *Pérez de Lamo*, CPI Antitrust Chronicle Mai 2020 Vol. 2 Nr. 2, 50 (58).

799 *Keuschnigg/Sardadvar*, Wagniskapital zur Finanzierung von Innovation und Wachstum, 2019, S. 2.

800 Siehe hierzu näher unter Gliederungspunkt B I 2 a cc.

801 *Holzweber*, NZKart 2016, 104 (110). Siehe hierzu näher unter Gliederungspunkt D II 1 b bb.

802 *Pérez de Lamo*, CPI Antitrust Chronicle Mai 2020 Vol. 2 Nr. 2, 50 (58).

803 Regierungsbegründung zur 9. GWB-Novelle, BT-Drs. 18/10207, S. 71.

digitale Start-ups konzentrieren sich zunächst auf die Schaffung eines erfolgreichen Produktes und den Aufbau einer entsprechenden Nutzerbasis, ohne dass kurzfristige Gewinnerzielungsabsichten im Vordergrund stehen: Eine Monetarisierung dieser Nutzerbasis wird regelmäßig erst zu einem späteren Zeitpunkt verfolgt.[804] In ihrer *Dow/DuPont*- sowie *Bayer/Monsanto*-Entscheidung hat die Kommission sich im Hinblick auf Rechte des geistigen Eigentums stark auf die Bedeutung von Patenten fokussiert, da Patente in den betroffenen Branchen wegen der hohen für F&E notwendigen Investitionskosten eine entscheidende Rolle spielten.[805]

Im digitalen Bereich sind die Innovationszyklen jedoch wesentlich kürzer als beispielsweise im pharmazeutischen Bereich, sodass Patente und Schutzzertifikate in diesem Bereich daher viele Jahre vor der Marktreife erworben werden. [806] Darüber hinaus ist der Entwicklungsprozess im Pharmabereich im Regelfall extrem kostspielig.[807] Die Bedeutung von Patenten ist jedoch auch im digitalen Bereich erheblich. Die vom EPA veröffentlichte Patentstatistik zeigt, dass zum ersten Mal seit über zehn Jahren digitale Technologien die Führung bei den Patentanmeldungen in Europa übernommen haben. Dieses Wachstum zeigt sich insbesondere in Bereichen der digitalen Kommunikation (+19,6 %) und der Computertechnologie (+10,2 %).[808] Im Fall von Google und Waze besaß Google beispielsweise zum Zeitpunkt des Erwerbs von Waze allein 36 U.S.-Patente und 14 noch anhängige U.S.-Patentanmeldungen im Zusammenhang mit Fahrzeugnavigation und Mapping/Routing-Technologien.[809] Auch Waze hatte verschiedene Patente in diesen Bereichen angemeldet.[810] Daran lässt sich die Relevanz

804 Siehe hierzu näher unter Gliederungspunkt C I 1.

805 *Spangler/Heppner*, PharmR 2018, 522 (523).

806 Die Entwicklungszyklen betragen im Pharmabereich durchschnittlich 12-13 Jahre, vgl. EFPIA, The Pharmaceutical Industry in Figures Key Data 2020, S. 6.

807 Die Kosten für die Erforschung und Entwicklung einer neuen chemischen oder biologischen Substanz beliefen sich 2014 durchschnittlich auf EUR 1,926 Milliarden, vgl. *DiMasi et al.*, J. Health Econ. 2016 Vol. 47, 20 (26).

808 EPA, European Patent Applications, Patentindex 2019 (abrufbar unter: https://www.epo.org/about-us/annual-reports-statistics/statistics/2019/statistics/patent-applications.html#tab3, zuletzt abgerufen am 10.03.2021).

809 *Mustafa*, Waze patents add to Google's broad navigation patent portfolio, Patentvue v. 02.07.2013 (abrufbar unter: http://patentvue.com/2013/07/02/510-waze-google-navigation-patents/, zuletzt abgerufen am 10.03.2021).

810 Vgl. z.B. U.S.-Patentanmeldung Nr. 7936284 v. 03.05.2011 durch *Levine et al.*; U.S.-Patentanmeldung Nr. 8271057 v. 18.09.2012 durch *Levine et al*; U.S.-Patentanmeldung Nr. 8612136 v. 17.12.2013 durch *Levine et al.*

der Patente erkennen. Die Berücksichtigung von Patenten als Ressource ist daher auch im digitalen Bereich durchaus angebracht.

Neben den Ressourcen sollten Fähigkeiten der Unternehmen näher analysiert werden.[811] Zu den relevanten Fähigkeiten des Zielunternehmens gehören neben den Kompetenzen und Kenntnissen des Unternehmens auch das Humankapital. Die Innovationskraft von Start-ups kann in großem Maße auf seine Mitarbeiter und Know-how-Träger zurückgeführt werden.[812] Der Einsatz von Akquisitionen als Einstellungsmethode scheint ein zunehmend übliches Mittel zu sein, mit dem die großen Technologieunternehmen ihre intensive Nachfrage nach Humankapital mit technischem Know-how befriedigen.[813] Technisches Know-how und Talent zählen zum entscheidenden Kapital für Unternehmen im digitalen Bereich und sind notwendig, um ihr Geschäftsmodell weiter zu entwickeln und zu erhalten. Darüber hinaus kann auch die Analyse vergangener Strategien und Erfolge des Unternehmens sowie dessen Führungsstruktur aussagekräftig sein.[814]

Gleichwohl ist nicht von der Hand zu weisen, dass die korrekte Identifizierung und Bewertung der Innovationstätigkeit auch unter Berücksichtigung der wesentlichen Ressourcen und Fähigkeiten anfällig für Fehler sein können. Um trotz der Innovationsprozessen inhärenten Unwägbarkeiten eine belastbare Entscheidung treffen zu können, hat die Kommission in ihrer *Dow/DuPont-* und *Bayer/Monsanto*-Entscheidung einen außerordentlichen Aufwand betrieben.

bb. Grenzen

Der Sonderberater-Bericht lehnte die Anwendung der Methodik der Innovationstheorie für Zusammenschlüsse im digitalen Bereich ausdrücklich mit der Begründung ab, dass F&E im digitalen Bereich im Gegensatz zu den stark regulierten Bereichen der pharmazeutischen und agrochemischen Industrie nicht die Form eines eindeutigen und gut strukturierten Prozesses hat und klar erkennbaren Forschungspolen fehlen. Wo klar identifizierbare Forschungspole fehlen, könne das Konzept des Innovationswettbewerbs nicht angewandt werden.[815]

Anders als im pharmazeutischen Bereich gibt es im digitalen Bereich keine öffentlich zugänglichen Datenbanken, die z.B. den Status und die geschätzten

---

811 *Sidak/Teece*, Antitrust Law, J. Comp. L. & Econ. 2009 Vol. 5 (4), 581 (614).

812 *Weitnauer*, GWR 2020, 127 (129).

813 *Coyle/Polsky*, Duke L. J., 2013 Vol. 63, 281 (284 f.).

814 *Pérez de Lamo*, CPI Antitrust Chronicle Mai 2020 Vol. 2 Nr. 2, 50 (58).

815 Sonderberater-Bericht, S. 120.

Freigabedaten verschiedener diagnostischer Lösungen zeigen, sodass sich vorhersagen ließe, wann bestimmte Produkte verfügbar sein könnten.[816] So ist es mehr oder weniger problemlos möglich, sich in der Entwicklung befindende Projekte („Pipelineprojekte“) zu identifizieren, und darüber hinaus auch deren Entwicklung durch den bekanntermaßen langen und kostspieligen Entwicklungs- und Zulassungsprozess zu überwachen.[817] Im digitalen Bereich, der durch eine gewisse Schnelllebigkeit gekennzeichnet ist, kann es schwieriger sein, festzustellen, wie Innovationen sich entwickeln bzw. durchsetzen werden.

cc. Diskussion

Der Sonderberater-Bericht lehnt die Anwendung der Methodik der Innovationstheorie für Zusammenschlüsse mangels klar erkennbaren Forschungspole im digitalen Bereich ausdrücklich ab.[818] Die Kommission hat sich in ihren *Dow/DuPont*- und *Bayer/Monsanto*-Entscheidungen jedoch gerade nicht auf die Untersuchung von Forschungspolen beschränkt, sondern Innovationsräume anhand von F&E Anstrengungen definiert, sodass nicht von Forschungspolen als dem einzigen möglichen Ausgangspunkt ausgegangen werden kann.[819] Darüber hinaus erkennt der Sonderberater-Bericht wenig später eine mögliche Anwendbarkeit der Innovationstheorie im digitalen Kontext selbst an. Seien wesentliche Ressourcen vorhanden, könne die Methodik durchaus auf Zusammenschlüsse im digitalen Bereich anzuwenden sein.[820] Dies sei insbesondere der Fall, „wenn es nur einige sehr große und datenreiche digitale Akteure“ gebe, die „bestimmte Arten von (möglicherweise stark datengetriebener) Forschung betreiben“[821]. Dem folgend argumentiert der Sonderberater-Bericht, dass dies jedoch auf Start-ups im Regelfall nicht zutreffen werde.[822] Dieser Rückschluss greift jedoch zu kurz. Man kann davon ausgehen, dass ein Start-up, das von den GAFA-Unternehmen erworben wird, sich durch besondere Merkmale auszeichnet: Bei diesen kann es sich um Ressourcen oder Fähigkeiten handeln, die

816 Dies ist z.B. durch den FIND diagnostics pipeline tracker (abrufbar unter:https://www.finddx.org/dx-pipeline/, zuletzt abgerufen am 10.03.2021) möglich. Siehe zu Datenbanken im pharmazeutischen Bereich näher unter Gliederungspunkt B II 2 b.

817 *Limarzi/Philips*, CPI Antitrust Chronicle Mai 2020 Vol. 2 Nr. 2, 50 7 (8).

818 Sonderberater-Bericht, S. 120.

819 *Pérez de Lamo*, CPI Antitrust Chronicle Mai 2020 Vol. 2 Nr. 2, 50 (58).

820 Sonderberater-Bericht, S. 120.

821 Sonderberater-Bericht, S. 120.

822 Sonderberater-Bericht, S. 120.

das Zielunternehmen vielversprechend und potentiell gefährlich machen.[823] Ansonsten könnte es die betreffende Technologie einfach selbst replizieren.[824] Dass dies durchaus möglich ist, zeigt sich – wie oben dargestellt –[825] an dem Beispiel von Facebook und Snap. Die Argumentation des Sonderberater-Berichts greift daher insgesamt zu kurz.

Die Wettbewerbsbehörden sollten daher das Risiko der Eliminierung, Verschiebung und Umlenkung der Innovationen, die von dem übernommenen Unternehmen entwickelt wurden, insgesamt untersuchen. Die Realisierung des beschriebenen Risikos ist wahrscheinlich, wenn ein solches Vorgehen für das etablierte Unternehmen gewinnbringender ist, als die Innovation weiter voranzubringen. Dies ist insbesondere dann anzunehmen, wenn die Innovation des übernommenen Unternehmens ein Substitut für die Produkte des übernehmenden Unternehmens sein kann und/oder wenn nur geringe Synergien mit bestehenden Produkten des übernehmenden Unternehmens bestehen. Die Wettbewerbsbehörde sollte daher den Grad der Substituierbarkeit oder Komplementarität zwischen den bestehenden und künftigen Produkten des übernommenen Unternehmens und denen des übernehmenden Unternehmens sowie den Grad der Synergien zwischen den Innovationsfähigkeiten des übernommenen Unternehmens und denen der übernehmenden Unternehmen untersuchen.[826]

Es ist auch bezogen auf den digitalen Bereich zu empfehlen, dass – wie es die Kommission in ihren *Dow/Dupont-* und *Bayer/Monsanto*-Entscheidungen getan hat – detaillierte Marktumfragen sowie Wettbewerberbefragungen durchgeführt werden und zurückliegende Innovations- sowie zurückliegender Konzentrationsbewegungen in der Branche analysiert werden. Der Umfang der Untersuchung zeigt sich auch in dem Umfang der Entscheidung. In Dow/DuPont umfasste der Entscheidungstext 600 Seiten, davon 194 Seiten hinsichtlich der Beurteilung des Innovationswettbewerbs, sowie fast 300 Seiten Anhang. Grundsätzlich können interne Dokumente zu Geschäftsstrategien und Post-Merger-Plänen, die die Beweggründe für den Zusammenschluss belegen, neben Aussagen von Wettbewerbern oder Dritten für die Beurteilung hilfreich sein. Insbesondere sollte das BKartA in großem Umfang unternehmensinterne Dokumente mit Bezug zu Forschungs- und Innovationstätigkeiten der Zusammenschlussbeteiligten

---

823 *Pérez de Lamo*, CPI Antitrust Chronicle Mai 2020 Vol. 2 Nr. 2, 50 (58).

824 *Pérez de Lamo*, CPI Antitrust Chronicle Mai 2020 Vol. 2 Nr. 2, 50 (58).

825 Siehe hierzu näher unter Gliederungspunkt B II 2 e bb (1) (b).

826 *Bourreau/De Streel*, Big Tech Acquisitions Competition & Innovation Effects and EU Merger Control, Februar 2020, S. 18.

heranziehen. Dazu eignen sich spezifisch im Zusammenhang mit risikokapitalfinanzierten Start-ups sog. Pitch Decks[827], die für (Risikokapital-)Investoren erstellt werden. Mit Hilfe dieser Pitch Decks können insbesondere Innovationsziele und -stärken zu identifiziert werden. Es empfiehlt sich, die jeweiligen Pitch Decks der einzelnen Finanzierungsrunden gemeinsam zu analysieren und diese in einem Zusammenhang zu setzen. So kann die Wettbewerbsbehörde prüfen, inwieweit die genannten Ziele nach den Finanzierungsrunden tatsächlich erreicht wurden oder ob die Innovationsziele nicht als realistisch anzusehen sind. Dies ist insbesondere vor dem Hintergrund wichtig, dass Pitch Decks denknotwendig von einem optimalen Entwicklungsverlauf ausgehen, um eine möglichst hohe Finanzierung zu erhalten. Interne Dokumente können weiterhin Aufschluss darüber geben, ob eine Reduktion der Forschungstätigkeit beabsichtigt wird, ob und in welcher Form die Integration geplant wird sowie, ob Synergien infolge des Zusammenschlusses zu erwarten sind. Besonders aussagekräftig wären Aussagen – wie die Kommission sie in ihrer *Dow/DuPont*-Entscheidung festgestellt hatte – die darauf hindeuten, Kosten in bestimmten (innovativen) Bereichen einsparen oder Personal in diesem Bereich reduzieren zu wollen.

c. *Zwischenergebnis*

Der Kommission ist es durch die Anwendung der Innovationstheorie gelungen, Wettbewerbsbeschränkungen in einem Stadium zu erfassen, in dem wettbewerbswidrige Auswirkung auf den relevanten Markt noch nicht mit ausreichender Sicherheit vorhergesagt werden konnte. Durch die Anwendung der Innovationstheorie und damit der stärkeren Berücksichtigung dynamischer Wettbewerbsparameter wäre es nicht notwendig eine – insbesondere im Zusammenhang mit Start-ups schwer feststellbare – potentielle Wettbewerbereigenschaft zwischen den Transaktionsparteien mit einer hinreichenden Wahrscheinlichkeit feststellen zu müssen. Die Branchenmerkmale die die Kommission im Hinblick auf die Pflanzenschutzbranche in ihrer *Dow/DuPont*-Entscheidung identifiziert hat deuten aus Sicht der Kommission darauf hin, dass vorherige Zusammenschlüsse zu einem Rückgang solcher Innovationsanreize geführt haben.

In den von ihr näher untersuchten Fällen hat die Kommission einen ganzheitlichen Ansatz verfolgt, um trotz der den Innovationsprozessen inhärenten Ergebnisoffenheit eine möglichst faktenbasierte Entscheidung treffen zu können.

827 Pitch Decks sind kurze Präsentation mit denen Start-ups versuchen Investoren und Kapitalgeber von ihrer Idee bzw. ihrem Geschäftsmodell zu überzeugen.

Um die maßgeblichen „innovation spaces" definieren und eine Bewertung des Innovationswettbewerbs bei Zusammenschlüssen im digitalen Bereich – trotz fehlender Pipelines – durchführen zu können, empfiehlt sich daher auch für den digitalen Bereich ein ganzheitlicher Ansatz und davon ausgehend die Analyse der wesentlichen Ressourcen und Fähigkeiten des Zielunternehmens. Im Rahmen der Analyse dieser Ressourcen und Fähigkeiten sollte sich die Wettbewerbsbehörde auf die Möglichkeit und den Anreiz, ein innovatives Produkt zu entwickeln, fokussieren. Dabei kann auch die Betrachtung und Entwicklung eines MVP höchst aufschlussreich sein.

Die Innovationstheorie ist zu Recht auch auf Kritik gestoßen. Durch eine nähere Präzisierung sowie Konkretisierung des Ansatzes ist es aber möglich, diesen für die Praxis handhabbarer zu machen: Die Kommission hat bisher keine klaren, für verschiedene Konstellationen handhabbaren Voraussetzungen aufgestellt, anhand derer Innovationsräume abzugrenzen sind. Insofern ist es notwendig, dass die Wettbewerbsbehörden das Konzept des Innovationswettbewerbs und der Innovationsräume weiter ausformen und präzisieren, sodass Transaktionssicherheit gewährleistet wird. Darüber hinaus sollte die Wettbewerbsbehörde die möglichen Veränderungen zukünftiger Innovationstätigkeiten näher konkretisieren.

Von großer Bedeutung ist es zudem, näher zu präzisieren, in welchem Umfang die Effizienzgewinne nachzuweisen sind, um nicht Gefahr zu laufen, eine Beweisasymmetrie zu schaffen, durch die die Auswirkungen auf den Innovationswettbewerb im Ergebnis falsch eingeschätzt werden können. Die Kriterien, die für eine erfolgreiche Effizienzverteidigung in Bezug auf den Produktwettbewerb aufgestellt worden sind, können und sollten jedenfalls nicht in gleicher Weise auf den Innovationswettbewerb angewandt werden.

Die Kritik der Sonderberater überzeugt jedenfalls nicht. Die Sonderberater hätten den Ansatz des Innovationswettbewerbs insgesamt sorgfältiger prüfen und nicht vorschnell verwerfen dürfen. Es wird nicht verkannt, dass die Theorie noch einiger Präzisierung und Ausformung – insbesondere auch durch die Rspr. – bedarf. Fokussiert man sich auf Ressourcen und Fähigkeiten ist eine Anwendung auf den digitalen Bereich aber durchaus möglich und würde den Wettbewerbsbehörden ein Werkzeug zur Hand geben, mit dem sie dem Grundproblem der Aufkäufe von Start-ups begegnen können.

Das BKartA sollte die Innovationstheorie verstärkt nutzen und berücksichtigen. So hätte das BKartA die Möglichkeit, den Wettbewerb gefährdende Akquisitionen im digitalen Bereich zu begegnen und könnte darüber hinaus zu einer weiteren Konkretisierung und Verbesserung der Theorie beitragen. Der Umfang der Untersuchungen würde mit Anwendung der Innovationstheorie sicherlich an Bedeutung gewinnen. Nur eine ausführliche Sichtung und Analyse interner Dokumente, Wettbewerbsbefragungen und Marktanalysen ermöglicht es der Wettbewerbsbehörde eine fundierte, faktenbasierte Entscheidung treffen zu können. Eine etwaig daraus resultierende längere Dauer des Fusionskontrollverfahrens sollte insoweit hingenommen werden.

4. Zwischenergebnis

Dadurch, dass die Wirkungen, die durch den Zusammenschluss eintreten, aufgrund konkreter Umstände mit hoher Wahrscheinlichkeit zu erwarten sein müssen, steht die Wettbewerbsbehörde vor der Herausforderung, in einem entwicklungsoffenen, innovativen Marktumfeld Entwicklungen und Wirkungen des Wettbewerbs durch den Zusammenschluss mit einer gewissen Sicherheit zu prognostizieren. Angesichts der hohen Prognoseunsicherheit, die mit den hier erörterten Zusammenschlüssen üblicherweise einhergeht, wird eine Anpassung der Beweislastregeln diskutiert. Trotz dieser hohen Prognoseunsicherheit erscheint eine Anpassung der Beweislastregeln aufgrund der beschriebenen praktischen Schwierigkeiten und fehlender klarer und rationaler Kriterien nicht sinnvoll. Insbesondere eine Beweislastumkehr erscheint vor dem Hintergrund, dass davon ausgegangen werden kann, dass der Großteil der Aufkäufe, unabhängig, ob durch GAFA-Unternehmen oder andere Unternehmen, grundsätzlich prokompetitiv ist, deutlich zu weitgehend.

Der Sonderberater-Bericht spricht sich für eine umfassende Betrachtung der Stellung eines etablierten Unternehmens auf einem „Markt für das digitale Ökosystem" aus, die sich auf Unternehmen mit einer stark verankerten Marktposition beschränkt. Der Vorschlag der Sonderberater wäre in einigen Fällen durchaus geeignet, den Aufkauf potentieller Wettbewerber durch besonders etablierte Digitalunternehmen zu erfassen, weist aber abgesehen davon, dass der Vorschlag bei Zusammenschlusskonstellationen versagt, bei denen keine Erweiterung bzw. Verstärkung der Netzwerkeffekte stattfindet, insgesamt zu viele Schwachstellen und offene Fragen auf. Insbesondere ist unklar, worin der eigentliche Schaden nach dieser Theorie bestehen soll. Dass Nutzer sich für die neu geschaffene Plattform entscheiden, ist für sich genommen kein Schaden. Außerdem erscheint die Abgrenzung eines „Marktes für das digitale Ökosystem" fragwürdig, da keiner der Digitalkonzerne eine marktbeherrschende Stellung innehätte, sondern es sich sogar um einen Markt handeln würde, auf dem ein durchaus funktionierender Wettbewerb herrscht. Weitere Konsequenzen wären kaum absehbar.

Die von der Kommission entwickelte Innovationstheorie, mit deren Einführung die Kommission ihre traditionelle Innovationsanalyse grundlegend überarbeitet hat, erscheint derzeit am besten geeignet, die beschriebenen Aufkäufe zu erfassen. Durch die Anwendung der Innovationstheorie wäre es möglich, Wettbewerbsbeschränkungen in einem Stadium zu erfassen, in dem wettbewerbswidrige Auswirkungen auf den relevanten Markt noch nicht mit ausreichender Sicherheit vorhergesagt werden können. Innovationen sind ein auch in der kartellrechtlichen Prüfung auf nationaler Ebene grundsätzlich anerkanntes Marktmacht- und Wettbewerbsparameter, das bisher im Rahmen der deutschen Fusionskontrolle zwar berücksichtigt, wenngleich aber eine nur untergeordnete Rolle spielte. Bislang fand die Theorie nur im pharmazeutischen bzw. agrochemischen Bereich Anwendung, sie lässt sich aber bei einer Fokussierung auf die Ressourcen und Fähigkeiten der beteiligten Unternehmen durchaus auf den digitalen Bereich übertragen. Die Innovationstheorie ist jedoch zu Recht als zu unscharf kritisiert worden. Durch eine nähere Präzisierung sowie Konkretisierung des Ansatzes ist es aber möglich, diesen für die Praxis operabel zu machen. Es wäre dafür notwendig, dass die Wettbewerbsbehörden das Konzept des Innovationswettbewerbs und der Innovationsräume weiter ausformen und präzisieren, sodass Transaktionssicherheit gewährleistet wird. Von großer Bedeutung ist es in diesem Zusammenhang näher zu präzisieren, in welchem Umfang die Effizienzgewinne berücksichtigt werden, um nicht Gefahr zu laufen, eine Beweisasymmetrie zu schaffen.

Das BKartA sollte daher die Innovationstheorie verstärkt berücksichtigen. Der Umfang der Untersuchungen würde mit Anwendung der Innovationstheorie sicherlich an Bedeutung gewinnen, um eine fundierte, faktenbasierte Entscheidung zu garantieren. Eine etwaig daraus resultierende längere Dauer des Fusionskontrollverfahrens sollte insoweit hingenommen werden.

Das Konzept der Innovationstheorie sollte zu diesem Zweck in den Leitfaden des BKartA zur Marktbeherrschung in der Fusionskontrolle aufgenommen werden. In diesem Zusammenhang wäre auch eine nähere Präzisierung des Ansatzes wünschenswert, um diesen branchenübergreifend für die Praxis handhabbar zu machen.

E. Fazit

I. Herausforderungen und Veränderungen des Wettbewerbs

Digitale Märkte unterscheiden sich erheblich von traditionellen Märkten. Die damit einhergehenden Veränderungen bringen besondere Herausforderungen für den Wettbewerb, die Gesellschaft und die Wettbewerbspolitik mit sich. Die vier großen Player, die in der Diskussion um die Plattformökonomie und Digitalwirtschaft sowie in Verbindung mit dem Aufkauf von Start-ups immer wieder genannt werden, sind die GAFA-Unternehmen. Die zunehmende Praxis des gezielten Aufkaufs von Start-ups – insbesondere zur Ausschaltung potentiellen Wettbewerbs und der Verstärkung digitaler Ökosysteme – durch diese GAFA-Unternehmen stellt, aufgrund der negative Auswirkungen solcher Zusammenschlüsse eine erhebliche Gefahr für die Marktstruktur, den Wettbewerb und die Entwicklung von Innovationen sowohl seitens des erwerbenden als auch des erworbenen Unternehmens dar.

Es ist daher unbedingt notwendig, dass sichergestellt wird, dass diese Aufkäufe der Kontrolle der zuständigen Wettbewerbsbehörde unterfallen und die wettbewerbsrechtlichen Bedenken näher untersucht werden.

II. Erfassung durch die deutsche Fusionskontrolle

Um die beschriebenen Aufkäufe überprüfen zu können, ist es erforderlich, dass die nationalen Schwellenwerte erreicht werden. Bei Start-ups ist das Erreichen von Umsatzschwelle(n) – auf die auch das deutsche Fusionskontrollregime abstellt – regelmäßig problematisch, da sie aufgrund ökonomischer Besonderheiten innovativer Geschäftsmodelle häufig (noch) keine oder nur geringe Umsätze generieren und daher die – im Rahmen der 10. GWB-Novelle von EUR 5 Millionen auf EUR 17,5 Millionen erhöhte – Inlandumsatzschwelle nach § 35 Abs. 1 Nr. 2 GWB nicht erreichen. Ein im Hinblick auf den Erwerb von Start-ups im digitalen Bereich überzeugendes Aufgreifinstrument muss die Besonderheiten des Digitalsektors angemessen berücksichtigen und dabei hinreichend flexibel sein, um verschiedenste Fallkonstellationen zu erfassen. Die bestehenden umsatzbasierten Schwellenwerte sind derzeit nicht geeignet, Aufkäufe im Digitalbereich angemessen erfassen zu können. Gleiches gilt für die Transaktionswert-Schwelle in Höhe von EUR 400 Millionen, die eigentlich für genau die Situation eingeführt wurde, dass solche Zusammenschlüsse aufgegriffen werden können, die trotz noch fehlender oder nur geringer Umsätze des Zielunternehmens erheblichen Einfluss auf den Wettbewerb haben. Der Wert ist zur Erfassung von Start-ups aber zu hoch angesetzt, wenn man bedenkt, dass von den GAFA-Übernahmen etwa ein Drittel der Zielunternehmen sogar niedriger als USD 50 Millionen bewertet wurden. Darüber hinaus birgt ein so hoch angesetzter Wert insbesondere im Start-up-Bereich die Gefahr, dass der Aufkaufzeitpunkt noch weiter vorverlegt wird, um so der Transaktionswert-Schwelle nicht zu unterfallen. Auch durch das neue Aufgreifinstrument des § 39a GWB gelingt es nicht, die beschriebenen Aufkäufe zu erfassen. Dies ist insbesondere auf die Umsatzschwelle von EUR 2 Millionen als auch die notwenige Inlandsaktivität von 2/3 zurückzuführen. Darüber hinaus müsste zunächst eine Sektoruntersuchung nach § 32e GWB durchgeführt werden. Bevor eine solche durchgeführt wurde, kann eine Aufforderung der Anmeldung des Zusammenschlusses nach § 39a Abs. 1 GWB jedenfalls nicht erfolgen. Die derzeitigen Aufgreifmöglichkeiten reichen daher nicht aus, um die beschriebenen Aufkäufe angemessen zu erfassen.

Es wurden aus diesem Grund (geplante) Regelungen verschiedener EU-Mitgliedstaaten mit anderen Aufgreifschwellen und -instrumenten untersucht, die sich möglicherweise besser zur Erfassung der beschriebenen Aufkäufe eignen und eine Anwendung dieser auf die deutschen Fusionskontrollregelungen geprüft:

Ein Schwellenwert auf der Basis von Marktanteilen hat in den vergangenen Jahren in Spanien auch wegen seiner Flexibilität zum Aufgreifen einiger relevanter Transaktionen im Digitalbereich geführt, ist aber mangels Berücksichtigung nicht horizontaler sowie insbesondere potentieller Wettbewerbereigenschaften nicht geeignet *killer acquisitions* im digitalen Bereich zu erfassen. Auch die Überlegung, das derzeitige präventive Fusionskontrollregime durch ein Ex-post-Regime – wie es in Frankreich diskutiert wurde – zu ersetzten, ist aufgrund der Rechts- und Investitionsunsicherheiten abzulehnen, zumal das deutsche Ex-ante-Fusionskontrollregime ein an sich sehr gut funktionierendes und ausdifferenziertes System darstellt.

Vorgeschlagen wird daher die Einführung einer Regelung, vergleichbar mit einer solchen, wie sie in Schweden besteht, die nur an die Umsätze eines Unternehmens anknüpft, dabei aber hinreichend flexibel ist und der Wettbewerbsbehörde ein Eingreifen in den Wettbewerb besonders gefährdenden Fällen ermöglicht, gleichzeitig aber nicht zu Rechts- und Transaktionsunsicherheiten führt.

Es wird nicht verkannt, dass auch das Aufgreifinstrument der schwedischen Fusionskontrolle ex-post eingesetzt werden kann. Anders als aber von der französischen Wettbewerbsbehörde gefordert, ist es nach dem schwedischen Modell möglich, die Anmeldung des Zusammenschlusses – unter der Prämisse, dass die notwendigen Voraussetzungen erfüllt sind – bereits vor dessen Vollzug anzuordnen. Es handelt sich insoweit um ein Aufgreifinstrument *sui generis*. Die Entscheidung, wann der Zusammenschluss letztlich angemeldet wird, obliegt weiterhin den Zusammenschlussparteien, die den Zusammenschluss in diesem Zusammenhang freiwillig anmelden können. Um das Risiko einer späteren Überprüfung und einer hieraus etwaig erfolgenden Untersagung des Zusammenschlusses in zeitlicher Hinsicht zu minimieren, erscheint eine zeitliche Grenze von maximal zwei Jahren angemessen.

Das Kriterium der „gewichtigen wettbewerblichen Nachteile" ist zudem flexibel genug, um verschiedene wettbewerblich problematische Konstellationen zu erfassen, wobei eine Konkretisierung durch die Rspr. bzw. durch das BKartA in Form von Leitlinien zu empfehlen ist. Dieses neue subsidiär zur Anwendung kommende Aufgreifinstrument sollte jedoch nur in Ausnahmefällen zur Anwendung kommen, um einerseits das BKartA nicht zu stark zu belasten und gleichzeitig die Flexibilität für Zusammenschlüsse in Deutschland auch im digitalen Bereich nicht zu stark einzuschränken.

III. Inhaltliche Kriterien zur Zusammenschlussbewertung

Unterfallen die beschriebenen Aufkäufe der Kontrolle durch die zuständige Wettbewerbsbehörde, sieht diese sich unverändert vor der Herausforderung, die beschriebenen Start-up-Aufkäufe mittels der etablierten materiell-rechtlichen Beurteilungskriterien in einem entwicklungsoffenen, innovativen Marktumfeld mit einer gewissen Sicherheit zu erfassen. Zu diesem Zweck wurden die derzeitigen Regelungen dahin gehend untersucht, ob sie geeignet sind, die beschriebenen Aufkäufe im Rahmen der maßgeblichen Prognosezeiträume zu erfassen.

Um der zum Zeitpunkt der Übernahme regelmäßig unklaren potentiellen Wettbewerbereigenschaft näher auf den Grund gehen zu können, wird vorgeschlagen, dass sich das BKartA auf die Gründe für den spezifischen Start-up-Aufkauf sowie die Umstände, wie der Kaufpreis zustande gekommen ist, fokussiert. Das BKartA sollte u.a. prüfen, was das Alleinstellungsmerkmal des jeweiligen Start-ups ist, ob es sich in das Ökosystem des erwerbenden Unternehmens in einer komplementären Weise einfügen würde oder, ob sich nicht erkennen lässt, dass das Start-up wegen seiner Stärken aufgekauft werden soll, die es ihm ermöglichen würden, in der Zukunft eine ernsthafte Gefahr bzw. einen möglichen Wettbewerber darzustellen. Auch im Zusammenhang mit der Kaufpreisanalyse empfiehlt sich eine verstärkte Berücksichtigung interner Dokumente, die sich mit einem möglichen Aufschlag auf den „Stand-alone-Wert" auseinandersetzen.

Darüber hinaus sollten Post-Merger-Pläne sowie Pitch Decks bzw. vergleichbare Präsentationen verstärkt berücksichtigt werden.

Jedenfalls ist es notwendig, dass dem BKartA alle zu einer umfassenden wettbewerbsrechtlichen Analyse notwendigen internen Dokumente zur Verfügung gestellt werden, um in einem entwicklungsoffenen, innovativen Marktumfeld eine faktenbasierte Entscheidung treffen zu können und für den Wettbewerb negative Zusammenschlüsse zu verhindern. Diese Modernisierungsvorschläge können dazu beitragen, potentielle Wettbewerber besser zu identifizieren. Trotz dieser Vorschläge wird es in vielen Fällen aufgrund der mannigfaltigen Unwägbarkeiten weiterhin herausfordernd bleiben, eine potentielle Wettbewerbereigenschaft mit hinreichender Wahrscheinlichkeit festzustellen.

Im Ergebnis bedarf es daher einer Reform des materiell-rechtlichen Kontrollmaßstabes oder der bestehenden Beweislastverteilung, um die wettbewerblichen Probleme dieser beschriebenen Zusammenschlüsse angemessen im Rahmen der maßgeblichen Prognosezeiträume von drei bis fünf Jahren zu erfassen. Zu diesem Zweck wurden verschiedene Modernisierungsvorschläge sowie Schadenstheorien analysiert und eine mögliche Anwendbarkeit auf die beschriebenen Aufkäufe geprüft.

Eine Anpassung der Beweislastregeln erscheint aufgrund verschiedener praktischer Schwierigkeiten sowie derzeit noch fehlender klarer und rationaler Kriterien nicht sinnvoll. Auch der Vorschlag der Sonderberater weist insgesamt zu viele Schwachstellen und offene Fragen auf. Mittels der Anwendung der von der Kommission entwickelten Innovationstheorie wäre dem BKartA hingegen ein Eingreifen zu einem Zeitpunkt möglich, in dem wettbewerbswidrige Auswirkungen auf den relevanten Markt noch nicht mit ausreichender Wahrscheinlichkeit vorhergesagt werden können, ohne das Beweismaß als solches abzusenken. Eine Übertragung dieser bisher nur im pharmazeutischen bzw. agrochemischen Bereich angewandten Theorie auf den digitalen Bereich ist bei einer Fokussierung auf die Ressourcen und Fähigkeiten der beteiligten Unternehmen möglich und sinnvoll. Das BKartA sollte die transaktionsbedingt zu erwartenden Veränderungen der Anreizstrukturen und daraus resultierende Risiken der Eliminierung, Verschiebung, Umlenken der Innovationen, die von dem übernommenen Unternehmen entwickelt wurden, im Ganzen untersuchen. In diesem Zusammenhang sollte das BKartA aber zudem näher präzisieren, in welchem Umfang Effizienzgewinne berücksichtigt werden können und das Konzept der Innovationsräume auch in Hinblick auf den digitalen Bereich weiter ausformen, um den Zusammenschlussparteien Transaktionssicherheit zu geben und den Ansatz für die Praxis handhabbarer zu machen.

Zum Zwecke der Beurteilung der Forschungs- und Innovationstätigkeiten sollte das BKartA in großem Umfang unternehmensinterne Dokumente mit Bezug zu den maßgeblichen Forschungs- und Innovationstätigkeiten der Zusammenschlussbeteiligten heranziehen. Darüber hinaus ist auch bezogen auf den digitalen Bereich zu empfehlen, detaillierte Marktumfragen sowie Wettbewerberbefragungen durchzuführen und zurückliegende Innovations- sowie zurückliegende Konzentrationsbewegungen zu analysieren, auch wenn dieses Vorgehen zu einer längeren Dauer des Fusionskontrollverfahrens führen kann. Die Modernisierungsvorschläge sollten zu diesem Zweck in den Leitfaden des BKartA zur Marktbeherrschung in der Fusionskontrolle aufgenommen werden. Dies gilt einerseits hinsichtlich des Konzepts der Innovationstheorie als auch hinsichtlich der Feststellung einer potentiellen Wettbewerbereigenschaft.

Zudem kann auch unabhängig von der einzelnen Transaktion an eine Aufkaufstrategie angeknüpft werden. Die praktische Relevanz wird aber – insbesondere im Falle einer Einführung des hier vorgeschlagenen Aufgreifinstruments – nur von geringer praktischer Bedeutung sein.

IV. Ausblick

Die kartellrechtliche Aufarbeitung der Aufkäufe von Start-ups durch digitale etablierte Plattformunternehmen steht trotz verschiedener Berichte, die sich mit diesem Thema auseinandergesetzt haben, noch am Anfang. Die Bedeutung solcher Aufkäufe kann jedoch enorm sein und folgenschwere Konsequenzen haben. Dies hat nicht zuletzt die Diskussion in den USA gezeigt, die sich mit der Frage beschäftigte, ob vergangene *killer acquisitions* in der Pharmaindustrie dazu geführt haben, dass die USA mangels ausreichender Beatmungsgeräte schlechter auf die COVID-19-Pandemie vorbereitet war.[828] Es ist daher unerlässlich, dass die beschriebenen Aufkäufe der Kontrolle durch die Wettbewerbsbehörden unterfallen. Durch die im Rahmen der 10. GWB-Novelle von EUR 5 Millionen auf EUR 17,5 Millionen erhöhte 2. Inlandumsatzschwelle nach § 35 Abs. 1 Nr. 2 GWB hat die Notwendigkeit die Wirksamkeit der derzeitigen Aufgreifschwellen

828 Vgl. u.a. *Ederer/MA*, When Corporate Acquisitions Affect Healthcare, Yale Insights v. 02.04.2020 (abrufbar unter: https://insights.som.yale.edu/insights/when-corporate-acquisitions-affect-healthcare, zuletzt abgerufen am 10.03.2021); *Auerback*, The Coronavirus Pandemic Has Opened the Curtains on the World's Next Economic Model, 07.04.2020 (abrufbar unter: https://www.counterpunch.org/2020/04/07/the-coronavirus-pandemic-has-opened-the-curtains-on-the-worlds-next-economic-model/, zuletzt abgerufen am 10.03.2021).

zu überdenken noch stärker an Bedeutung gewonnen. Gleiches gilt vor dem Hintergrund der neuen Verweisungspraxis der Kommission. Es bleibt abzuwarten ob und inwieweit diese neue Verweisungspraxis von den Mitgliedstaaten angenommen wird.

Die Skepsis gegenüber Aufkäufen von Start-ups durch digitale etablierte Plattformunternehmen ist jedenfalls sowohl in der Bevölkerung als auch bei den Wettbewerbsbehörden sowie den Gesetzgebern groß, sodass davon ausgegangen werden kann, dass in der Diskussion um diese Aufkäufe noch nicht das letzte Wort gesprochen ist.

Schriften zum Handels- und Wirtschaftsrecht

Herausgegeben von Michael Kling, Herbert Leßmann und Ralph Backhaus

Band 1 Thomas Häuser: Die Eigenmittel der Kreditinstitute und mögliche Erweiterungen. 2000.

Band 2 Susanne Koch: Schutz vor kommerzieller Markenverunglimpfung durch das Markengesetz. 2001.

Band 3 Andreas Lachmann: Haftungs- und Vermögensfolgen bei Sitzverlegung ausländischer Kapitalgesellschaften ins Inland. 2000.

Band 4 Markus Fischer: Die freie Benutzung beim Schreiben künstlerischer Literatur. 2001.

Band 5 Frank Zingel: Ausbietungsgarantien. Rechtliche Probleme eines Kreditsicherungsmittels. 2001.

Band 6 Stephan Marienfeld: Konzernproblematiken bei der Publikumspersonengesellschaft. Dargestellt an den Beispielen der Mehrheitsentscheidungen, des Beirates und der Treuhandkonstruktion. 2001.

Band 7 Tobias Menzel: Werbebeschränkungen im Sport. Eine wettbewerbsrechtliche Untersuchung verbandsrechtlicher Werbebeschränkungen am Beispiel des DFB. 2002.

Band 8 Thomas Ullrich: Unternehmensmitbestimmung in der kapitalistischen Kommanditgesellschaft auf Aktien. 2002.

Band 9 Sebastian Jungermann: Der Beweiswert elektronischer Signaturen. Eine Studie zur Verläßlichkeit elektronischer Signaturen und zu den Voraussetzungen und Rechtsfolgen des § 292a ZPO. 2002.

Band 10 Axel Schilder: Schadensersatz bei Durchbrechung der Bindung an obligatorische Vertrags¬offerten. Eine vergleichende Untersuchung zum BGB und zum UN-Kaufrecht (CISG). 2003.

Band 11 Götz Wied: Gewinnversprechen von Versandfirmen. Rechtfertigung, Auslegung und Anwendungsprobleme des § 661a BGB. 2003.

Band 12 Timo Elsner: Elsner: Die laufende Kontrolle der Tochtergesellschaften durch die Verwaltung der Muttergesellschaft. Eine Konkretisierung der aktiengesetzlichen Grundlagen. 2004.

Band 13 Elmar Mand: Das Recht der Kabelweitersendung. Kabelweiterleitung von Rundfunkprogrammen im Lichte des § 20 b UrhG. 2004.

Band 14 Thorsten Schaefer: Normenkonkurrenz beim Schutz von Marken und geschäftlichen Bezeichnungen. 2005.

Band 15 Frank Fricke: Zivilrechtliche Folgen von Verstößen gegen das SchwarzArbG. 2005.

Bamd 16 Christine Bunzel: Der Ersatz vergeblicher Aufwendungen im modernisierten Schuldrecht. 2007.

Band 17 Christian Severin: Auflassungsvormerkung und Eingriffsschutz. Zur Frage, ob dem Inhaber eines vormerkungsgesicherten Eigentumsverschaffungsanspruchs Sanktionsschutz gegen faktische Einwirkungen auf das vormerkungsbelastete Grundstück zukommt. 2008.

Band 18 Young-Jong Yi: Zur Strukturreform der koreanischen börsennotierten AG vor dem Hintergrund des deutschen und des US-amerikanischen Aktienrechts. 2008.

Band 19 Sandra Löwer: Inhaltskontrolle von Nutzungs- und Leistungsbeziehungen zwischen dem Idealverein und seinen Mitgliedern. 2008.

Band 20 Sandra Mießner: Providerhaftung, Störerhaftung und Internetauktion. 2008.

Band 21 Alexander W. Schilling: Passivlegitimation im gewerblichen Rechtsschutz und Urheberrecht. Die Bestimmung des Anspruchsgegners des urheber-, marken- und wettbewerbsrechtlichen Unterlassungsanspruchs anhand von Verkehrspflichten. 2010.

Band 22 Florian Mizdalski: Zur restriktiven Auslegung der Urheberschranken vor dem Hintergrund von Art. 5 GG. 2011.

Band 23 Isabel Reingardt: Das Schriftformerfordernis nach § 550 BGB. 2013.

Band 24 Manuel Diller: Der Interessenausgleich zwischen Eigentümern und Urhebern. Unter besonderer Berücksichtigung von Religionsgemeinschaften als Eigentümer urheberrechtlich geschützter Werke. 2013.

Band 25 Christian Matthias Moers: Dezentrale Arzneimittelrabattvereinbarungen. Der Selektivvertrag zwischen markt- und staatsförmigen Allokationsmechanismen. 2013.

Band 26 Nadine Hartung: Die Gewährung konzernweiter Leistungen und ihr Schicksal beim Betriebsübergang auf einen konzernfremden Dritten. 2013.

Band 27 Patrick Fromlowitz: Das Urheberpersönlichkeitsrecht und das allgemeine Persönlichkeitsrecht. Eine vergleichende Untersuchung unter besonderer Berücksichtigung der geschichtlichen Entwicklung, des Inhalts, des postmortalen Schutzes und der Übertragbarkeit. 2014.

Band 28 Marc Osken: Die schlichte Einwilligung im Urheberrecht. Eine Untersuchung unter Berücksichtigung der Vorschaubilder-Rechtsprechung des BGH. 2014.

Band 29 Maximilian Jordan: Der zeitliche Anwendungsbereich des allgemeinen Leistungsstörungsrechts und der besonderen Gewährleistungsrechte beim Kauf-, Werk- und Mietvertrag. 2015.

Band 30 Michael Schlemmer: Die Anwendbarkeit der Verbrauchsgüterkaufvorschriften auf Leasinggeschäfte. Zugleich ein Beitrag zur Lehre vom Umgehungsgeschäft. 2017.

Band 31 Johann Brehm: Die Anwendung der §§ 96 Abs. 4, 97 ff. AktG auf die Societas Europaea (SE). 2020.

Band 32 Charlotte Legerlotz: Der Aufkauf von Start-ups im digitalen Bereich – Möglichkeiten und Grenzen der deutschen Fusionskontrolle. 2022.

www.peterlang.com

www.ingramcontent.com/pod-product-compliance
Ingram Content Group UK Ltd.
Pitfield, Milton Keynes, MK11 3LW, UK
UKHW021847290926
8980IPUK00005B/697

9 783631 881712